O SERVIÇO SOCIAL NA CONTEMPORANEIDADE

Ulisses Costa
2010

CB132275

CÓPIA NÃO AUTORIZADA É CRIME
ABDR
ASSOCIAÇÃO BRASILEIRA DE DIREITOS REPROGRÁFICOS
RESPEITE O DIREITO AUTORAL
EDITORA AFILIADA

Dados Internacionais de Catalogação na Publicação (CIP)
(Câmara Brasileira do Livro, SP, Brasil)

Iamamoto, Marilda Villela
O serviço social na contemporaneidade : trabalho e formação profissional / Marilda Villela Iamamoto. – 18. ed. – São Paulo, Cortez, 2009.

Bibliografia.
ISBN 978-85-249-0693-0

1. Política social 2. Serviço social 3. Serviço social – Brasil 4. Serviço social como profissão I. Título.

98-5018 CDD-361.0023

Índices para catálogo sistemático:

1. Serviço social como profissão 361.0023

Marilda V. Iamamoto

O SERVIÇO SOCIAL NA CONTEMPORANEIDADE:

trabalho e formação profissional

18ª edição

CORTEZ EDITORA

SERVIÇO SOCIAL NA CONTEMPORANEIDADE: trabalho e formação profissional
Marilda Villela Iamamoto

Conselho editorial: Ademir Alves da Silva, Dilséa Adeodata Bonetti, Maria Lúcia Carvalho da Silva, Maria Lúcia Silva Barroco, Maria Rosângela Batistoni

Capa: DAC sobre *Gare St. Lazare,* de Claude Monet, 1877
Preparação de originais: Dirceu Scali Jr.
Revisão: Maria de Lourdes de Almeida
Composição: Dany Editora Ltda.
Coordenação editorial: Danilo A. Q. Morales
Assessoria Editorial: Elisabete Borgianni

Nenhuma parte desta obra pode ser reproduzida ou duplicada sem autorização expressa da autora e do editor.

© 1998 by Autora

Direitos para esta edição
CORTEZ EDITORA
Rua Monte Alegre, 1074 – Perdizes
05014-001 – São Paulo – SP
Tel.: (11) 3864-0111 Fax: (11) 3864-4290
E-mail: cortez@cortezeditora.com.br
www.cortezeditora.com.br

Impresso no Brasil – dezembro de 2009

Para meus irmãos,
Ronan e *Maria,*
elos de afeto e amizade,
sempre.

"Mudam-se os tempos, mudam-se as vontades,
Muda-se o ser, muda-se a confiança,
Todo mundo é composto de mudança
Tomando sempre novas qualidades."

*Luís Vaz de Camões**

"O senhor... Mire, veja: o mais importante e bonito, do mundo é isto: que as pessoas não estão sempre iguais, ainda não foram terminadas — mas que elas vão sempre mudando. Afinam ou desafinam. Verdade maior. É o que a vida me ensinou. Isso me alegra, montão."

*Guimarães Rosa***

"A vida só é possível reinventada."

*Cecília Meireles****

---

* CAMÕES, L. V. "Sonetos 18" In: *Camões; verso e prosa*. Rio de Janeiro, Paz e Terra, 1996, p. 42.

** ROSA, J. Guimarães. "Grande Sertão: Veredas" In: *João Guimarães Rosa. Ficção Completa*. Vol. II. Rio de Janeiro, Nova Aguilar, S/A, 1995, p. 17.

*** MEIRELES, C. "Reinvenção". Vaga Música. In: *Cecília Meireles. Obra Poética*. Volume Único. Rio de Janeiro, Nova Aguilar, 1983, pp. 462-463.

Sumário

Prefácio

O livro, que ora vem a público, congrega um conjunto de ensaios articulados em torno da análise do Serviço Social na cena contemporânea, no marco das céleres transformações que vêm alterando a economia, a política e a cultura na sociedade brasileira. Sob a égide do capital financeiro, a nova face da internacionalização da economia — a globalização — redimensiona a divisão internacional do trabalho, em um contexto de crise de larga duração que, desde a década de 1970, vem atingindo a expansão capitalista. Na contratendência desses processos, desencadeia-se uma ampla reestruturação produtiva — incorporando os avanços da ciência e da tecnologia de ponta — acompanhada de mudanças nas formas de gestão da força de trabalho. Alia-se uma radical alteração das relações entre o Estado e a sociedade, condensada na "Reforma do Estado", conforme recomendações de políticas de ajuste das economias periféricas, preconizadas pelos organismos internacionais. Um dos resultantes dessas políticas concentracionistas de capital, renda e poder no país tem sido o agravamento da questão social, que tem no desemprego e no subemprego suas mais nítidas expressões. Verifica-se uma precarização do conjunto das condições de vida de segmentos majoritários da população brasileira, quadro esse agravado com a retração do Estado em suas responsabilidades sociais, justificada em nome da "crise fiscal".

É esse cenário que, não apenas emoldura, mas molda novas condições de trabalho do assistente social, redimensionando a profissão. Requisita um repensar coletivo do exercício e da formação profissionais, no sentido de construir respostas acadêmicas, técnicas e ético-políticas, calçadas nos processos sociais em curso. Respostas essas que resultem em um desempenho competente e crítico, capaz de fazer frente, de maneira efetiva e criadora, aos desafios dos novos tempos, nos rumos da preservação e ampliação das conquistas democráticas na sociedade brasileira.

É na corrente dessas águas que se explica este livro, cujos textos encontram-se enfeixados em torno de dois grandes temas básicos: *o trabalho e a formação profissional na contemporaneidade.*

A vertente temática sobre o *trabalho* retoma um veio analítico da profissão, inaugurado no início da década de 1980, com a publicação do livro, em co-autoria com Raul de Carvalho, *Relações Sociais e Serviço Social no Brasil*, hoje em sua 12ª edição. Situava, à época, o Serviço Social como uma especialização do trabalho coletivo, inscrito na divisão social e técnica do trabalho, colocando em relevo o *caráter contraditório do exercício profissional*, porquanto realizado no âmbito de interesses e necessidades de classes sociais distintas e antagônicas. Apontava o significado social da profissão nos processos de produção e reprodução das relações sociais, apreendidos como totalidade, particularizando a função do Serviço Social na reprodução da força de trabalho e no campo político-ideológico, no âmbito da reprodução do controle social, da ideologia dominante e das lutas e contradições sociais.

O tema *trabalho*, hoje retomado, incorpora aquela elaboração, mas procura avançar na relação entre Serviço Social e processos de trabalho. Expressa a transição para outro *foco na interpretação da chamada* "prática profissional", consubstanciado na análise do exercício profissional inscrito no âmbito de processos e relações de trabalho*. Estes são considerados tanto em seus componentes universais (objeto, meios de trabalho e a própria atividade do

* Como o leitor pode observar a presente coletânea expressa, de fato, o processo de transição supra-referido do foco da "prática profissional" ao "trabalho" no trato do exercício profissional: ambas as qualificações estão presentes no conjunto dos textos que forma este livro, visto que foram escritos em momentos diferenciados.

sujeito ou trabalho), quanto nas condições e relações sociais particulares que os qualificam socialmente, atribuindo significados distintos aos processos e produtos do trabalho. O esforço é, pois, o de contribuir para uma *releitura do exercício profissional*, que permita ampliar a autoconsciência dos assistentes sociais quanto às condições e relações de trabalho em que estão envoltos. Estas sendo mutáveis, já que históricas, estabelecem limites e possibilidades para as ações dos sujeitos, que vão "esculpindo" forma e conteúdo na realização da profissão.

Acentuam-se, ainda, os determinantes histórico-conjunturais, que vêm modificando o panorama do mercado profissional de trabalho, as demandas, funções e requisitos de qualificação desse trabalhador especializado, exigindo, também, novas respostas profissionais, no âmbito do trabalho e da capacitação para o seu exercício.

A preocupação com o tema "Serviço Social e Processos de Trabalho" foi provocada no conjunto de debates, promovidos pela Associação Brasileira de Ensino em Serviço Social — ABESS — e pelo Centro de Documentação em Política Social e Serviço Social — CEDEPSS —, por ocasião do processo de revisão curricular dos cursos de graduação em Serviço Social. Essa revisão foi sistematizada em uma Proposta de Diretrizes Gerais para o Curso de Serviço Social, conforme o preconizado pela Lei de Diretrizes e Bases da Educação Nacional.

Assim, *trabalho* e *formação profissional* encontram-se estreitamente conectados na resposta a um desafio comum: o seu enraizamento na história contemporânea, de modo que qualifique o desempenho do assistente social e torne possível a atualização e a adequação do projeto ético-político do Serviço Social aos novos tempos, sem abrir mão de seus compromissos com a construção da cidadania, a defesa da esfera pública, o cultivo da democracia, parceira da eqüidade e da liberdade.

A reflexão sobre a formação profissional é contemplada com um balanço de suas conquistas e desafios nos anos 1980-90 e com um debate sobre os fundamentos do Serviço Social no âmbito da teoria social crítica, a partir do movimento de reconceituação do Serviço Social. Agrega-se uma proposta de política de prática acadêmica articulando o ensino teórico-prático, pesquisa e extensão, tendo por base a organização de oficinas e núcleos temáticos de pesquisa e prática, complementares às disciplinas, no enriquecimento da organização curricular.

Os ensaios aqui reunidos foram escritos em momentos diversos, atendendo a demandas também diferenciadas: condensam, em parte, a intervenção efetuada no debate profissional nos últimos anos. Sendo uma coletânea de textos, o leitor deverá observar que algumas idéias reaparecem em mais de um texto, não tendo sido possível alterá-los, sob pena de romper com a unidade interna de cada um deles.

A presente coletânea congrega seis textos, distribuídos em duas partes. A primeira, focando o trabalho profissional, tem, na sua abertura, "O Serviço Social na contemporaneidade", resultante de sistematização de conferências realizadas, em 1997, no Conselho Regional de Serviço Social — 3ª Região —, em Fortaleza, Ceará. Este é o único texto já publicado, sendo os demais inéditos. Foi originalmente divulgado pela entidade, sob o título de *O Serviço Social na contemporaneidade: dimensões históricas, teóricas e ético-políticas*. Debate nº 6, CRESS-CE, Fortaleza, Expressão Gráfica e Editora, dezembro de 1997. Segue-se o ensaio "Trabalho e Serviço Social: o redimensionamento da profissão frente às transformações societárias recentes", que incorpora, no seu desenvolvimento, elementos da conferência pronunciada na XX Convenção Nacional da Associação Brasileira de Ensino em Serviço Social, em Recife, novembro de 1997 e de um Parecer Técnico-político, solicitado pelo Conselho Federal de Serviço Social — CFESS — sobre projetos de lei relativos à obrigatoriedade de contração e condições de trabalho do assistente social, datado de novembro de 1997. A primeira parte deste livro encerra-se com o texto "Demandas e respostas da categoria profissional aos projetos societários", transcrição de conferência pronunciada no *VII Congresso Brasileiro de Assistentes Sociais*, realizado em São Paulo, em maio de 1992, durante o Governo Collor de Mello. A decisão de incluí-lo nesta coletânea deveu-se ao caráter antecipatório dos temas abordados, o que atesta sua atualidade, justificando a oportunidade de seu registro.

A segunda parte do livro abre-se com o texto "Formação profissional na contemporaneidade", de 1995, que foi base de conferências pronunciadas, em diferentes ocasiões, no decorrer do processo de revisão curricular do curso de Serviço Social, desencadeado pela ABESS, adensando a polêmica sobre o tema. O ensaio seguinte, "O debate contemporâneo da reconceituação no Serviço Social: ampliação e aprofundamento do marxismo", foi base da conferência exigida para concurso público de Professor Titular do Departamento de Fundamentos do Serviço Social, da Escola de Serviço Social da Universidade Federal do Rio de Janeiro — ESS/UFRJ, realizado em novembro de 1992. Finaliza este livro a "Política de prática acadêmica: uma proposta da Faculdade de Serviço Social de Juiz de Fora", que tem apresentação da Ana Maria Costa Amoroso Lima. Este texto, de janeiro de 1997, é fruto de um trabalho de assessoria a essa unidade de ensino e passou pelo crivo do debate com as então pró-Reitoras daquela Universidade, profs. Margarida Salomão (Pesquisa), Sônia Maria Heckert (Extensão) e Maria Luiza Scherr, (representante da pró-Reitora de Ensino), às quais agradeço.

Na oportunidade, registro meus agradecimentos a entidades e pessoas que tornaram possível este livro: a Associação Brasileira de Ensino em Serviço Social — ABESS — e seu Centro de Documentação e Pesquisa em Política Social e Serviço Social — CEDEPSS —, na pessoa de Maria Marieta dos Santos Koike, na direção da entidade no período 1993-97 — esse agradecimento é extensivo ao grupo de consultores da ABESS, nesse período, pelo trabalho partilhado —; ao Conselho Federal de Serviço Social — CFESS —, em nome de Berenice Rojas Couto e Valdete de Barros Martins, e, por seu intermédio, ao conjunto do CFESS/CRESS; à Executiva Nacional de Estudantes em Serviço Social; à direção da Escola de Serviço Social da UFRJ, nas gestões de Maria Inês de Souza Bravo e de Maria Durvalina Fernandes Bastos; aos funcionários, alunos e professores dessa unidade de ensino com quem venho exercitando o aprendizado da vida acadêmica; à direção da Faculdade de Serviço Social da UFJF, por meio das colegas Ana Amoroso e Ana Maria Mourão, e ao seu corpo docente, pela convivência e oportunidade de debate acadêmico. Manifesto, também, meus agradecimentos aos professores doutores que participaram da banca examinadora do concurso público, a que me submeti, para o cargo de professor titular: Emir Sader (USP), Seno Cornely (PUC-RS), Maria Carmelita Yazbek (PUC-SP), Luiz Alfredo Garcia Rosa (UFRJ) e Madel Therezinha Luz (UFRJ); agradecimento extensivo aos amigos e amigas que estiveram comigo naquele momento. Agradeço ainda a Tereza Menezes e Ronaldo Coutinho, pela amizade e interlocução acadêmica. Uma palavra carinhosa de reconhecimento aos meus amigos Carlos Nelson Coutinho e José Paulo Netto, que vêm apoiando e acompanhando de perto meu trabalho; à Mariléa V. Porfírio, Maria Rosângela Batistoni e Ana Maria de Vasconcelos, companheiras de todos os momentos. Nas revisões finais deste livro, contei com a contribuição da amiga Sara Granerman. Finalmente, registro meus agradecimentos à Cortez Editora, na pessoa de José Xavier Cortez e Elizabete Borgianni, pelos estímulos à publicação deste trabalho e a todos aqueles que me apoiaram nesse empreendimento.

Ao André, meu filho, sempre amigo e solidário, que partilhou as alegrias e dificuldades na elaboração deste livro, o afeto de sempre.

Enseada de Botafogo, Rio de Janeiro, inverno de 1998.

Marilda Villela Iamamoto

1ª PARTE

O TRABALHO PROFISSIONAL NA CONTEMPORANEIDADE

I. O Serviço Social na contemporaneidade*

"Este é tempo de divisas, tempo de gente cortada"[1]

Carlos Drummond de Andrade

1. Introdução

O momento que vivemos é um momento pleno de desafios. Mais do que nunca é preciso ter coragem, é preciso ter esperanças para enfrentar o presente. É preciso resistir e sonhar. É necessário alimentar os sonhos e concretizá-los dia-a-dia no horizonte de novos tempos mais humanos, mais justos, mais solidários. Gostaria de saudar os colegas e convidá-los para uma reflexão conjunta em torno do tema "O Serviço Social na Contemporaneidade".

Por que o Serviço Social na contemporaneidade?

---

* O presente texto consiste em uma transcrição revista das gravações de palestras realizadas sobre o tema, durante seminário promovido pelo Conselho Regional de Serviço Social — 3ª Região, em Fortaleza, Ceará, no dia 26 de novembro de 1996, com a participação de assistentes sociais e estudantes de Serviço Social. Texto originalmente publicado pelo CRESS — 3ª Região sob o título: *O Serviço Social na Contemporaneidade: dimensões históricas, teóricas e ético-políticas. Coleção Debate nº 6.* Fortaleza, Expressão Gráfica e Editora, dez. 1997.

1. ANDRADE, C. D. "Nosso tempo". *Carlos Drummond de Andrade. Poesia e Prosa.* Rio de Janeiro, Nova Aguillar, 1983, p. 166.

O poeta maior, *Carlos Drummond de Andrade*, diz: "o tempo é a minha matéria, o tempo presente, os homens presentes, a vida presente"[2]. E os Assistentes Sociais são desafiados *neste tempo de divisas, de gente cortada em suas possibilidades de trabalho e de obter meios de sobrevivência, ameaçada na própria vida.* Tempos de crise, em que cresce o desemprego, o subemprego, a luta por meios para sobreviver no campo e na cidade. Tempos extremamente difíceis para todos aqueles que vivem do trabalho: para a defesa do trabalho e para a organização dos trabalhadores.

É no contexto da globalização mundial sobre a hegemonia do grande capital financeiro, da aliança entre o capital bancário e o capital industrial, que se testemunha a revolução técnico-científica de base microeletrônica, instaurando novos padrões de produzir e de gerir o trabalho. Ao mesmo tempo, reduz-se a demanda de trabalho, amplia-se a população sobrante para as necessidades médias do próprio capital, fazendo crescer a exclusão social, econômica, política, cultural de homens, jovens, crianças, mulheres das classes subalternas, hoje alvo da violência institucionalizada. Exclusão social esta que se torna, contraditoriamente, o produto do desenvolvimento do trabalho coletivo. Em outros termos, a pauperização e a exclusão são a outra face do desenvolvimento das forças produtivas do trabalho social, do desenvolvimento da ciência e da tecnologia, dos meios de comunicação, da produção e do mercado globalizado.

Estes novos tempos reafirmam, pois, que a acumulação de capital não é parceira da eqüidade, não rima com igualdade. Verifica-se o agravamento das múltiplas expressões da questão social, base sócio-histórica da requisição social da profissão. A linguagem de exaltação do mercado e do consumo, que se presencia na mídia e no governo, corre paralela ao processo de crescente concentração de renda, de capital e de poder. Nos locais de trabalho, é possível atestar o crescimento da demanda por serviços sociais, o aumento da seletividade no âmbito das políticas sociais, a diminuição dos recursos, dos salários, a imposição de critérios cada vez mais restritivos nas possibilidades da população

2. ANDRADE, C. D. "Mãos dadas", op. cit. p. 132.

ter acesso aos direitos sociais, materializados em serviços sociais públicos.

Estão todos convidados a pensar as mudanças que vêm afetando o mundo da produção, a esfera do Estado e das políticas públicas e analisar como elas vêm estabelecendo novas mediações nas expressões da questão social hoje, nas demandas à profissão e nas respostas do Serviço Social.

Em um primeiro momento, pretende-se tratar do tema focando o contexto em que é produzida a questão social e suas *repercussões no mercado de trabalho do assistente social.*

A premissa é que o atual quadro sócio-histórico não se reduz a *um pano de fundo* para que se possa, *depois*, discutir o trabalho profissional. Ele atravessa e conforma o cotidiano do exercício profissional do Assistente Social, afetando as suas condições e as relações de trabalho, assim como as condições de vida da população usuária dos serviços sociais.

Em um segundo momento, procurar-se-á recuperar alguns dos recursos e forças teóricas e ético-políticas, acumulados a partir dos anos 1980, para enfrentar esses desafios, trabalhando especificamente *o processo de trabalho em que se insere o Assistente Social* — ou seja, a prática do Serviço Social — e *as alternativas ético-políticas que se colocam hoje ao exercício e à formação profissional crítica e competente.*

Pensar o Serviço Social na contemporaneidade requer os olhos abertos para o mundo contemporâneo para decifrá-lo e participar da sua recriação. Um grande pensador alemão do século XIX dizia o seguinte: "a crítica não arranca flores imaginárias dos grilhões para que os homens suportem os grilhões sem fantasia e consolo, mas para que se livrem deles e possam brotar as flores vivas".[3] É esse o sentido da crítica: tirar as fantasias que encobrem os grilhões para que se possa livrar deles, libertando os elos que aprisionam o pleno desenvolvimento dos indivíduos sociais. É nessa perspectiva que se inquire a realidade buscando,

3. MARX, K. "Crítica da Filosofia do Direito de Hegel. Introdução." *Temas de Ciências Humanas nº 2*. São Paulo, Grijalbo, 1977.

pelo seu deciframento, o desenvolvimento de um trabalho pautado no zelo pela qualidade dos serviços prestados, na defesa da universalidade dos serviços públicos, na atualização dos compromissos ético-políticos com os interesses coletivos da população usuária.

2. Sintonizando o Serviço Social com os novos tempos

Preliminarmente, é importante explicitar os *pressupostos para a análise da profissão hoje.*

Em primeiro lugar, para garantir uma sintonia do Serviço Social com os tempos atuais, é necessário *romper com uma visão endógena, focalista, uma visão "de dentro" do Serviço Social, prisioneira em seus muros internos.* Alargar os horizontes, olhar para mais longe, para o movimento das classes sociais e do Estado em suas relações com a sociedade; não para perder ou diluir as particularidades profissionais, mas, ao contrário, para iluminá-las com maior nitidez. Extrapolar o Serviço Social para melhor apreendê-lo na história da sociedade da qual ele é parte e expressão. É importante sair da redoma de vidro que aprisiona os assistentes sociais numa visão de dentro e para dentro do Serviço Social, como precondição para que se possa captar as novas mediações e requalificar o fazer profissional, identificando suas particularidades e descobrir alternativas de ação.

Um dos maiores desafios que o Assistente Social vive no presente é desenvolver sua capacidade de *decifrar a realidade* e construir *propostas de trabalho criativas e capazes de preservar e efetivar direitos, a partir de demandas emergentes no cotidiano.* Enfim, ser um profissional *propositivo e não só executivo.*

O Assistente Social tem sido historicamente um dos agentes profissionais que implementam políticas sociais, especialmente políticas públicas. Ou, nos termos de Netto[4], um *executor terminal de políticas sociais*, que atua na relação direta com a população usuária. Mas, hoje, o próprio mercado demanda, *além de um*

---

4. NETTO, J. P. *Capitalismo Monopolista e Serviço Social.* São Paulo, Cortez, 1992.

trabalho na esfera da execução, a formulação de políticas públicas e a gestão de políticas sociais.

Responder a tais requerimentos exige uma ruptura com a atividade burocrática e rotineira, que reduz o trabalho do assistente social a mero *emprego*, como se esse se limitasse ao cumprimento burocrático de horário, à realização de um leque de tarefas as mais diversas, ao cumprimento de atividades preestabelecidas. Já o exercício da *profissão* é mais do que isso. É uma ação de um sujeito profissional que tem competência para propor, para negociar com a instituição os seus projetos, para defender o seu campo de trabalho, suas qualificações e funções profissionais. Requer, pois, ir além das rotinas institucionais e buscar apreender o movimento da realidade para detectar tendências e possibilidades nela presentes passíveis de serem impulsionadas pelo profissional.

Essa observação merece atenção: as alternativas não saem de uma suposta "cartola mágica" do Assistente Social; *as possibilidades estão dadas na realidade, mas não são automaticamente transformadas em alternativas profissionais. Cabe aos profissionais apropriarem-se dessas possibilidades e, como sujeitos, desenvolvê-las transformando-as em projetos e frentes de trabalho*[5]. Assim, a conjuntura não condiciona unidirecionalmente as perspectivas profissionais; todavia impõe limites e possibilidades. Sempre existe um campo para a ação dos sujeitos, para a proposição de alternativas criadoras, inventivas, resultantes da apropriação das possibilidades e contradições presentes na própria dinâmica da vida social. Essa compreensão é muito importante para se evitar uma atitude *fatalista* do processo histórico e, por extensão, do

5. A título de exemplo, faço referência a uma experiência profissional muito rica que partilhei, em Belo Horizonte, como docente, à época do conhecido "Método BH" no início da década de 1970, em uma conjuntura extremamente adversa, uma das fases mais radicais da ditadura, marcada pela violência, o arbítrio, o silenciamento da sociedade civil e política. Entretanto, foi possível, dentro de muitos limites, próprios daquela época, abrir horizontes para uma outra perspectiva do Serviço Social, distinta daquela então hegemônica, em parceria com o movimento de reconceituação tal como desenvolvido nos países de língua espanhola no continente latino-americano. Sobre o "Método BH" ver, entre outros: LIMA, L. *Textos de Serviço Social.* São Paulo, Cortez/Celats, 1983; NETTO, J. P. *Ditadura e Serviço Social.* São Paulo, Cortez, 1991, cap. 2.

Serviço Social: como se a realidade já estivesse dada em sua forma definitiva, os seus desdobramentos predeterminados e os limites estabelecidos de tal forma, que pouco se pode fazer para alterá-los. Tal visão determinista e a-histórica da realidade conduz à acomodação, à rotinização do trabalho, ao burocratismo e à mediocridade profissional.

Mas é necessário, também, evitar uma outra perspectiva, que venho chamando de *messianismo profissional:* uma visão heróica do Serviço Social que reforça unilateralmente a subjetividade dos sujeitos, a sua vontade política sem confrontá-la com as possibilidades e limites da realidade social.

Olhar para fora do Serviço Social é condição para se romper tanto com uma visão rotineira, reiterativa e burocrática do Serviço Social, que impede vislumbrar possibilidades inovadoras para a ação, quanto com uma visão ilusória e desfocada da realidade, que conduz a ações inócuas. Ambas têm um ponto em comum: estão de costas para a história, para os processos sociais contemporâneos.

O segundo pressuposto é *entender a profissão hoje como um tipo de trabalho na sociedade.* Há muito tempo, desde os anos 1980, vem-se afirmando que o Serviço Social é uma *especialização do trabalho, uma profissão particular inscrita na divisão social e técnica do trabalho coletivo da sociedade*[6]. Ora, essa afirmativa não é sem conseqüências. As mudanças históricas estão hoje alterando tanto a divisão do trabalho na sociedade, quanto a divisão técnica do trabalho no interior das estruturas produtivas, corporificadas em novas formas de organização e de gestão do trabalho. Sendo o Serviço Social uma especialização do trabalho na sociedade, não foge a esses determinantes, exigindo apreender os processos macroscópicos que atravessam todas as especializações do trabalho, inclusive, o Serviço Social.

A abordagem do *Serviço Social como trabalho supõe apreender a chamada "prática profissional" profundamente condicionada*

---

6. A inflexão nesta perspectiva foi dada por IAMAMOTO, M. V. e CARVALHO, R. *Relações sociais e Serviço Social no Brasil.* São Paulo, Cortez/Celats, 1982.

pelas relações entre o Estado e a Sociedade Civil ou seja, pelas relações entre as classes na sociedade, rompendo com endogenia no Serviço Social. Por exemplo, aceita-se, como senso comum, que a profissionalização do Serviço Social surge de uma tecnificação da filantropia. Inclusive é esta a tônica do discurso da maioria dos pioneiros e da literatura especializada — mesmo na época do movimento de reconceituação —, que sustenta que o Serviço Social se torna profissão ao se *atribuir uma base técnico-científica às atividades de ajuda, à filantropia.* Esta é uma visão de dentro e por dentro das fronteiras do Serviço Social, como se ele fosse fruto de uma evolução interna e autônoma das formas de proteção e de apoio social. Todavia, a constituição e institucionalização do Serviço Social como profissão na sociedade depende, ao contrário, de uma progressiva ação do Estado na regulação da vida social, quando passa a administrar e gerir o conflito de classe, o que pressupõe, na sociedade brasileira, a relação capital/trabalho constituída por meio do processo de industrialização e urbanização. É quando o Estado se "amplia", nos termos de Gramsci[7], passando a tratar a questão social não só pela coerção, mas buscando um consenso na sociedade, que são criadas as bases históricas da nossa demanda profissional. Ora, se isso é verdade, as mudanças que vêm ocorrendo no mundo do trabalho e na esfera estatal, em suas relações com a sociedade civil, incidem diretamente sobre os rumos do desenvolvimento dessa profissão na sociedade.

O Assistente Social dispõe de um Código de Ética profissional[8] e embora o Serviço Social seja regulamentado como uma profissão liberal, não tem essa tradição na sociedade brasileira. É um trabalhador especializado, que vende a sua capacidade de

---

7. Cf. GRAMSCI, A. *Maquiavel, a Política e o Estado Moderno.* Rio de Janeiro, Civilização Brasileira, 3ª ed., 1978; COUTINHO, C. N. *Gramsci. Um estudo sobre o seu pensamento político.* Rio de Janeiro, Campus, 1989; _____. *A dualidade dos poderes. Introdução à Teoria Marxista do Estado e da Revolução.* São Paulo, Brasiliense, 2ª ed., 1987.

8. Conselho Federal de Serviço Social (CFESS). Código de Ética Profissional do Assistente Social. In: BONETTI, D. A *et alii.* (Orgs.) *Serviço Social e Ética. Convite a uma nova práxis.* São Paulo, Cortez/CFESS, 1996, pp. 215-230.

trabalho para algumas entidades empregadoras, predominantemente de caráter patronal, empresarial ou estatal, que demandam essa força de trabalho qualificada e a contratam. Esse processo de compra e venda da força de trabalho especializada em troca de um salário faz com que o Serviço Social ingresse no universo da mercantilização, no universo do valor. A profissão passa a constituir-se como parte do trabalho social produzido pelo conjunto da sociedade, participando da criação e prestação de serviços que atendem às necessidades sociais. Ora o Serviço Social reproduz-se como um trabalho especializado na sociedade por ser socialmente necessário: produz serviços que atendem às necessidades sociais, isto é, têm um valor de uso, uma utilidade social. Por outro lado, os assistentes sociais também participam, como trabalhadores assalariados, do processo de produção e/ou de redistribuição da riqueza social. Seu trabalho não resulta apenas em serviços úteis, mas ele tem um *efeito na produção ou na redistribuição do valor e da mais-valia.* Assim, por exemplo, na empresa, o assistente social pode participar do processo de reprodução da força de trabalho e/ou da criação da riqueza social, como parte de um trabalho coletivo, produtivo de mais-valia[9]. Já na esfera do Estado, no campo da prestação de serviços sociais, pode participar do processo de redistribuição da mais-valia, via fundo público. Aí seu trabalho se inscreve, também, no campo da defesa e/ou realização de direitos sociais de cidadania, na gestão da coisa pública. Pode contribuir para o partilhamento do poder e sua democratização, no processo de construção de uma contra-hegemonia no bojo das relações entre as classes. Pode, entretanto, imprimir outra direção social ao seu trabalho, voltada ao reforço das estruturas e relações de poder preexistentes, os marcos da quotidianeidade. Os efeitos ou produtos deste trabalho no campo político-ideológico tem sido salientados pela literatura especializada[10].

---

9. Sobre a noção de *trabalho produtivo e improdutivo* ver: MARX, K. *Un chapitre inédit du capital.* Paris, Unión Generale d'Editions, Col. 10/18, 1971. (Trad. Roger Dangeville) pp. 224-240; MARX, K. *Teorías sobre la plusvalía. Tomo IV de El capital.* México, Fondo de Cultura Económica, 1980, vol. I, cap. IV;

10. Ver, entre outros: IAMAMOTO, M. V. "O Serviço Social no processo de reprodução das relações sociais". In: IAMAMOTO, M. V. e CARVALHO, R. *Re-*

O terceiro pressuposto é que tratar o Serviço Social como trabalho supõe privilegiar *a produção e a reprodução da vida social, como determinantes na constituição da materialidade e da subjetividade das* "classes que vivem do trabalho", *nos termos do Antunes*[11].

Ao se afirmar o primado do trabalho na constituição dos indivíduos sociais, na vida em sociedade e ao se indagar sobre o papel do Serviço Social no processo de produção e reprodução da vida social (ou das relações sociais), tem-se um ponto de partida e um norte. Esta não é a prioridade do mercado — ou da esfera da circulação —, como o faz a perspectiva liberal. Para esta, a esfera privilegiada para a compreensão da vida social é a da distribuição da riqueza, visto que as leis históricas que regem a produção da riqueza na era do capital são tidas como leis "naturais", isto é, assemelhadas àquelas da natureza, de difícil possibilidade de alteração por parte da ação humana. Em outros termos, desigualdades sociais sempre existiram e existirão, o que se pode fazer é minimizar as manifestações extremas da pauperização, por meio de uma melhor distribuição dos produtos do trabalho desde que mantida intocada a distribuição dos meios de produzir e, portanto, as bases sociais em que se erige a sociedade de classes.

Aqui se trabalha em uma outra perspectiva. Quando se indaga como o Serviço Social participa da produção/reprodução da vida social, a atenção volta-se à *produção e reprodução da vida material*. Os homens têm necessidades sociais e carecimentos a satisfazer e, por meio do trabalho, buscam produzir objetos

---

lações Sociais e Serviço Social no Brasil. São Paulo, Celats/Cortez, 1982; ______. *Renovação e conservadorismo no Serviço Social, Ensaios Críticos*. São Paulo, Cortez, 1992; FALEIROS, V. P. *Saber profissional e poder institucional*. São Paulo, Cortez, 2ª ed., 1987; Vv. Aa. *Serviço Social Crítico: problemas e perspectivas*. São Paulo, Celats/Cortez, 1983; NETTO, J. P. *Capitalismo Monopolista e Serviço Social*, op. cit.; MARTINELLI, M. L. *Serviço Social: identidade e alienação*. São Paulo, Cortez, 1989; SIMIONATO, I. *Gramsci: sua teoria, incidência no Brasil e influência no Serviço Social*. São Paulo Cortez/UFSC, 1995.

11. ANTUNES, R. *Adeus ao trabalho? Ensaio sobre as metamorfoses e a centralidade do mundo do trabalho*. São Paulo, Cortez/Unicamp, 1995.

úteis para respondê-los; objetos estes que, na moderna sociedade burguesa, são também mercadorias produto do capital[12], e, portanto, portadoras de valor-trabalho e de mais-valia. O trabalho é, pois, uma atividade que se inscreve na esfera da produção e reprodução da vida material. Como já anunciavam Marx e Engels, em seus estudos sobre a *Ideologia Alemã*: "o primeiro pressuposto de toda a existência humana e, portanto, de toda a história, é que os homens devem estar em condições de viver para poder 'fazer história'. Mas para viver é preciso comer, beber, ter habitação, vestir-se e algumas coisas mais. O primeiro ato histórico é, portanto, a produção de meios que permitam a satisfação dessas necessidades, a produção da própria vida material".[13] Os homens necessitam trabalhar, precisam ter base para a sobrevivência, base esta hoje ameaçada para uma enorme parcela da população brasileira. Aquela reprodução envolve a vida material, *mas ao trabalharem os homens estabelecem relações entre si, portanto, relações sociais*. Quando se fala em produção/reprodução da vida social não se abrange apenas a dimensão econômica — freqüentemente reduzida a uma óptica economicista —, mas a *reprodução das relações sociais de indivíduos, grupos e classes sociais. Relações sociais estas que envolvem poder, sendo relações de luta e confronto entre classes e segmentos sociais, que têm no Estado uma expressão condensada da trama do poder vigente na sociedade.* Mas a produção/reprodução das relações sociais

---

12. Marx, no *Capítulo VI, Inédito, de O Capital* afirma que, sendo a mercadoria a forma mais elementar da riqueza burguesa, constitui o pressuposto para a existência do capital, mas também aparece como *produto do capital*. Caracteriza-se, do ponto de vista do valor, por conter trabalho pago e não pago e cada uma das mercadorias é uma parte alíquota do valor total do capital, sendo fundamental, para a realização do valor total do capital, o volume de mercadorias vendidas. Ver MARX, K. *Un chapitre inédit du capital*. Op. cit., Chap. I, "Les marchandises comme produits du capital et de la production capitaliste". Em outro momento, já acentuei esta diferença: Ver: IAMAMOTO, M. V. "Uma concepção teórica da reprodução das relações sociais". In: IAMAMOTO, M. V. e CARVALHO, R. *Relações Sociais e Serviço Social no Brasil*. São Paulo, Cortez/Celats, 1982, p. 44-45.

13. MARX, K. e ENGELS, F. *A Ideologia Alemã (Feuerbach)*. São Paulo, Grijalbo, 1977, p. 39.

abrange, também, "formas de pensar, isto é, formas de consciência, através das quais se apreende a vida social"[14].

Em síntese, o Serviço Social é considerado como uma especialização do trabalho e a atuação do assistente social uma manifestação de seu trabalho, inscrito no âmbito da produção e reprodução da vida social. Esse rumo da análise recusa visões unilaterais, que apreendem dimensões isoladas da realidade, sejam elas de cunho economicista, politicista ou culturalista. A preocupação é afirmar a óptica da *totalidade na apreensão da dinâmica da vida social,* identificando como o Serviço Social se relaciona com as várias dimensões da vida social.

3. Questão social e Serviço Social

Como já foi referido, o Serviço Social tem na *questão social* a base de sua fundação como especialização do trabalho. Questão social apreendida como *o conjunto das* expressões das desigualdades da sociedade capitalista madura, que tem uma raiz comum: a produção social é cada vez mais coletiva, o trabalho torna-se mais amplamente social, enquanto a apropriação dos seus frutos mantém-se privada, monopolizada por uma parte da sociedade. A globalização da produção e dos mercados não deixa dúvidas sobre esse aspecto: hoje é possível ter acesso a produtos de várias partes do mundo, cujos componentes são fabricados em países distintos, o que patenteia ser a produção fruto de um trabalho cada vez mais coletivo, contrastando com a desigual distribuição da riqueza entre grupos e classes sociais nos vários países, o que sofre a decisiva interferência da ação do Estado e dos governos.

Essa contradição fundamental da sociedade capitalista — entre o trabalho coletivo e a apropriação privada da atividade, das condições e frutos do trabalho — está na origem do fato de que o desenvolvimento nesta sociedade redunda, de um lado, em

---

14. Cf. MARX, K. *Contribuição à Crítica da Economia Política. Prefácio.* São Paulo, Martins Fontes, 1977, pp. 23-27.

uma enorme possibilidade de o homem ter acesso à natureza, à cultura, à ciência, enfim, desenvolver as forças produtivas do trabalho social; porém, de outro lado e na sua contraface, faz crescer a distância entre a concentração/acumulação de capital e a produção crescente da miséria, da pauperização que atinge a maioria da população nos vários países, inclusive naqueles considerados "primeiro mundo".

Os assistentes sociais trabalham com a questão social nas suas mais variadas expressões quotidianas, tais como os indivíduos as experimentam no trabalho, na família, na área habitacional, na saúde, na assistência social pública etc. Questão social que, sendo desigualdade é também rebeldia, por envolver sujeitos que vivenciam as desigualdades e a ela resistem e se opõem. *É nesta tensão entre produção da desigualdade e produção da rebeldia e da resistência, que trabalham os assistentes sociais, situados nesse terreno movidos por interesses sociais distintos, aos quais não é possível abstrair ou deles fugir porque tecem a vida em sociedade.* Exatamente por isso, decifrar as *novas mediações* por meio das quais se expressa a questão social, hoje, é de fundamental importância para o Serviço Social em uma *dupla perspectiva*: para que se possa tanto *apreender as várias expressões que assumem, na atualidade, as desigualdades sociais* — sua produção e reprodução ampliada — quanto projetar e forjar *formas de resistência e de defesa da vida. Formas de resistência já presentes, por vezes de forma parcialmente ocultas, no cotidiano dos segmentos majoritários da população que dependem do trabalho para a sua sobrevivência.* Assim, apreender a questão social é também captar as múltiplas *formas de pressão social, de invenção e de re-invenção da vida construídas no cotidiano*, pois é no presente que estão sendo recriadas formas novas de viver, que apontam um futuro que está sendo germinado.

Dar conta dessa dinâmica supra referida, parece ser um dos grandes desafios do presente, pois permite dar transparência a valores atinentes ao gênero humano, que se tornam cada vez mais opacos no universo da mercantilização universal e do culto do individualismo. Enfim, decifrar as múltiplas expressões da questão social, sua gênese e as novas características que assume na contemporaneidade, atribuindo transparência às iniciativas voltadas à sua reversão e/ou enfrentamento imediato.

Outro aspecto a tratar, é o *cenário* em que se insere o Serviço Social hoje: *as novas bases de produção da questão social*, cujas múltiplas expressões são o objeto do trabalho cotidiano do assistente social.

A profissionalização e o desenvolvimento do Serviço Social são fruto do padrão de desenvolvimento do pós-guerra, sob a hegemonia norte-americana, tencionado pela guerra fria, ante as ameaças comunistas. Esse padrão de desenvolvimento demarca um largo ciclo expansionista da economia internacional, sob a liderança do setor industrial.

É necessário, hoje, repensar a questão social, porque as bases de sua produção sofrem, na atualidade, uma profunda transformação com as inflexões verificadas no padrão de acumulação. Os "30 anos gloriosos" — do pós-guerra até meados dos anos 1970[15] — marcaram uma ampla expansão da economia capitalista, sob a liderança do capital industrial, apoiada em uma organização da produção de bases tayloristas e fordistas, como estratégias de organização e gestão do processo de trabalho. Redundaram em ganhos de produtividade e um certo reconhecimento do poder sindical da classe operária. A estratégia taylorista/fordista de organização do processo produtivo implicava a produção em série e em massa para o consumo massivo, uma rígida divisão de tarefas entre executores e planejadores, o trabalho parcelar fragmentado e a constituição da figura do "operário massa".[16] Essa base de organização do processo de trabalho, que

---

15. Para um detalhamento do período conferir: MATTOSO, J. *A desordem do trabalho*. São Paulo, Scritta, 1995.

16. Sobre o fordismo ver: CORIAT, B. *El Taller y el Cronómetro. Ensayo sobre el taylorismo, el fordismo y la producción de masa*. México, Siglo XXI, 10ª ed, 1994; _____. *El Taller y el Robot. Ensayos sobre el fordismo y la producción de masa en la era de la electrónica*. México, Siglo XXI, 10ª ed, 1994; HARVEY, D. *Los límites del capitalismo y la teoría marxista*. México, Fondo de Cultura Económica, 1990; _____. *A condição pós-moderna*. São Paulo, Loyola, 2ª ed., 1993; MORAES NETO, B. R. *Marx, Taylor, Ford. As forças produtivas em discussão*. São Paulo, Brasiliense, 2ª ed.; 1991; ANTUNES, R. Op. cit., 1995.

teve a sua origem com Henry Ford na indústria automobilística, demarca o padrão industrial do pós-guerra, complementado com políticas anticíclicas levadas a efeito pelo Estado, impulsionadoras do crescimento econômico. O Estado buscava canalizar o fundo público, tanto para o financiamento do capital, quanto para a reprodução da força de trabalho, movido pela lógica de que, para impulsionar a produção, há que ampliar mercados e preservar um certo poder aquisitivo da população, capaz de viabilizar o consumo de mercadorias e dinamização da economia. Ora, para atingir tais metas, é necessário uma política voltada para impulsionar a expansão do emprego — daí a meta keynesiana do "pleno emprego" — e manter um certo padrão salarial, negociando com as diversas categorias de trabalhadores, por intermédio de sua representação sindical. Coube ao Estado viabilizar salários indiretos por meio das políticas sociais públicas, operando uma rede de serviços sociais, que permitisse liberar parte da renda monetária da população para o consumo de massa e conseqüente dinamização da produção econômica. Esse acordo entre *Estado, empresariado* e *sindicatos* envolveu uma ampliação das funções do Estado no campo das políticas públicas, que passaram a dispor de ampla abrangência, permitindo que fosse liberada parcela da renda familiar para o consumo. A tais medidas, aliou-se uma rigorosa administração dos gastos governamentais. Assim, a implantação de uma rede pública de serviços sociais é parte da chamada regulação keynesiana da economia, uma das estratégias de reversão das crises cíclicas do capitalismo no pós-guerra.

Esse padrão de desenvolvimento possibilitou o avanço de certas conquistas no campo do bem-estar social, especialmente nos países de primeiro mundo, por meio do conhecido *Welfare State.* O Brasil, não tendo experimentado um Estado de Bem-Estar Social na sua completude, viveu o que Oliveira[17] já denominou de *Estado do Mal-Estar Social.*

O desenvolvimento profissional do Serviço Social e a expansão de seu mercado de trabalho ocorrem nos marcos do padrão

---

17. OLIVEIRA, F. "Além da transição, aquém da imaginação". *Novos Estudos CEBRAP nº 12.* São Paulo, Cebrap, jun. 1982.

taylorista/fordista e da regulação keynesiana da economia. A crise desse padrão de acumulação eclode em meados da década de 1970, quando a economia mundial apresenta claros sinais de estagnação, com altos índices inflacionários e com uma mudança na distribuição do poder no cenário mundial. O Japão e a Alemanha tornam-se países fortes e competitivos, fazendo com que os Estados Unidos deixem de ser a única força econômica no ocidente. Ao mesmo tempo, na década de 1980, com o desmonte do Leste Europeu, há um redimensionamento das relações de poder no mundo. Estabelece-se intensa concorrência por novos mercados, acirrando a competitividade intercapitalista, que passa a exigir mudanças no padrão de produção. A indústria, os serviços bancários, a maior parte das atividades econômicas de ponta vêm alterando suas formas de organizar a produção (no sentido *lato*) o que alguns qualificam de *acumulação flexível*[18], ou do *modelo japonês ou toyotismo* enfeixadas no mote da *flexibilização.* Busca-se uma *flexibilidade no processo de trabalho*, em contrapartida à rigidez da linha de produção, da produção em massa e em série; *uma flexibilidade do mercado de trabalho*, que vem acompanhada da desregulamentação dos direitos do trabalho, de estratégias de informalização da contratação dos trabalhadores; uma *flexibilidade dos produtos*, pois as firmas hoje não produzem necessariamente em série, mas buscam atender as particularidades das demandas dos mercados consumidores e uma *flexibilidade dos padrões de consumo.* Esse processo, impulsionado pela tecnologia de base microeletrônica, pela informática e pela robótica, passa a requerer novas formas de estruturação dos serviços financeiros, inovações comerciais, o que vem gerando e aprofundando uma enorme desigualdade do desenvolvimento entre as regiões, setores etc., além de modificar substancialmente as noções de espaço e tempo.

A competitividade intercapitalista impõe a exigência de *qualidade dos produtos* para garantir a rentabilidade da produção, em um contexto de globalização da produção e dos mercados. As empresas tornam-se empresas enxutas: cria-se uma "empresa mãe" (*holding*), que reúne em torno de si pequenas e médias

---

18. HARVEY, D. Op. cit., 1993.

empresas que fornecem produtos e serviços, estabelecendo-se a chamada terceirização. E as terceiras tendem, cada vez mais, a precarizar as relações de trabalho, reduzir ou eliminar direitos sociais, rebaixar salários, estabelecer contratos temporários, o que afeta profundamente as bases de defesa do trabalho conquistadas no pós-guerra. Ao mesmo tempo, é estimulada dentro das empresas a preocupação com a qualidade do produto tendo em vista a competitividade, por meio de novas formas de gestão da força de trabalho, novas políticas gerenciais e administrativas. Fala-se cada vez mais em *qualidade total*, que é apresentada como "qualidade das condições de trabalho e qualidade de vida", mas visa, de fato, a rentabilidade do capital investido, voltada para o trabalhador produzir mais com menor custo, para gerar maior lucratividade. Esse discurso da qualidade vem junto com o fenômeno da terceirização, com o enxugamento do pessoal das empresas, afetando radicalmente as condições de vida e de trabalho do conjunto dos trabalhadores.

As tendências do mercado de trabalho, apontadas por inúmeros estudiosos, indicam uma classe trabalhadora polarizada, com uma pequena parcela com emprego estável, dotada de força de trabalho altamente qualificada e com acesso a direitos trabalhistas e sociais e uma larga parcela da população com trabalhos precários, temporários, subcontratados etc.

Surge, neste contexto, o trabalhador *polivalente*, aquele que é chamado a exercer várias funções, no mesmo tempo de trabalho e com o mesmo salário, como conseqüência do enxugamento do quadro de pessoal das empresas. O trabalhador deixa de ser um trabalhador "especializado" — e também o assistente social — sendo solicitado a exercer múltiplas tarefas, até então não necessariamente envolvidas em suas tradicionais atribuições.

Esse processo de "modernização da produção" *vem redundando, contraditoriamente, na recriação de formas de trabalho antigas*, como o trabalho a domicílio, o trabalho familiar, o não reconhecimento de direitos sociais e trabalhistas e, fundamentalmente, um maior índice de desemprego estrutural. Trabalhar com mais eficiência, com moderna tecnologia e alta qualificação da força de trabalho nos setores de ponta da economia, implica uma redução da demanda de trabalhadores e expulsão de mão-de-obra.

Vive-se hoje uma *terceira revolução industrial* acompanhada de profundas transformações mundiais. Assim como em etapas anteriores do desenvolvimento industrial, radicais mudanças tecnológicas envolveram uma ampla expulsão da população trabalhadora de seus postos de trabalho. Atualmente, segmentos cada vez maiores da população tornam-se sobrantes, desnecessários. Essa é a raiz de uma *nova pobreza* de amplos segmentos da população, cuja força de trabalho não tem preço, porque não têm mais lugar no mercado de trabalho. Fenômeno que se observa hoje, inclusive, nos países considerados desenvolvidos, cujos índices de desemprego estrutural eram comparativamente baixos. São estoques de força de trabalho "descartáveis" para o mercado de trabalho, colocando em risco para esses segmentos a possibilidade de defesa e reprodução da própria vida. Existe "gente demais" para as necessidades da acumulação capitalista; ao mesmo tempo em que, nas regiões mais pobres, a população tem reduzida sua esperança de vida ao nascer, mantêm-se elevados índices de mortalidade infantil, e contingentes populacionais são dizimados nas guerras.

No atual quadro recessivo da produção econômica mundial, as lutas sindicais encontram-se fragilizadas e a defesa do trabalho é dificultada diante do crescimento das taxas de desemprego. Mattoso[19], em seu livro *A desordem do trabalho* chama a atenção para a *insegurança do trabalho* englobando: a insegurança no mercado de trabalho, a insegurança no emprego, a insegurança na renda, a insegurança na contratação, a insegurança na representação do trabalho, na organização sindical e na defesa do trabalho. Na sociedade brasileira esse quadro assume conotações particulares e mais graves, visto que ao desemprego, resultante das novas tecnologias, soma-se o persistente desemprego, estrutural, as relações de trabalho presididas pela violência, a luta pela terra, o trabalho noturno, as relações de trabalho clandestinas, o trabalho escravo, que passam a adquirir uma certa "máscara de moderni-

---

19. MATTOSO, J. Op. cit., 1995.

dade" nesse país. Em outros termos, uma das conseqüências desta "modernidade" tem sido reforçar traços históricos persistentes da nossa formação social.

As transformações no mundo do trabalho vêm acompanhadas de profundas mudanças na *esfera do Estado*, consubstanciadas na *Reforma do Estado*, exigida pelas "políticas de ajuste", tal como recomendadas pelo *Consenso de Washington*. Em função da crise fiscal do Estado em um contexto recessivo, são reduzidas as possibilidades de financiamento dos serviços públicos; ao mesmo tempo, preceitua-se o "enxugamento" dos gastos governamentais, segundo os parâmetros neoliberais. Cabe, entretanto, indagar: o enxugamento do Estado para quem?

O balanço do neoliberalismo, apresentado pelo Prof. Perry Anderson[20], parte da constatação que a proposta não é nova, remontando o seu surgimento aos anos 1940, formulada por Hayek, em seu livro *O caminho da servidão*. Reage contra a política keynesiana, contra a ampliação das funções reguladoras do Estado na vida social, em defesa do livre jogo do mercado. O projeto neoliberal surge como uma reação ao Estado do Bem-Estar Social, contra a social democracia. Com a crise dos anos 1970, as idéias neoliberais são assumidas como "a grande saída", preconizando a desarticulação do poder dos sindicatos, como condição de possibilitar o rebaixamento salarial, aumentar a competitividade dos trabalhadores e impor a política de ajuste monetário. Essas medidas têm por fim atingir o poder dos sindicatos, tornar possível a ampliação da taxa "natural" de desemprego, implantar uma política de estabilidade monetária e uma reforma fiscal que reduza os impostos sobre as altas rendas e favoreça a elevação das taxas de juros, preservando os rendimentos do capital financeiro.

O renascimento das propostas neoliberais ocorre inicialmente nos Estados Unidos, seguido da Inglaterra e do Chile — experiência

---

20. ANDERSON, P. "Balanço do neoliberalismo". In: SADER, E. e GENTILLE, P. (Orgs.) *Pós-neoliberalismo. As políticas sociais e o Estado democrático*. Rio de Janeiro, Paz e Terra, 1995, p. 9-23.

pioneira na América Latina. Tem resultado no desemprego massivo, no corte dos gastos sociais, acompanhado de uma legislação anti-sindical e em um amplo programa de privatização dos órgãos do Estado. Como sugere Anderson, se o projeto neoliberal surgiu como uma terapia para animar o crescimento da economia capitalista, para deter a inflação, obter deflação como condição de recuperação dos lucros, fez crescer o desemprego e a desigualdade social. Contraditoriamente, a referida proposta conseguiu obter uma hegemonia ideológica mundial: governos das mais diferentes feições políticas a adotaram, inclusive aqueles social-democratas, contra os quais insurgiu o neoliberalismo na sua origem. Mas ele não consegue atingir os fins econômicos para os quais surgiu, ou seja, alavancar a produção e ampliar as taxas de crescimento econômico. Ora, o capital, em vez de voltar-se para o setor produtivo, é canalizado para o setor financeiro, favorecendo um crescimento especulativo da economia e não o seu crescimento produtivo. O aprofundamento das desigualdades sociais e a ampliação do desemprego atestam ser a proposta neoliberal vitoriosa, visto serem estas suas metas, ao apostar no mercado como a grande esfera reguladora das relações econômicas, cabendo aos indivíduos a responsabilidade de "se virarem no mercado".

Atílio Borón[21], sociólogo argentino, sustenta serem as políticas neoliberais presididas por uma dupla articulação. Por um lado, *a satanização do Estado*: o Estado é tido como o diabo, responsável por todas as desgraças e infortúnios que afetam a sociedade capitalista. Por outro lado, *a exaltação e a santificação do mercado e da iniciativa privada*, vista como a esfera da eficiência, da probidade e da austeridade, justificando a política das privatizações. O resultado é um Estado cada vez mais submetido aos interesses econômicos e políticos dominantes, renunciando a importantes graus de soberania nacional, em um contexto no qual há ampla prevalência do capital financeiro, ou uma "financeirização da economia", nas palavras de Mattoso[22].

---

21. BORÓN, A. "A sociedade civil depois do dilúvio neoliberal". In: SADER, E. e GENTILI P. (Orgs.) *Pós-neoliberalismo.* Op. cit., pp. 63-118.

22. MATTOSO, J. Op. cit., 1995.

As "repercussões da proposta neoliberal no campo das políticas sociais são nítidas, tornando-se cada vez mais focalizadas, mais descentralizadas, mais privatizadas"[23]. Presencia-se a desorganização e destruição dos serviços sociais públicos, em conseqüência do "enxugamento do Estado" em suas responsabilidades sociais. A preconizada redução do Estado é unidirecional: incide sobre a esfera de prestação de serviços sociais públicos que materializam direitos sociais dos cidadãos, de interesse da coletividade. Na linguagem governamental e empresarial trata-se de reduzir o "Custo Brasil". Na contrapartida daquele "enxugamento" tem-se um alargamento da proteção do Estado para os grandes oligopólios. O fundo público é cada vez mais desigualmente distribuído, sendo canalizado para a sustentação dos grandes capitais, em especial o capital financeiro, como nos casos de socorro do Estado à quebra e saneamento de bancos. Neste contexto, o fetichismo do dinheiro e da mercadoria parece reinar com todas as pompas: ao lado da exaltação do mercado, o cidadão é reduzido à condição de consumidor.

Todo esse processo, que envolve uma canalização do fundo público para interesses privados, cai como uma luva na sociedade brasileira, como sustenta Chaui:[24] uma sociedade marcada pelo coronelismo, pelos populismos, por formas políticas de apropriação da esfera pública em função de interesses particularistas de grupos poderosos. Uma sociedade marcada por uma tradição autoritária e excludente, condensada no "autoritarismo social", isto é, uma sociedade hierarquizada em que as relações sociais ora são regidas pela *cumplicidade* — quando as pessoas se identificam como iguais — pelo *mando* e pela *obediência* — quando as pessoas se reconhecem como desiguais —, mas não pelo reconhecimento da igualdade jurídica dos cidadãos. A cidadania não se construiu historicamente no Brasil como nos países Europeus. Aqui prevaleceram as relações de favor, de dependência, ou, como sustenta

---

23. DRAIBE, S. "As políticas sociais e neoliberalismo". *Revista USP nº 17 Dossiê Liberalismo/neoliberalismo.* São Paulo, EDUSP, mar./abr. 1993, pp. 86-101.

24. Cf. CHAUI, M. "Raízes teológicas do populismo no Brasil: a teocracia dos dominantes, messianismo dos dominados. In: DAGNINO, A. (Org.) *Anos 90: política e sociedade no Brasil.* São Paulo, Brasiliense, 1995, p. 19-30.

Roberto Schwarz, *a ideologia do favor* — atravessa a formação política brasileira, "o favor é a nossa mediação quase universal"[25]. Essa formação política, aliada aos "efeitos modernos" do grande capital, tem resultado em um encolhimento dos espaços públicos e um alargamento dos espaços privados, em que a classe dominante faz do Estado o *seu* instrumento econômico privado por excelência. Ou seja, o discurso neoliberal tem a espantosa façanha de atribuir título de modernidade ao que há de mais conservador e atrasado na sociedade brasileira: fazer do interesse privado a medida de todas as coisas, obstruindo a esfera pública, a dimensão ética da vida social pela recusa das responsabilidades e obrigações sociais do Estado. É isso que se verifica no trabalho cotidiano do Serviço Social. Embora os direitos sociais sejam universais por determinação constitucional, as instituições governamentais tendem a pautar-se pela *lógica do contador*[26]: se a universalidade é um preceito constitucional, mas não se tem recursos para atender a todos, então que se mude a Constituição. Essa é a lógica contábil, da "entrada" e "saída" de dinheiro, do balanço que se erige como exemplar, em detrimento da lógica dos direitos, da democracia, da defesa dos interesses coletivos da sociedade, a que as prioridades orçamentárias deveriam submeter-se.

A desigualdade que preside o processo de desenvolvimento do país tem sido uma de suas particularidades históricas: o moderno se constrói por meio do "arcaico", recriando nossa herança histórica brasileira ao atualizar marcas persistentes e, ao mesmo tempo, transformando-as no contexto da globalização. Isso atribui um *ritmo histórico particular ao processo de mudanças*, uma cadência histórica particular, em que tanto o novo quanto o velho se alteram. Essa *coexistência de temporalidades históricas desiguais* faz com que a questão social apresente, hoje, tanto marcas do passado quanto do presente, radicalizando-a.

Tais indicações apontam para que a reflexão contemporânea sobre o trabalho profissional tome, com urgência, "um banho de

---

25. SCHWARZ, R. *Ao vencedor as batatas*. São Paulo, Livraria Duas Cidades, 2ª ed., 1981.

26. MENEZES, M. T. *Em busca da teoria: políticas de assistência pública*. São Paulo, Cortez, 1993.

realidade brasileira", munindo-se de dados, informações e indicadores que possibilitem identificar as expressões particulares da questão social, assim como os processos sociais que as reproduzem. Por exemplo, pelo trabalho infantil podemos ilustrar como a radicalização da exclusão social vem afetando não só os direitos sociais, mas o próprio direito à vida.

A *Revista Atenção*[27], de dezembro de 1995 e janeiro de 1996, traz informações importantes: no Brasil, 3,5 milhões de crianças de menos de 14 anos trabalham e 70% delas recebem em torno de meio salário mínimo. Segundo dados coletados pela reportagem "Nossas crianças, a sucata do progresso. Quem explora a mão-de-obra infantil?", o trabalho infantil não se verifica apenas na periferia atrasada do sistema produtivo. Grandes empresas, como a Ford, a Petrobrás, a Bombril, a General Motors, a Cofap, a Cosipa, entre outras, estimulam a exploração da mão-de-obra infantil, não diretamente, mas vendendo e comprando insumos e produtos produzidos por crianças. Para a referida reportagem "o trabalho infantil não é um fenômeno restrito aos setores tradicionais e não competitivos da economia. Estimulada pela terceirização, a exploração da mão-de-obra infantil cresce em todos os países do mundo. A OIT calcula hoje que trabalhem 200 milhões de crianças em todo o mundo. Segundo o IBGE 7,5 milhões de brasileiros entre 10 a 17 anos trabalham. Representam 11,6% da força de trabalho do país e 3,5 milhões deles têm menos de 14 anos. Trata-se de uma mão-de-obra menos organizada, mais dócil e mais barata; em 70% dos casos recebem menos que meio salário mínimo".[28]

As indústrias de suco de laranja, de calçados, a indústria canavieira e as siderúrgicas são áreas onde existe grande incidência de trabalho infantil. Na cidade de Franca, situada no interior de São Paulo e sede da indústria calçadista, o DIEESE, a CUT e

27. "Nossas crianças: a sucata do progresso. Quem explora a mão-de-obra infantil". In: *Revista Atenção nº 2, ano 1*. São Paulo. Ed. Página Aberta, dez. 1995 — jan. 1996.

28. Idem, p. 13.

a OIT calcularam que, de 73% das crianças que trabalhavam, apenas 2% tinham carteira assinada, metade recebia até meio salário mínimo e 12% não recebia nada. Entretanto 70% da produção dessas indústrias é destinada à exportação, tendo faturado, em 1994, 6,5 bilhões de dólares.

Assim, desemprego, flexibilização do trabalho e terceirização estão na base da sustentação da exploração do trabalho infantil, aliadas às políticas de ajuste, de corte dos gastos sociais, a que se somam hoje, inclusive, incentivos do Governo ao trabalho infantil. Recentes projetos legislativos estabeleceram incentivos fiscais às empresas que contratem crianças trabalhadoras de 12 a 18 anos. Essa legislação vem sendo utilizada, por exemplo, pela *Arezzo* (calçados) e pela *Suggar* (eletrodomésticos), que contratam adolescentes entre 14 e 17 anos, dispensadas de todos os encargos trabalhistas[29].

Uma das formas de redução do custo da força de trabalho é o contrato da mão-de-obra infantil. Quando 30% da população economicamente ativa do mundo está desempregada, cresce o desemprego dos adultos e aumenta, contraditoriamente, o emprego infantil. Para possibilitar a sobrevivência da família, quando o pai se encontra desempregado e a mãe já está no mercado de trabalho, uma terceira possibilidade que se apresenta é que as crianças trabalhem. Em outros termos, o desemprego dos adultos aumenta o trabalho infantil. Os sindicatos franceses lançaram uma palavra de ordem, que sintetiza bem essa idéia: "*Devolvam o emprego do meu pai, eu não quero trabalhar*".[30]

As crianças trabalhadoras estão impossibilitadas de viverem a infância. O direito à infância lhes está sendo subtraído, o que José de Sousa Martins já denunciou como a "*infância negada*".[31]

O *Instituto Nacional de Estudos Socio-Econômicos* — INESC —, em seu Caderno sobre *A criança e o adolescente no Congresso*

---

29. Conforme a mesma fonte já citada.

30. Ibidem, p. 14.

31. MARTINS, J. S. *O Massacre dos Inocentes*. São Paulo, Ed. Hucitec, 2ª ed., 1993.

Nacional[32], apresenta uma série de iniciativas ao nível parlamentar neste âmbito, registradas a partir de sinopses fornecidas pela Câmara dos Deputados e pelo Senado Federal, datadas de junho de 1996. Consta a existência de quatro Comissões Parlamentares de Inquérito — CPIs, para investigar o extermínio de crianças e adolescentes no Brasil, a violência e a prostituição infanto-juvenil, o trabalho escravo ou forçado de crianças e adolescentes e adoções ilegais. Há duas frentes parlamentares, algumas com mais de setenta deputados — *a Frente Parlamentar pela criança* e outra pelo *fim da exploração, violência do turismo sexual contra crianças e adolescentes.* Existem, ainda, inúmeros projetos em tramitação, versando sobre trabalho e profissionalização, violência, maus-tratos, exploração sexual e adoção da renda mínima e familiar; comunicação, educação, drogas, Conselhos de Direitos, entre outros.

Várias esferas da sociedade estão se mobilizando em torno da defesa dos direitos da criança e do adolescente na sociedade brasileira e os assistentes sociais somam-se a outras forças sociais, contribuindo para dar visibilidade pública a essa face da questão social. Como categoria, lida com essas múltiplas expressões das relações sociais da vida quotidiana, o que permite dispor de um acervo privilegiado de dados e informações sobre as várias formas de manifestação das desigualdades e da exclusão sociais e sua vivência pelos indivíduos sociais. Essa proximidade empírica e teórico-analítica com a questão social poderá ser canalizada para o estímulo e apoio à pesquisas, assessoria às diferentes esferas de poder — legislativo, judiciário e executivo —, denúncias e informações para a mídia, tendo em vista a difusão de notícias e denúncias na defesa dos direitos constitucionais. Tais "trunfos" podem ser utilizados para transformar os espaços de trabalho em espaços efetivamente públicos, a serviço dos interesses da coletividade.

---

32. GOIÁS, J. *et alii. Subsídio INESC. A Criança e o Adolescente no Congresso Nacional.* Brasília, Instituto de Estudos Socio-Econômicos, agosto de 1996. Na oportunidade, agradeço à colega Valdete de Barros Martins, Presidente do Conselho Federal de Serviço Social — CFESS —, a quem devo o acesso a este material e à *Revista Atenção*, já citada.

O momento presente desafia os assistentes sociais a se qualificarem para acompanhar, atualizar e explicar as particularidades da questão social nos níveis nacional, regional e municipal, diante das estratégias de descentralização das políticas públicas. Os assistentes sociais encontram-se em contato direto e cotidiano com as questões da saúde pública, da criança e do adolescente, da terceira idade, da violência, da habitação, da educação etc., acompanhando as diferentes maneiras como essas questões são experimentadas pelos sujeitos.

À época das últimas eleições majoritárias, quando se encontravam em confronto vários projetos de governo, indagava-se se essa categoria profissional dispunha de um acúmulo de materiais e informações sistemáticas sobre a questão social a oferecer ao debate, com proposições relativas às políticas sociais para o trato da questão social, visto ser esta uma das especialidades do assistente social. Ora, se não se tem domínio da realidade que é objeto do trabalho profissional, como é possível construir propostas de ação inovadoras? Construí-las, com base em quê?

Não sendo a elaboração de propostas de políticas, de programas e projetos um ato de mágica, supõe, além de princípios e diretrizes políticas claras, um acúmulo de informações sobre a realidade social. Neste sentido, os Censos Demográficos e Econômicos e levantamentos como os da Pesquisa Nacional de Amostra de Domicílios — PNAD — são recursos fundamentais, entre outros, que devem ser melhor e mais utilizados.

A gravidade da questão social no país foi nitidamente demonstrada pelo *Mapa da fome*, produzido pelo IPEA, em 1993[33], que constatou a existência de 32 milhões de brasileiros indigentes, dos quais 55% encontram-se no Nordeste.

Araújo[34], especialista em estudos sobre o Nordeste, também apresenta dados sobre a questão social na região, dos quais foram

---

33. PELIANO, A. M. T. (Coord.) *Mapa da fome: subsídios à formulação de uma política de segurança alimentar*. Brasília, Instituto de Pesquisa Econômica Aplicada — IPEA —, Documento de Política nº 14, março de 1993.

34. ARAÚJO, T. B. "Nordeste, nordestes: que Nordeste?" In: AFFONSO, R. de B. e SILVA, P. L. B. *Federalismo no Brasil. Desigualdades regionais e desenvolvimento*. São Paulo, FUNDAP/UNESP, 1995, p. 148.

extraídos alguns *flashes:* abrangendo 29% da população brasileira, o Nordeste tem 55% dos analfabetos do país, segundo o Instituto Brasileiro de Geografia e Estatística — IBGE —, 55% dos indigentes brasileiros, segundo o IPEA e 45% das famílias pobres do Brasil, — consideradas aquelas que têm rendimentos inferior a meio salário mínimo *per capita.* O Nordeste concentra, ainda, 50% das pessoas com consumo calórico muito baixo. Da população ocupada na região, apenas 15% dos trabalhadores contribuem para a Previdência Social, dispondo de carteira de trabalho assinada. Em outros termos, apenas para 15% da população economicamente ativa nordestina chegou a era da "cidadania regulada"[35], aquela fundada no contrato de trabalho.

A noção de pobreza já foi representada por vários estereótipos sociais, conforme sugere Nascimento[36]. Nos anos 1950, a pobreza foi construída em torno da imagem do Jeca Tatu — preguiçoso, indolente, sem ambição; nos anos 1960, a imagem da pobreza passou a ser representada pela figura do malandro, aquele que não trabalha, mas vive espertamente, sendo objeto do desprezo e da indiferença. Hoje a imagem da pobreza é radicalizada: é o perigoso, o transgressor, o que rouba e não trabalha, sujeito à repressão e à extinção. São as "classes perigosas", e não mais laboriosas, destinatárias da repressão. Reforça-se assim a violência institucionalizada, colocando-se em risco o direito à própria vida.

4. As mudanças no mercado profissional de trabalho

Esse processo desafia profundamente todos os cidadãos e, em especial, os assistentes sociais, repercutindo no mercado de trabalho especializado. A retração do Estado em suas responsabilidades e ações no campo social manifesta-se na compressão das verbas orçamentárias e no deterioramento da prestação de

---

35. Ver: SANTOS, W. G. *Cidadania e justiça. A política social na ordem brasileira.* Rio de Janeiro, Campos, 1979.

36. NASCIMENTO, E. P. "Projetos nacionais e exclusão social". In: *Planejamento e políticas públicas nº 10.* Brasília, IPEA, dezembro de 1993, pp. 91-114.

serviços sociais públicos. Vem implicando uma transferência, para a sociedade civil, de parcela das iniciativas para o atendimento das seqüelas da questão social, o que gera significativas alterações no mercado profissional de trabalho. Por um lado, constata-se uma tendência à *refilantropização social*, em que grandes corporações econômicas passam a se preocupar e a intervir na questão social dentro de uma perspectiva de "filantropia empresarial". Nos Estados Unidos existem cursos de pós-graduação em *filantropia social* e cursos de administração de empresas passam a dispor de disciplinas nesse âmbito. Estão voltadas à gestão da pobreza, à medida que as empresas estão assumindo uma parcela do seu atendimento, como vem sendo amplamente divulgado pela mídia.[37] Nos programas e projetos mantidos por organizações empresariais privadas, a ênfase recai sobre a qualidade dos serviços prestados. Esses, entretanto, passam a ser seletivos, estabelecidos conforme escolhas e prioridades das corporações em suas ações "filantrópicas", em detrimento da garantia da universalidade no acesso, tal como o previsto pela Constituição vigente no país.

Importa deixar claro que não se trata de um ressurgimento da velha filantropia, do século XIX. O que se presencia é "filantropia do grande capital", resultante de um amplo processo de privatização dos serviços públicos. Não mais aquelas ações levadas a efeito por "pessoas de boa vontade", mas uma outra "filantropia", estabelecida sob novas bases, não mais românticas, mas integradas ao desenvolvimento das forças produtivas. Dotada de alta eficácia, evocando a *solidariedade social* na parceria entre a sociedade civil e o Estado, é entretanto incapaz de deter, ou apenas encobrir, o outro produto daquele desenvolvimento, a reprodução ampliada da pauperização, que, no mundo contemporâneo, atinge níveis de barbárie social.

Uma outra fatia do mercado profissional de trabalho encontra-se, hoje, constituída pelas *organizações não-governamentais* — ONGs — um amplo e diversificado campo que necessita ser

---

37. Um exemplo recente são as ações da AMIL no atendimento a crianças e da Fundação BRADESCO, como tem sido divulgado pela TV.

melhor qualificado. Assim, por exemplo, recente número da Revista da Confederação Nacional das Indústrias, *CNI. Indústria e Produtividade*, comemorando os 50 anos do Serviço Social da Indústria (SESI), qualificava-o como uma ONG[38]. Entretanto todo o conhecido "sistema esse" — SESC, SESI, SENAC etc. — depende do Estado que intermedia o processo de arrecadação, repasse de fundos e sua fiscalização pelo Tribunal de Contas da União. Nesse percurso, corre-se o risco da simplificação mais rasteira, do tipo o que não é estatal, é, por extensão, não-governamental. Faz-se necessário um trato mais rigoroso da questão, havendo a necessidade de distinguir inclusive entre o público e o estatal.

A reforma da previdência é um outro exemplo de como está sendo enfrentada a questão social na óptica da privatização, em detrimento da universalização dos direitos sociais, assegurada constitucionalmente. O governo pretende "economizar" com a redução dos benefícios daqueles que têm renda de 5 a 10 salários mínimos, transferindo à iniciativa privada uma preciosa fatia do mercado de investimentos do campo de seguros sociais — o quinto maior mercado da previdência privada do mundo — passando o atendimento a ser clivado por critérios de mercantilização. Nessa perspectiva é reservado ao Estado a responsabilidade pelo atendimento dos setores mais pauperizados e excluídos. O primado é a subordinação do atendimento das necessidades à lógica do mercado, atribuindo a esta a função de regulação da

38. "A pergunta que está no ar é: qual será o papel do Sesi na moderna sociedade brasileira? Santana responde: 'Estamos trabalhando para acentuar, nesta virada de século, as tendências da globalização, já claramente visíveis nos países do Primeiro Mundo. Nossa estrutura está se preparando para enriquecer qualitativamente a formação cultural da sociedade e fortalecer, assim, a cidadania através de ações participativas'. Em outras palavras, o Sesi caminha para atuar nos moldes de uma ONG, sua sigla é sinônimo das atuantes organizações não-governamentais... Considere os princípios filosóficos que os analistas associam mais imediatamente às ONGs, em número de 40 mil no Brasil pelos registros do Conselho Nacional de Assistência Social: independência, ação direta, descentralização e conciliação de interesses. Não há dúvida de que a dependência do Sesi em relação ao governo é zero... é difícil encontrar alguém que ponha em cheque a condição do Sesi de entidade não-governamental "50 anos. Excelência Social". *Revista da Confederação Nacional da Indústria*, nº 295, ano 29. Brasília, mai./jun. 1996, p. 10-11.

vida social, o que é o mesmo que contestar a democracia.[39] Ora, se o mercado vigente é oligopolizado e excludente, subordinar a democracia ao mercado é inviabilizar um mínimo de igualdade de oportunidades, que caberia à esfera pública prover. Ora, é exatamente essa esfera pública que está sendo destruída, afetando diretamente as condições de trabalho do Serviço Social, que tem no Estado o seu maior empregador.

Outro resultado do novo padrão de acumulação tem sido a desregulamentação das relações de trabalho e dos direitos sociais, derivada da preocupação com a necessidade de redução dos "custos sociais do trabalho". Professores do Centro de Estudos Sindicais e de Economia do Trabalho — CESIT —, da Universidade de Campinas (UNICAMP), publicaram um livro sobre a *Crise e Trabalho no Brasil*[40] discutindo exatamente o que há de falso e de verdadeiro nesse discurso, assumido pelo governo e empresariado, quanto aos elevados custos sociais do trabalho no país. O núcleo da argumentação oficial é a de que o empresário tem um gasto adicional maior com encargos sociais do que é gasto com a remuneração direta do trabalhador, ou seja o que ele recebe. As despesas afetas aos direitos trabalhistas e sociais, portanto aquelas relativas ao custo social do trabalho são muito elevadas no país, segundo a versão oficial. Daí o consenso, partilhado pelo Estado e pelo empresariado, para reduzir os gastos sociais e flexibilizar o custo do trabalho no país.

Todavia, é importante deixar claro que o custo horário da mão-de-obra no Brasil está entre as mais baixas do mundo[41]; que a rotatividade da mão-de-obra é de 37%, uma das maiores do

---

39. Repetimos aqui a observação feita pela colega presidente do CRESS — 3ª região, quando da abertura destes debates.

40. OLIVEIRA, C. A. B. e MATTOSO, J. E. L. (Orgs.) *Crise e trabalho no Brasil. Modernidade ou volta ao passado?* São Paulo, Scritta, 1996.

41. "O custo horário total da mão-de-obra, para o conjunto da indústria manufatureira no Brasil, em 1993, foi calculado, em recente pesquisa, desenvolvida pelo Instituto de Economia da UNICAMP, em cerca de US$ 3,08 incluídos todos os encargos sociais e trabalhistas e inclusive computadas as horas não trabalhadas, ou seja, descontadas as férias, feriados, descanso semanal e outras ausências... De acordo com pesquisa do *Morgan Stanley Research*... o custo horário da mão-de-obra

mundo, indicando não haver rigidez na fixação da mão-de-obra, segundo informa o periódico *O Globo*.[42]

Onde, então, está a artimanha que permite defender a argumentação daquela tese?[43] *Confunde-se o que é custo salarial* — envolvendo obrigações trabalhistas, 13º salário, férias, fundo de garantia, rescisão contratual, descanso semanal remunerado; enfim benefícios associados ao trabalho já realizado que favorecem diretamente o trabalhador e representam conquistas sociais trabalhistas já consolidadas —, *com os custos, de fato, sociais que estão embutidos na folha de salário.* Estes referem-se aos encargos sociais que só favorecem de forma indireta e não individualizada o trabalhador, envolvendo despesas destinadas ao financiamento de atividades sociais que transcendem a remuneração individualizada do trabalhador, englobando contribuições para a previdência, para entidades patronais e financiamento de outras atividades de caráter social. Tais encargos sociais são voltados, não só para o financiamento de gastos sociais do trabalhador, mas para o *conjunto dos empregados e dos desempregados da sociedade.* Este segundo tipo de encargos engloba, por exemplo, a porcentagem recolhida por meio da folha salarial, que vai para o INSS, seguro acidentes, salário educação, INCRA e o "sistema esse" (SESI, SESC, SENAI, SENAC, SEBRAE etc.), em que parte dos recursos são utilizados para financiar as políticas públicas.

Mas a argumentação governamental funde, num só bolo, elementos distintos — encargos, de fato, sociais e rendimentos monetários recebidos pelo empregado — como sendo idênticos

---

para o Brasil é ainda menor, cerca de US$ 2,68. O custo horário da mão-de-obra no Brasil é bem menor em relação ao de outros países da Europa e daqueles conhecidos como Tigres Asiáticos. Entre os países considerados, o custo no Brasil supera apenas o do México, de vários países do Leste Europeu, da China, das Filipinas, da Malásia, da Tailândia e da Indonésia", SANTOS, A. L. "Encargos sociais e custo do trabalho no Brasil". In: OLIVEIRA e MATTOSO. Op. cit., 1996, pp. 234-236.

42. Ver também: BALTAR, P. E. de Andrade e PRONI, M. W. "Sobre o regime de trabalho no Brasil: rotatividade da mão-de-obra, emprego formal e estrutura salarial". In: OLIVEIRA e MATTOSO. Op. cit., 1996, pp. 109-150.

43. Ver: SANTOS, A. L. Op. cit. pp. 220-252.

componentes de um mesmo "custo social do trabalho", que passa a ser superestimado, justificando-se a desregulamentação do trabalho, o que significa afetar os direitos sociais do trabalho já consolidados.

Todo esse processo vem repercutindo no mercado de trabalho do assistente social de várias maneiras. Por exemplo nas empresas, segundo as pesquisas divulgadas no último Encontro Nacional dos Pesquisadores em Serviço Social, realizado no Rio de Janeiro, mantém-se a área de assistência social, ao mesmo tempo em que cresce a atuação do Serviço Social na área dos recursos humanos, na esfera da assessoria gerencial e na criação dos comportamentos produtivos favoráveis para a força de trabalho, também denominado de "clima social". Ampliam-se as demandas ao nível da atuação nos círculos de controle da qualidade — CCQs —, das equipes interprofissionais, dos programas de *qualidade total*, todos voltados ao controle de qualidade, ao estímulo de uma maior aproximação da gerência aos trabalhadores do chão da fábrica, valorizando um discurso de chamamento à participação. Verifica-se uma sensível mudança nas formas de pagamento, centrado em premiações e em sistemas meritocráticos de incentivos[44].

O que tais alterações trazem de novo? O Serviço Social sempre foi chamado pelas empresas para eliminar focos de tensões sociais, criar um comportamento produtivo da força de trabalho, contribuindo para reduzir o absenteísmo, viabilizar benefícios sociais, atuar em relações humanas na esfera do trabalho. Embora essas demandas fundamentais se mantenham, elas ocorrem hoje sob novas condições sociais e, portanto, com novas mediações. Assim, os chamamentos à participação, o discurso da qualidade, da parceria, da cooperação são acompanhados pelo discurso de valorização do trabalhador. Para assegurar a qualidade do produto é necessário a adesão do trabalhador às metas empresariais da produtividade, da competitividade. Como diz Ricardo Antunes, a

44. Cf. CARDOSO, I. C. *Reestruturação industrial e políticas empresariais no Brasil dos anos 80*. (Dissertação de mestrado.) Rio de Janeiro, Escola de Serviço Social da UFRJ, 1996; FRANCISCO, E. M. "O processo de reestruturação produtiva e as demandas para o Serviço Social". In: *Em Pauta* nº 10. Revista da Faculdade de Serviço Social da UERJ. Rio de Janeiro, UERJ, 1997, pp. 51-58.

indústria do toyotismo busca capturar o corpo e a alma do trabalhador, não sendo necessária uma coerção externa do tipo taylorista, assentada no controle dos tempos e movimentos do trabalhador. Atualmente é o próprio trabalhador quem mobiliza sua adesão ao processo, criando um clima favorável ao discurso da "participação" e da "qualidade" muitas vezes re-traduzido como "qualidade de vida". Mas esta retórica convive com a redução dos postos de trabalho, com a queda dos níveis de emprego, com a perda dos direitos sociais, com a diferenciação de contrato de trabalho de pessoas empregadas em uma mesma empresa. Por um lado, os trabalhadores da "empresa mãe", dotados de relativa estabilidade no emprego por meio de contratos que asseguram direitos sociais e trabalhistas; por outro, o trabalhador terceirizado, vinculado a empresas contratadas, que não dispõem dos mesmos direitos, ainda que freqüentemente exercendo as mesmas funções.

A Carta Constitucional de 1988, fruto do protagonismo da sociedade civil nos anos 1980, preserva e amplia algumas conquistas no campo dos direitos sociais. Prevê a descentralização e a municipalização das políticas sociais, institui os Conselhos de Políticas e de Direitos. Essas são outras possibilidades de trabalho abertas ao nível dos municípios, de reforço do poder local, ampliando os canais de participação da população na formulação, fiscalização e gestão de políticas sociais. Tais oportunidades podem representar formas de partilhamento do poder e, portanto, de aprofundamento e expansão de democracia. Mas podem, também, ser um reforço dos populismos, da pequena política que se move em função de interesses particularistas e demarca a tradição política brasileira.

Possibilidades novas de trabalho se apresentam e necessitam ser apropriadas, decifradas e desenvolvidas; se os assistentes sociais não o fizerem, outros farão, absorvendo progressivamente espaços ocupacionais até então a eles reservados. Aqueles que ficarem prisioneiros de uma visão burocrática e rotineira do papel do Assistente Social e de seu trabalho entenderão, como "desprofissionalização" ou "desvio de funções", as alterações que vêm se processando nessa profissão. A polivalência, a terceirização, a subcontratação, a queda de padrão salarial, a ampliação de contratos de trabalho temporários, o desemprego são dimensões constitutivas da própria feição atual do Serviço Social e não uma realidade alheia e externa, que afeta "os outros".

Alteram-se os requisitos dos processos seletivos para os postos de trabalho valorizados pelo mercado, acompanhando a globalização. No campo do Serviço Social hoje se exige, por exemplo, um técnico versado em computação, capaz de acessar as redes de comunicação *on-line*, com domínio fluente de inglês etc.

Assim, o título desse capítulo — "O Serviço Social na contemporaneidade" — é muito mais do que um título formal, pois sintetiza o desafio de decifrar os novos tempos para que deles se possa ser contemporâneo. Exige-se um profissional qualificado, que reforce e amplie a sua competência crítica; não só executivo, mas que pensa, analisa, pesquisa e decifra a realidade. Alimentado por uma atitude investigativa, o exercício profissional cotidiano tem ampliadas as possibilidades de vislumbrar novas alternativas de trabalho nesse momento de profundas alterações na vida em sociedade. O novo perfil que se busca construir é de um profissional afinado com a análise dos processos sociais, tanto em suas dimensões macroscópicas quanto em suas manifestações quotidianas; um profissional criativo e inventivo, capaz de entender o "tempo presente, os homens presentes, a vida presente" e nela atuar, contribuindo, também, para moldar os rumos de sua história.

5. O ensino em Serviço Social e a construção de um projeto profissional nas décadas de 1980/90

Recentemente foi aprovada, em assembléia geral extraordinária da Associação Brasileira de Ensino em Serviço Social — ABESS —, no Rio de Janeiro, uma nova proposta de currículo mínimo para o curso de Serviço Social[45].

45. Na Oficina Nacional da ABESS foi apreciada a proposta de *currículo mínimo* para o curso de Serviço Social e aprovada em assembléia geral da entidade, em novembro de 1996, ambas realizadas no Rio de Janeiro. Em 20 de dezembro, foi promulgada a Lei 9394 — Lei de Diretrizes e Bases da Educação Nacional,

Por que é necessária uma mudança curricular? Que reservas de forças teórico-metodológicas e ético-políticas o Serviço Social acumulou, ao longo dos anos 1980, para enfrentar a questão social na contemporaneidade e realimentar a formação profissional?

A década de 1980 foi extremamente fértil na definição de rumos técnico-acadêmicos e políticos para o Serviço Social. Hoje existe um projeto profissional, que aglutina segmentos significativos de assistentes sociais no país, amplamente discutido e coletivamente construído ao longo das duas últimas décadas. As diretrizes norteadoras desse projeto se desdobraram no *Código de Ética Profissional do Assistente Social*, de 1993, na *Lei da Regulamentação da Profissão de Serviço Social*[46] e, hoje, na nova *Proposta de Diretrizes Gerais para o Curso de Serviço Social.*

Esse projeto de profissão e de formação profissional, hoje hegemônico, é historicamente datado. É fruto e expressão de um amplo movimento da sociedade civil desde a crise da ditadura, afirmou o protagonismo dos sujeitos sociais na luta pela democratização da sociedade brasileira. Foi no contexto de ascensão dos movimentos sociais, das mobilizações em torno da elaboração e aprovação da Carta Constitucional de 1988, das pressões populares que redundaram no afastamento do Presidente Collor — entre outras manifestações —, que a categoria dos assistentes sociais foi sendo questionada pela prática política de diferentes segmentos da sociedade civil. E os assistentes sociais não ficaram a reboque desses acontecimentos. Ao contrário, tornaram-se um dos seus co-autores, co-participantes desse processo de lutas

---

que, não mencionando currículos mínimos, prevê o estabelecimento de *diretrizes gerais* para os cursos. Tais diretrizes devem estabelecer um patamar comum ao ensino no país, assegurando, ao mesmo tempo, a flexibilidade e descentralização deste às realidades locais e regionais, permitindo, ainda, que o ensino acompanhe as profundas transformações que presidem o mundo contemporâneo. Em função de tais conjunções, a proposta da ABESS foi encaminhada ao Conselho Nacional de Educação como "Diretrizes Gerais para o curso de Serviço Social". Cf. "Diretrizes Gerais para o Curso de Serviço Social (com base no currículo mínimo aprovado em Assembléia Geral Extraordinária de 8 de nov. de 1996)". *Cadernos ABESS nº 7*. Formação profissional: trajetória e desafios. São Paulo, Cortez, 1996, pp. 58-76.

46. Lei 8662/93 que regulamenta a profissão de Serviço Social.

democráticas na sociedade brasileira. Encontra-se aí a base social da reorientação da profissão nos anos 1980.

Um olhar retrospectivo para as duas últimas décadas não deixa dúvidas que, ao longo desse período, o Serviço Social deu um salto de qualidade em sua autoqualificação na sociedade. Essa adquiriu visibilidade pública por meio do Novo Código de Ética do Assistente Social, das revisões da legislação profissional e das profundas alterações verificadas no ensino universitário na área[47]. Mas houve, também, um adensamento do mercado editorial e da produção acadêmica. Parcela substancial do acervo bibliográfico e principais publicações do Serviço Social, hoje disponíveis, são resultantes das duas últimas décadas. Os assistentes sociais ingressaram nos anos 1990, como uma categoria que também é pesquisadora, reconhecida, como tal, pelas agências de fomento. Por outro lado, amadureceram suas formas de representação político-corporativas, contando com órgãos de representação acadêmica e profissional reconhecidos e legitimados. Um amplo debate em torno das políticas sociais públicas, em especial da assistência social, situada no campo dos direitos sociais, na teia das relações entre o Estado e a sociedade civil, contribuiu para adensar o debate sobre identidade desse profissional, fortalecendo o seu auto-reconhecimento.

Assim sendo, tanto a formação profissional quanto o trabalho de Serviço Social, nos anos 1980, se solidificaram, tornando possível, hoje, dar um salto qualitativo na análise sobre a profissão. A relação do debate atual com esse longo trajeto é uma relação de *continuidade e de ruptura.* É uma relação de continuidade, no sentido de manter as conquistas já obtidas, preservando-as; mas é, também, uma relação de ruptura, em função das alterações históricas de monta que se verificam no presente, da necessidade de superação de impasses profissionais vividos e condensados em reclamos da categoria profissional. Quais são esses *impasses*?

---

47. Cf. CARVALHO. A M. P. *et alii.* "Projeto de investigação: a formação profissional do assistente social". In: *Serviço Social e Sociedade nº 14.* São Paulo, Cortez, 1984, pp. 104-144; YAZBEK, M. C. (Org.) "Projeto de revisão curricular da Faculdade de Serviço Social da PUC-SP". In: *Serviço Social e Sociedade nº 14,* op. cit, pp. 29-103.

Primeiro, *o famoso distanciamento entre o trabalho intelectual, de cunho teórico-metodológico, e o exercício da prática profissional cotidiana.* Esse é um desafio colocado por estudantes e profissionais ao salientarem a *defasagem entre as bases de fundamentação teórica da profissão e o trabalho de campo.* Um outro aspecto a ser enfrentado é a *construção de estratégias técnico-operativas para o exercício da profissão*[48], ou seja, *preencher o campo de mediações entre as bases teóricas já acumuladas e a operatividade do trabalho profissional.*

O caminho para a ultrapassagem desses impasses parece estar, por um lado, *no cultivo de um trato teórico-metodológico rigoroso.* Largos passos foram dados, nos anos 1980, na aproximação do Serviço Social aos seus fundamentos, em diferentes matrizes: às concepções de cunho positivista ou estrutural-funcionalista, fenomenológica e à teoria social-crítica. Esse longo vôo teórico, dado pelo Serviço Social, merece ser preservado e aprofundado. Mas a ele deve ser aliado *um atento acompanhamento histórico da dinâmica da sociedade.* A aproximação do Serviço Social ao movimento da realidade concreta, às várias expressões da questão social, captadas em sua gênese e manifestações, é fundamental. A pesquisa concreta de situações concretas é condição para se atribuir um novo estatuto à dimensão interventiva e operativa da profissão, resguardados os seus componentes ético-políticos.

O grande desafio na atualidade é, pois, transitar da bagagem teórica acumulada ao enraizamento da profissão na realidade, atribuindo, ao mesmo tempo, uma maior atenção às estratégias, táticas e técnicas do trabalho profissional, em função das particularidades dos temas que são objetos de estudo e ação do assistente social.

No balanço da formação profissional feito pela ABESS[49], tendo em vista a formulação do currículo mínimo, no cenário

---

48. Este aspecto tem sido insistentemente reiterado por Vicente de Paula Faleiros em suas intervenções e publicações relativas ao Serviço Social.

49. Cf. ABESS/CEDEPSS. "Proposta básica para o projeto de formação profissional". *In: Serviço Social e Sociedade nº 50.* "O Serviço Social no século XXI". São Paulo, Cortez, ano XVII, abril de 1996, pp. 143-171.

das dificuldades hoje presentes, foram identificadas três armadilhas das quais a categoria se viu prisioneira nos últimos anos — *o teoricismo, o politicismo e o tecnicismo* —, sobre as quais é preciso refletir. Mas antes, faz-se necessário elucidar os *pressupostos* em que se baseou a procura de firmar novos pilares para o exercício profissional e os desvios de rota verificados.

O primeiro pressuposto é o de que a apropriação teórico-metodológica no campo das grandes matrizes do pensamento social permitiria a descoberta de novos caminhos para o exercício profissional. A primeira assertiva é que a *busca de novos caminhos passaria por uma apropriação mais rigorosa da base teórico-metodológica.*

O segundo pressuposto é de que o engajamento político nos movimentos organizados da sociedade e nas instâncias de representação da categoria garantiria — ou seria uma condição fundamental para tanto —, a intervenção profissional articulada aos interesses dos setores majoritários da sociedade. A segunda afirmativa é o reconhecimento da dimensão política da profissão e as suas implicações mais além do campo estrito da ação profissional, pensada a partir da inserção nos movimentos organizados da sociedade.

O terceiro pressuposto é de que o aperfeiçoamento técnico-operativo mostra-se como uma exigência para uma inserção qualificada do Assistente Social no mercado de trabalho.

O que tais afirmativas têm de verdadeiro e o que têm de falso?

Cada elemento original contido naquelas afirmativas — o teórico-metodológico, o ético-político e o técnico-operativo — são fundamentais e complementares entre si. Porém, aprisionados em si mesmos, transformam-se em limites que vêm tecendo o cenário de algumas das dificuldades, identificadas pela categoria profissional, que necessitam ser ultrapassadas: o teoricismo, o militantismo e o tecnicismo.

A primeira assertiva sustenta a necessidade de uma fundamentação teórico-metodológica como o caminho necessário para a construção de novas alternativas no exercício profissional. É uma afirmativa correta, ainda que insuficiente — e mesmo falsa —, se considerada isoladamente. O domínio teórico-metodológico só se completa e se atualiza ao ser frutificado pela história, pela pesquisa rigorosa das condições e relações sociais particulares em que se vive. Requer o acompanhamento da dinâmica dos processos sociais, como condição, inclusive, para a apreensão das problemáticas cotidianas que circunscrevem o exercício profissional. Expresso de outra forma, talvez mais clara: só o domínio de uma perspectiva teórico-metodológica, descolada seja de uma aproximação à realidade, do engajamento político, ou ainda de uma base técnico-operativa, ele, sozinho, não é suficiente para descobrir e imprimir novos caminhos ao trabalho profissional. Corre-se o risco de cair no *teoricismo estéril*, uma vez que a metodologia nos fornece uma lente para leitura e explicação da realidade social, o que supõe a apropriação dessa mesma realidade.

Por outro lado, a mera inserção política, desvinculada de uma sólida fundamentação teórico-metodológica, mostra-se inócua para decifrar as determinações dos processos sociais. Conquanto a militância tenha impulsionado o potencial questionador da categoria profissional, dela não se pode derivar diretamente uma consciência teórica e uma competência profissional.

As relações entre engajamento político e profissão foram fontes de inúmeros equívocos desde o movimento de reconceituação no âmbito do Serviço Social. Esse, como profissão, tem uma necessária *dimensão política* por estar imbricado com as relações de poder da sociedade. O Serviço Social dispõe de um *caráter contraditório* que não deriva dele próprio, mas do caráter mesmo das relações sociais que presidem a sociedade capitalista. Nesta sociedade, o Serviço Social inscreve-se em um campo minado por interesses sociais antagônicos, isto é, interesses de classes distintos e em luta na sociedade.

Apenas o engajamento político do cidadão profissional não é suficiente para diretamente dele derivar uma base teórica rigorosa. Aliás, é um velho ensinamento da política que embora a vivência da realidade provoque indagações para a análise, a formação de uma consciência teórica requer um trato rigoroso do conhecimento acumulado, da herança intelectual herdada[50]. Portanto, o mero engajamento político, descolado de bases teórico-metodológicas e do instrumental operativo para a ação é insuficiente para iluminar novas perspectivas para o Serviço Social.

A terceira afirmativa diz respeito à necessidade de uma base técnico-operativa para a profissão, o que é procedente. Porém, o privilégio da eficiência técnica, se considerado isoladamente, é insuficiente para propiciar uma atuação profissional crítica e eficaz. Ao se descolar dos fundamentos teórico-metodológicos e ético-políticos poderá derivar em mero tecnicismo.

As abordagens unilaterais, antes acentuadas, acabaram por provocar um relativo afastamento entre o Serviço Social e a própria realidade social, o que explica a reiterada proclamação da urgência de um estreitamento de vínculos entre ambos. Entretanto, o reconhecimento da necessidade de o Serviço Social dar um "mergulho na realidade social do país" restringe-se, com freqüência, ao plano do *dever ser* e menos à realização de estudos e pesquisas que expressem sua efetivação.

Pode-se concluir que articular a profissão e a realidade é um dos maiores desafios, pois entende-se que o Serviço Social não atua apenas *sobre* a realidade, mas atua *na* realidade[51]. Nesta perspectiva, compreende-se que as análises de conjuntura — com o foco privilegiado na questão social —, não são apenas o *pano de fundo que emolduram o exercício profissional*; ao contrário, são partes constitutivas da configuração do trabalho do Serviço Social, devendo ser apreendidas como tais. O esforço está, portanto, em *romper qualquer relação de exterioridade entre profissão e realidade*, atribuindo-lhe a centralidade que deve ter no exercício profissional.

Na perspectiva assinalada, a investigação adquire um peso privilegiado no Serviço Social: o reconhecimento das atividades

---

50. Esta questão foi desenvolvida por clássicos da política. Ver, por exemplo, LENIN, V. I. *O que fazer?* Lisboa, Estampa, 1974; GRAMSCI, A. *A Concepção Dialética da História.* Rio de Janeiro, Civilização Brasileira, 1968.

51. Cf. ABESS/CEPESS. Op. cit., 1996.

de pesquisa e do espírito indagativo como condições essenciais ao exercício profissional.

Não é recente a *preocupação com pesquisa no Serviço Social.* Mas se a pesquisa tem sido encarada como um elemento necessário para a "prática", ao mesmo tempo, tem sido tratada como dela separada. A investigação é tida como um "outro" componente, uma "outra" especialização, ou seja, "quando se tem oportunidade e condições se faz pesquisa". Além do mais, existem entidades que a ela especificamente se dedicam, como a Universidade e os centros especializados. Assim, exercício profissional e pesquisa não se encontram diretamente associados.

O que se reivindica, hoje, é que a pesquisa se afirme como uma dimensão integrante do exercício profissional, visto ser uma condição para se formular respostas capazes de impulsionar a formulação de propostas profissionais que tenham efetividade e permitam atribuir materialidade aos princípios ético-políticos norteadores do projeto profissional. Ora, para isso é necessário um cuidadoso conhecimento das situações ou fenômenos sociais que são objeto de trabalho do assistente social.

Emerge daí um duplo desafio: entender a *gênese da questão social* e *as situações particulares e fenômenos singulares* com os quais o Assistente Social se defronta no mercado de trabalho, como, por exemplo, a criança e o adolescente, a terceira idade, a questão da propriedade da terra, a saúde etc., o que supõe pesquisas para o acompanhamento da dinâmica dos processos sociais que envolvem essas realidades. Considerando a descentralização das políticas públicas, exige-se hoje um profissional com domínio das particularidades da questão social ao nível regional e municipal. Para tanto a pesquisa da realidade social torna-se um recurso fundamental para a formulação de propostas de trabalho e para a ultrapassagem de um discurso genérico, que não dá conta das situações particulares. Essa pode ser uma trilha fértil para se pensar as relações entre indivíduo e sociedade, entre a vida material e a subjetividade, envolvendo a cultura, o imaginário e a consciência. É seguramente um caminho fecundo para a superação de algumas das dificuldades anteriormente mencionadas.

A ABESS, na formulação de sua proposta de currículo mínimo, reconhece ser a investigação e a capacitação continuada dos profissionais e professores requisitos indispensáveis para a qualificação de Assistentes Sociais conciliados com os novos tempos.

6. A prática como trabalho e a inserção do Assistente Social em processos de trabalho

A proposta curricular, ora em debate, contém dois elementos que representam uma ruptura com a concepção predominante nos anos 1980. O primeiro é *considerar a questão social como base de fundação sócio-histórica do Serviço Social* e o segundo é *apreender a 'prática profissional' como trabalho e o exercício profissional inscrito em um processo de trabalho.*

No debate efetuado pelas unidades de ensino para a formulação de um novo currículo mínimo para o curso de Serviço Social, surgiu a seguinte questão: qual é a base que funda a constituição do Serviço Social na sociedade e que, por isso, deve dispor de uma centralidade na formação profissional?

Para alguns, o debate parecia estar em torno de um eixo que sofreu significativo avanço nos anos 1980: o das *relações entre história, teoria e metodologia do Serviço Social*, que teve seus desdobramentos no nível de disciplinas curriculares pertinentes. Em outros termos, os *fundamentos históricos, teóricos e metodológicos do Serviço Social*, campo temático essencial para a profissão, alvo de um inconteste desenvolvimento para atender, inclusive, aos requisitos curriculares estabelecidos em 1982.

A compreensão dos fundamentos históricos, teóricos e metodológicos do Serviço Social que informa a revisão curricular parte da premissa que decifrar a profissão exige aprendê-la sob um duplo ângulo. Em primeiro lugar, abordar o Serviço Social como uma profissão socialmente determinada na história da sociedade brasileira. Em outros termos, analisar como o Serviço Social se formou e desenvolveu no marco das forças societárias, como uma especialização do trabalho na sociedade. Mas pensar a profissão é também pensá-la como fruto dos *sujeitos que a constroem e a vivenciam.* Sujeitos que acumulam saberes, efetuam sistematizações de sua "prática" e contribuem na criação de uma *cultura profissional*, historicamente circunscrita. Logo, analisar a profissão supõe abordar, simultaneamente, os *modos de atuar e de pensar* que foram por seus agentes incorporados[52], atribuindo visibilidade às bases teóricas assumidas pelo Serviço Social na leitura da sociedade e na construção de respostas à questão social.

Importante avanço foi reconhecer que o chão comum tanto do trabalho quanto da cultura profissional é a *história da sociedade.* A realidade social e cultural provoca e questiona os assistentes sociais na formulação de respostas, seja no âmbito do exercício profissional, seja das elaborações intelectuais acumuladas ao longo da história do Serviço Social, os saberes que construiu, as sistematizações da prática que reuniu ao longo do tempo.

Alguns outros sustentavam a idéia de que as *políticas sociais* deveriam ser o elemento privilegiado para se pensar a fundação do Serviço Social na sociedade. O assistente social é o profissional que trabalha com políticas sociais, de corte público ou privado e não resta dúvida ser essa uma determinação fundamental na constituição da profissão, impensável mais além da interferência do Estado nesse campo. Entretanto as políticas sociais públicas são *uma das respostas privilegiadas à questão social*, ao lado de outras formas, acionadas para o seu enfrentamento por distintos segmentos da sociedade civil, que têm programas de atenção à pobreza, como as corporações empresariais, as organizações não-governamentais, além de outras formas de organização das próprias classes subalternas para fazer frente aos níveis crescentes de exclusão social a que se encontram submetidas.

A questão social explica a necessidade das políticas sociais, no âmbito das relações entre as classes e o Estado, mas as

---

52. Ver a esse respeito: IAMAMOTO, M. V. "O Serviço Social na Contemporaneidade: os fundamentos teórico-metodológicos e técnico-operativos do trabalho profissional". In: *Metodologias e Técnicas do Serviço Social. Caderno Técnico 23.* Brasília, CNI/Sesi-DN, 1996, p. 7-17; _____. *Renovação e Conservadorismo no Serviço Social.* Ensaios Críticos. São Paulo, Cortez, 1992.

políticas sociais, por si, não explicam a questão social. Aquela é, portanto, determinante devendo traduzir-se como um dos pólos chaves da formação e do trabalho profissional.

Importa deixar claro que a questão social não é aqui focada exclusivamente como desigualdade social entre pobres e ricos, muito menos como "situação social problema", tal como historicamente foi encarada no Serviço Social, reduzida a dificuldades do *indivíduo*. O que se persegue é decifrar, em primeiro lugar, a *gênese das desigualdades sociais*, em um contexto em que acumulação de capital não rima com eqüidade. Desigualdades indissociáveis da concentração de renda, de propriedade e do poder, que são *o verso da violência, da pauperização e das formas de discriminação ou exclusão sociais*. Mas decifrar a questão social é também demonstrar as particulares *formas de luta, de resistência material e simbólica acionadas pelos indivíduos sociais à questão social.*

A insistência na questão social está em que ela conforma a *matéria-prima do trabalho profissional, sendo a prática profissional compreendida como uma especialização do trabalho, partícipe de um processo de trabalho.*

O que tem de novo nisso? *Por que trabalho?* É apenas uma mudança de nome, de *prática para trabalho? Trata-se de uma mudança de nomenclatura ou de compreensão?*

A eleição do *trabalho* como uma categoria chave não ocorre por acaso. Poder-se-ia indagar: por que a *centralidade do trabalho* quando, segundo algumas interpretações, se vive a *crise da sociedade do trabalho*, o *adeus ao trabalho*[53], ante a presença de um crescente contingente de força de trabalho sobrante para as necessidades da acumulação capitalista.

Ao se pensar a prática profissional, existe a tendência de conectá-la diretamente à prática da sociedade. Alguns qualificam a prática do Serviço Social de "práxis social", ainda que esta se

53. Cf. ANTUNES, R. Op. cit., 1995; OFFE, C. *Trabalho e sociedade. Problemas estruturais e perspectivas para o futuro da sociedade do trabalho*. Vol. I. A crise. Rio de Janeiro, Tempo Brasileiro, 1989.

refira à prática social, isto é, ao conjunto da sociedade em seu movimento e contradições. A análise da "prática" do assistente social como trabalho, integrado em um processo de trabalho permite mediatizar a interconexão entre o exercício do Serviço Social e a prática da sociedade.

Por que a categoria trabalho?

Ela não surge por acaso. O trabalho é uma atividade fundamental do homem, pois mediatiza a satisfação de suas necessidades diante da natureza e de outros homens[54]. Pelo trabalho o homem se afirma como um ser social e, portanto, distinto da natureza. O trabalho é a atividade própria do ser humano, seja ela material, intelectual ou artística. É por meio do trabalho que o homem se afirma como *um ser que dá respostas* prático-conscientes aos seus carecimentos, às suas necessidades. O trabalho é, pois, o selo distintivo da atividade humana. Primeiro, porque o homem é o único ser que, ao realizar o trabalho, é capaz de projetar, antecipadamente, na sua mente o resultado a ser obtido. Em outros termos, no trabalho tem-se uma antecipação e projeção de resultados, isto é dispõe de uma dimensão teleológica. Mas o homem também é o único ser que é capaz de criar meios e instrumentos de trabalho, afirmando essa atividade caracteristicamente humana. É pelo trabalho que as necessidades humanas são satisfeitas, ao mesmo tempo em que o trabalho cria outras necessidades.

Por meio do trabalho o homem se afirma como ser criador, não só como indivíduo pensante, mas como indivíduo que *age* consciente e racionalmente. Sendo o trabalho uma atividade prático-concreta e não só espiritual, opera mudanças tanto na *matéria* ou no objeto a ser transformado, quanto no *sujeito*, na subjetividade dos indivíduos, pois permite descobrir novas capacidades e qualidades humanas.

---

54. O desenvolvimento desta temática encontra-se no texto "Trabalho e indivíduo no processo capitalista de produção", não publicado. Tais idéias estão apoiadas no conjunto das obras de Marx e em uma vasta bibliografia de autores vinculados a esta tradição intelectual, que incorporam uma perspectiva ontológica em sua análise.

Esse ato de acionar consciente, que é o trabalho, é uma atividade que tem uma necessária dimensão ética, como atividade direcionada a fins, que tem a ver com valores, com o dever ser, envolvendo uma dimensão de conhecimento e ético-moral.

Assim, a eleição da categoria trabalho como não é aleatória, trata-se de um elemento constitutivo do ser social, que o distingue como tal e, portanto, que dispõe de uma centralidade na vida dos homens.

Mas o interesse é pensar o Serviço Social como trabalho, sendo esta uma porta de entrada muito provocativa para a análise da "prática profissional". Nos anos 1980, os assistentes sociais descobriram a importância da consideração da dinâmica das instituições e das relações de poder institucional para se pensar o Serviço Social, assim como as políticas sociais, os movimentos e lutas sociais. A imagem que poderia representar o esquema dominante de análise tinha no *centro* a "prática do Serviço Social" e, no seu *entorno*, a dinâmica institucional, as políticas sociais, os movimentos sociais como fatores *relacionados* ao exercício profissional. Mas, geralmente, ao se falar em prática referia-se, exclusivamente, à atividade do Assistente Social. Os demais elementos citados eram tidos como *condicionantes* dessa prática, com uma certa relação de *externalidade* em relação a ela.

Por que a discussão do processo de trabalho é provocativa?

Ela coloca algumas perguntas incômodas, nem sempre fáceis de serem respondidas com precisão, como se aponta a seguir.[55]

Qualquer processo de trabalho implica uma *matéria-prima* ou objeto sobre o qual incide a ação do sujeito, ou seja o próprio trabalho que requer meios ou instrumentos para que possa ser efetivado. Em outros termos, todo processo de trabalho implica uma *matéria-prima ou objeto sobre o qual incide a ação*; *meios ou instrumentos de trabalho* que potenciam a ação do sujeito sobre o objeto; e a própria atividade, ou seja, o trabalho direcionado

55. Incorpora-se aqui alguns elementos contidos no texto: ABESS/CEDEPSS. *Proposta básica para o projeto de formação profissional. Novos subsídios para o debate.* In: *Cadernos ABESS nº 7.* Formação Profissional: trajetória e desafios. São Paulo, Cortez, 1997, pp. 15-58.

a um fim, que resulta em um produto. Tais elementos estão presentes na análise de *qualquer processo de trabalho*. Ficam, pois, as seguintes questões a serem respondidas: *Qual é o objeto de trabalho do Serviço Social? Como repensar a questão dos meios de trabalho do Assistente Social? Como pensar a própria atividade e/ou o trabalho do sujeito? E qual é o produto do trabalho do assistente social?*

O *objeto de trabalho*, aqui considerado, *é a questão social*. É ela, em suas múltiplas expressões, que provoca a necessidade da ação profissional junto à criança e ao adolescente, ao idoso, a situações de violência contra a mulher, a luta pela terra etc. Essas expressões da questão social são a matéria-prima ou o objeto do trabalho profissional. Pesquisar e conhecer a realidade é conhecer o próprio objeto de trabalho, junto ao qual se pretende induzir ou impulsionar um processo de mudanças. Nesta perspectiva, o conhecimento da realidade deixa de ser um mero *pano de fundo* para o exercício profissional, tornando-se *condição do mesmo*, do conhecimento do objeto junto ao qual incide a ação transformadora ou esse trabalho.

Dar conta das particularidades das múltiplas expressões da questão social na história da sociedade brasileira é explicar os processos sociais que as produzem e reproduzem e como são experimentadas pelos sujeitos sociais que as vivenciam em suas relações sociais quotidianas. É nesse campo que se dá o trabalho do Assistente Social, devendo apreender como a questão social em múltiplas expressões é experienciada pelos sujeitos em suas vidas quotidianas.

Como pensar os *instrumentos de trabalho* do Assistente Social?

Geralmente, tem-se uma visão dos instrumentos de trabalho como um "arsenal de técnicas": entrevistas, reuniões, plantão, encaminhamento etc. Mas a questão é mais complexa. *Quais são os meios de trabalho do Assistente Social?*

A noção estrita de instrumento como mero conjunto de técnicas se amplia para abranger o *conhecimento como um meio de trabalho*, sem o que esse trabalhador especializado não consegue efetuar sua atividade ou trabalho. As *bases teórico-metodológicas* são recursos essenciais que o Assistente Social aciona para exercer o seu trabalho: contribuem para iluminar a leitura da realidade e imprimir rumos à ação, ao mesmo tempo em que a moldam. Assim, o conhecimento não é só um *verniz* que se sobrepõe superficialmente à prática profissional, podendo ser dispensado; mas é um meio pelo qual é possível decifrar a realidade e clarear a condução do trabalho a ser realizado. Nessa perspectiva, o conjunto de conhecimentos e habilidades adquiridos pelo Assistente Social ao longo do seu processo formativo são parte do acervo de seus meios de trabalho.

Embora regulamentado como uma profissão liberal na sociedade, o Serviço Social não se realiza como tal. Isso significa que o assistente social *não detém todos os meios necessários para a efetivação de seu trabalho: financeiros, técnicos e humanos necessários ao exercício profissional autônomo.* Depende de recursos previstos nos programas e projetos da instituição que o requisita e o contrata, por meio dos quais é exercido o trabalho especializado. Em outros termos, parte dos meios ou recursos materiais, financeiros e organizacionais necessários ao exercício desse trabalho são fornecidos pelas entidades empregadoras. Portanto, a condição de trabalhador assalariado não só enquadra o Assistente Social na relação de compra e venda da força de trabalho, mas *molda* a sua inserção socioinstitucional na sociedade brasileira.

Ainda que dispondo de *relativa autonomia* na efetivação de seu trabalho, o assistente social depende, na *organização da atividade*, do Estado, da empresa, entidades não-governamentais que viabilizam aos usuários o acesso a seus serviços, fornecem meios e recursos para sua realização, estabelecem prioridades a serem cumpridas, interferem na definição de papéis e funções que compõem o cotidiano do trabalho institucional. Ora, se assim é, a *instituição não é um condicionante a mais do trabalho do assistente social.* Ela *organiza* o processo de trabalho do qual ele participa.

Importa ressaltar que o assistente social não realiza seu trabalho isoladamente, mas como parte de um *trabalho combinado* ou de um *trabalhador coletivo* que forma uma grande equipe de trabalho. Sua inserção na esfera do trabalho é parte de um conjunto de especialidades que são acionadas conjuntamente para a realização dos fins das instituições empregadoras, sejam empresas ou instituições governamentais.

Dentro dessa perspectiva, a instituição não é um *condicionante externo* e muito menos um *obstáculo* para o exercício profissional. Dada a condição de "trabalhador livre", o assistente social detém a sua força de trabalho especializada, força essa que é mera capacidade. Ela só se transforma em trabalho quando consumida ou acionada, quando aliada às condições necessárias para que o trabalho se efetive, aos meios e objetos de trabalho. Em outros termos, o trabalho é a força de trabalho em ação e quando não se dispõe dos meios para realizá-lo, aquela força ou capacidade não se transforma em atividade, em trabalho. Como trabalhador assalariado, depende de uma relação de compra e venda de sua força de trabalho especializada em troca de um salário, com instituições que demandam ou requisitam o trabalho profissional.

E o *terceiro elemento, o trabalho?*

O trabalho é uma atividade humana exercida por sujeitos de classes. É interessante que ao se pensar a prática como trabalho, entram imediatamente em cena *os sujeitos que trabalham*, cidadãos, portadores de uma herança cultural, de uma bagagem teórica e técnica, de valores ético-sociais etc. Alguns traços, aparentemente dispersos, organizam o perfil social e histórico do assistente social. Trata-se de uma profissão atravessada por *relações de gênero* enquanto tem uma composição social predominantemente *feminina*, o que afeta sua imagem na sociedade e as expectativas sociais vigentes diante da mesma. Este *recorte de gênero* explica, em parte, *os traços de subalternidade* que a profissão carrega diante de outras de maior prestígio e reconhecimento social e acadêmico. Por outro lado, a recorrência a posturas e comportamentos messiânicos e voluntaristas tem a ver com a *forte marca da tradição católica oriunda das origens da profissão*. Componente cultural este que não pode ser desconhecido, assim como não o podem os novos traços político-culturais propulsores de um Serviço Social protagonista e atento ao momento presente. O *compromisso com valores humanistas*, presente na cultura profissional, vem sendo, ao longo de sua história, depurado de um humanismo abstrato para um humanismo histórico-concreto, voltado à criação de condições para que "o livre desenvolvimento de cada um seja condição para o livre desenvolvimento de todos"[56] o que passa pela afirmação de valores da democracia, dos direitos humanos e de cidadania para todos.

A insatisfação e a indignação com esta sociedade, cindida por profundas desigualdades, perfila significativas parcelas da categoria, como uma força propulsora que impulsiona o seu envolvimento, com garra e determinação, nos movimentos da sociedade, contrastando com outros segmentos profissionais, que se acomodaram ao *status quo*.

Não é por acaso que se faz a escolha por esta profissão: ninguém a procura para ter mais dinheiro, para ter mais *status*, para ter mais prestígio. Como mostra *Jeannine Verdès-Leroux*[57], é uma *profissão especial*, guiada por valores nobres e não utilitários, envolvida em uma mística que torna o seu exercício, mais do que um emprego, um meio de realizar projetos pessoais e sociais, de fundo religioso, político, humanista etc. Pensar a *atividade do sujeito*, isto é, o seu trabalho, supõe decifrar esses e outros traços socioculturais que sustentam o imaginário existente sobre a profissão na sociedade. É muito interessante observar que a maioria das pesquisas especializadas focaliza a *instituição Serviço Social*. Poucos são aqueles estudos que têm como foco o *sujeito profissional*, e a análise do Serviço Social sob o ângulo dos processos de trabalho permite dar-lhe a atenção devida.

Fica ainda outra questão: o que o Assistente Social produz? Ele é um *profissional de que na sociedade?*

Uma colega que assessora a diretoria de uma grande companhia de segurança conta que, ao ingressar na empresa, a primeira

56. Cf. MARX, K. e ENGELS, F. "Manifesto do Partido Comunista". In: MARX, K. e ENGELS, F. *Textos 3*. São Paulo, Sociais, 1977, pp. 13-51.

57. VERDÈS-LEROUX, J. *Le Travail Social*. Paris, Lés Éditions de Minuit, 1978. Cf., também, IAMAMOTO, M. V. "Assistente Social: profissional da coerção e do consenso?" In: *Renovação e Conservadorismo no Serviço Social*, op. cit., pp. 40-53.

pergunta que lhe foi feita foi a seguinte: qual é o 'negócio' do Serviço Social, ou seja, qual o *produto* do Serviço Social? *O que ele tem a oferecer?* O assistente social está aí para quê?

Como todo trabalho resulta em um produto, qual é o produto do trabalho do assistente social? Não dá para dizer que "não tem" ou "não se sabe", pois se assim fosse esse trabalho especializado não teria demanda.

Os estudos clássicos, no âmbito da tradição marxista, abordam o trabalho sob dois ângulos indissociáveis: do ponto de vista do *trabalho concreto*, isto é, das características materiais particulares que o tornam um trabalho *útil* e moldam as *formas particulares* assumidas pelos componentes presentes em qualquer processo de trabalho: os meios ou instrumentos, a matéria-prima e a própria atividade. Aí se acentuam os *aspectos qualitativos* desse trabalho, o seu *valor de uso*. Mas os *mesmos elementos* podem ser abordados de um outro ponto de vista, da quantidade de trabalho socialmente necessário que contêm materializado, independentes da sua forma material útil que assumem. Aí o destaque são os *valores, que se expresssam na troca de mercadorias equivalentes*, medidos pelo *tempo*. Em outras palavras, nesta sociedade tanto os *elementos* constitutivos do processo de trabalho como o seu *produto* não são apenas objetos úteis, são, também, valores de troca. Vive-se a sociedade da mercantilização universal[58], em que toda atividade tende a ingressar no circuito do valor, passível de ser comprado e vendido.

E o Serviço Social produz? Como contribui para o processo de produção e/ou redistribuição de riqueza social, da mais-valia social? O Serviço Social ingressa na esfera do valor? Em caso positivo, de que forma, por meio de que processos?

Do ponto de vista da qualidade, a análise é menos problemática. Poder-se-ia dizer que o Serviço Social em uma empresa produz treinamentos, realiza programas de aposentadoria, viabiliza benefícios assistenciais e previdenciários, presta serviços de saúde,

---

58. Cf. MARX, K. *O Capital.* Op. cit.; ______. *Elementos Fundamentales para la Crítica de la Economía Política. (Grundrisse). 1857-1858*, 2 vols., México, Siglo XXI, 12ª ed., 1978.

faz prevenção de acidentes de trabalho etc. É fundamental que se tenha clareza do que se é capaz de oferecer ou produzir ou, na linguagem empresarial, qual é o "negócio" do Serviço Social. A análise se complexifica ao se pensar a outra dimensão, não imediatamente visível: como o Serviço Social contribui no processo de produção e reprodução da vida social, como participa do processo de produção do valor e da mais-valia e/ou de sua distribuição social?

Não resta dúvida de que o trabalho do assistente social tem um efeito nas condições *materiais* e *sociais* daqueles cuja sobrevivência depende do trabalho. Em outros termos, tem um efeito no *processo de reprodução da força de trabalho*, que é a única mercadoria que ao ser colocada em ação, ao realizar trabalho, é fonte de valor, ou seja, cria mais valor que ela custou[59]. É ela que está no *centro do segredo da criação da riqueza social* na sociedade capitalista. E o Serviço Social interfere na reprodução da força de trabalho por meio dos serviços sociais previstos em programas, a partir dos quais se trabalha nas áreas de saúde, educação, condições habitacionais e outras. Assim, o Serviço Social é socialmente necessário porque ele atua sobre questões que dizem respeito a sobrevivência social e material dos setores majoritários da população trabalhadora. Viabiliza o acesso não só a recursos materiais, mas as ações implementadas incidem sobre as condições de sobrevivência social dessa população. Então, não resta dúvida de que o Serviço Social tem um papel no processo de reprodução material e social da força de trabalho, entendendo o processo de reprodução como o movimento da produção na sua continuidade[60].

O Serviço Social tem também um efeito que não é material, mas é socialmente objetivo. Tem uma objetividade que não é material, mas é social.[61] Por exemplo, quando o assistente social

59. MARX, K. "Trabalho assalariado e capital". In.; MARX, K. e ENGELS, F., *Textos 3*. Op. cit., pp. 52-92.

60. Cf. MARX, K. *O Capital. Crítica da Economia Política*. São Paulo, Nova Cultural, 1985, Tomo I.

61. A base desta reflexão encontra na análise metodológica de Marx sobre a mercadoria. Cf. MARX, K. *O Capital. Crítica da Economia Política*. Op. cit.; ______. *Un chapitre inédit du Capital*. Op. cit.

viabiliza o acesso a um óculos, uma prótese, está fornecendo algo que é material e tem uma utilidade. Mas o assistente social não trabalha só com coisas materiais. Tem também efeitos na sociedade como um profissional que incide no campo do conhecimento, dos valores, dos comportamentos, da cultura, que, por sua vez, têm efeitos reais interferindo na vida dos sujeitos. Os resultados de suas ações existem e são objetivos, embora nem sempre se corporifiquem como coisas materiais autônomas, ainda que tenham uma *objetividade social* (e não material), expressando-se sob a forma de *serviços*[62].

Nenhuma sociedade sobrevive apenas à base da coerção, mas para sobreviver tem de criar consensos de classes, base para construir uma hegemonia na vida social. O assistente social é um dos profissionais que está nesse "mar de criação de consensos". Por exemplo, uma de suas requisições clássicas — criar um comportamento produtivo da força de trabalho na empresa — hoje se atualiza no sentido de criar um consenso em torno dos programas de qualidade total, do alcance de metas de produtividade, da garantia de padrões de qualidade dos produtos.

---

62. Os trabalhos que são desfrutados como *serviços* são aqueles que não se transformam em produtos separáveis dos trabalhadores que os executam e, portanto não têm existência independente deles como mercadorias autônomas. Esta forma de materialização do trabalho nada tem a ver com a sua exploração capitalista, visto que os serviços podem se constituir como trabalhos produtivos (de mais-valia), dependendo das condições e relações sociais em que são produzidos. Os exemplos dados por Marx, em seu "Capítulo Inédito" de *O Capital* elucidam quaisquer dúvidas a respeito: uma cantora que canta como um pássaro é uma trabalhadora improdutiva, mas a mesma cantora, contratada por empresário que a faz cantar para ganhar dinheiro, é uma trabalhadora produtiva, pois produz diretamente capital. Um mestre-escola que ensina outras pessoas não é um trabalhador produtivo; porém à medida que este mestre é contratado para valorizar, mediante o seu trabalho, o dinheiro do empresário da instituição que comercializa com o conhecimento é um trabalhador produtivo. Assim o mesmo trabalho, como elucida o autor (jardinagem, alfaiataria etc.), pode ser realizado pelo *mesmo* trabalhador a serviço de um capitalista industrial ou de um consumidor direto, tratando-se, no primeiro caso, de um trabalhador produtivo e, no segundo, de um trabalhador improdutivo. Cf. MARX, K. *Un chapitre Inédit du Capital*. Op. cit., pp. 233-234. Salienta-se a tendência do capital, hoje, de "industrialização dos serviços", ou seja, de realizá-los dentro de sua lógica de valorização, o que, acentuado com as tendências privatizantes que vão colocando sob a sua órbita tipos de serviços até então dela excluídos, porque levados a efeito pelo Estado, como é o caso do amplo campo dos seguros sociais e da saúde.

De um outro ângulo inteiramente distinto, o assistente social é chamado hoje a atuar no âmbito dos *Conselhos* de políticas sociais (saúde, assistência social) e de direitos da criança e do adolescente, de idosos, de deficientes. Os profissionais estão, também, contribuindo para a criação de formas de um outro consenso — distinto daquele dominante — ao reforçarem os interesses de segmentos majoritários da coletividade. Contribuem nesta direção ao socializarem informações que subsidiem a formulação/gestão de políticas e o acesso a direitos sociais; ao viabilizarem o uso de recursos legais em prol dos interesses da sociedade civil organizada; ao interferirem na gestão e avaliação daquelas políticas, ampliando o acesso a informações a indivíduos sociais para que possam lutar e interferir na alteração dos rumos da vida em sociedade.

Então, o Serviço Social é um trabalho especializado, expresso sob a forma de serviços, que tem *produtos*: interfere na reprodução material da força de trabalho e no processo de reprodução sociopolítica ou ídeo-política dos indivíduos sociais. O assistente social é, neste sentido, um intelectual que contribui, junto com inúmeros outros protagonistas, na criação de *consensos* na sociedade. Falar em consenso diz respeito não apenas à adesão ao instituído: é consenso em torno de interesses de classes fundamentais, sejam dominantes ou subalternas, contribuindo no reforço da hegemonia vigente ou criação de uma contra-hegemonia no cenário da vida social.

Porém aí não se esgota a análise do produto do trabalho desenvolvido pelo assistente social. Ao se pensar esse trabalho em empresas capitalistas, ele tem um efeito na sociedade do ponto de vista da *produção de valores* ou da riqueza social, ao ser parte de um trabalhador coletivo. O assistente social não produz diretamente riqueza — valor e mais-valia —, mas é um profissional que é parte de um trabalhador coletivo, fruto de uma combinação de trabalhos especializados na produção, de uma divisão técnica do trabalho. É este trabalho cooperativo que, no seu conjunto, cria as condições necessárias para fazer crescer o capital investido naquela empresa. Caso essa especialização do trabalho não tivesse alguma função a desempenhar no processo de produção, na óptica dos interesses capitalistas, não seria contratada pelo empresariado.

É diferente, por exemplo, o significado do trabalho do assistente social na órbita do *Estado, no campo da prestação de serviços sociais.* Aí não existe criação capitalista de valor e mais-valia, visto que o Estado não cria riquezas ao atuar no campo das políticas sociais públicas. O Estado recolhe parte da riqueza social sob a forma de tributos e outras contribuições que formam o fundo público e redistribui parcela dessa mais-valia social por meio das políticas sociais. Assim, a análise das características assumidas pelo trabalho do assistente social e de seu produto depende das *características particulares dos processos de trabalho que se inscreve.*

Mas os profissionais necessitam ter clareza, consideradas as condições específicas do que produzem com o seu trabalho junto aos conselhos, na habitação, na saúde etc., para que possam decifrar o que fazem. Importa deixar claro que viver o Serviço Social não resulta, automaticamente, em dar conta de suas explicações, da mesma forma que existe uma grande distância entre viver a cotidianidade da sociedade capitalista e decifrar o que é esse cotidiano.

Essa discussão sobre os processos de trabalho no Serviço Social gera indagações importantes que ajudam a pensar, *a ampliar uma autoconsciência dos profissionais quanto ao seu trabalho. E, mais do que isso, permite ultrapassar aquela visão isolada da prática do assistente social como atividade individual do sujeito, ampliando sua apreensão para um conjunto de determinantes que interferem na configuração social desse trabalho, (dessa prática) e lhe atribuem características particulares.* Parece ser um caminho fértil para o enriquecimento do debate sobre o exercício profissional.

O Serviço Social é uma atividade que, para se realizar no mercado, depende das instituições empregadoras, nas quais o assistente social dispõe de uma *relativa autonomia* no exercício do seu trabalho. Dela resulta que nem todos os trabalhos desses profissionais são idênticos, o que revela a importância dos componentes ético-políticos no exercício da profissão.

Esforços têm sido empreendidos no sentido de desmistificar e ultrapassar uma visão disciplinadora e controladora quanto ao valor de uso da força de trabalho desse profissional. Hoje questionam-se aquelas requisições tradicionais que o tornam um agente útil no disciplinamento dos cidadãos, exercendo tutela ou paternalismo para que as pessoas se enquadrem e se integrem no circuito instituído.

O Código de Ética do assistente social, a democratização do debate profissional impulsionado por suas entidades representativas e os resultantes da revisão curricular dos anos 1980 contribuíram para construir um projeto profissional em uma *outra* direção social, contraposta à anteriormente mencionada.

E a nova proposta de diretrizes curriculares para o curso de Serviço Social, aprovada pelas unidades de ensino do país, vem somar-se no desenvolvimento das preocupações apontadas.

7. As novas diretrizes curriculares

As discussões até agora efetuadas sobre a questão social e os processos de trabalho em que se inserem os assistentes sociais não são ocasionais. Encontram-se na base da proposta de diretrizes curriculares para o curso de Serviço Social elaboradas e aprovadas pelo conjunto das unidades de ensino sob a *coordenação da* Associação Brasileira de Ensino em Serviço Social — ABESS.

A proposta de currículo encontra-se estruturada a partir de núcleos temáticos, que articulam um conjunto de conhecimentos e habilidades necessário à qualificação profissional dos assistentes sociais na atualidade. São três os núcleos temáticos: *o núcleo dos fundamentos teórico-metodológicos da vida social, o núcleo de fundamentos da particularidade da formação sócio-histórica da sociedade brasileira e o núcleo de fundamentos do trabalho profissional.* Cada um desses núcleos agrega um conjunto de fundamentos que se desdobram em *matérias* e estas, por sua vez, em *disciplinas* nos currículos plenos dos cursos de Serviço Social das unidades de ensino.

O primeiro núcleo — *fundamentos teórico-metodológicos da vida social* — indica ser necessário ao assistente social o domínio de um conjunto de fundamentos teórico-metodológicos e ético-políticos para conhecer e decifrar o ser social, a vida em sociedade. Compreende elementos para a análise da emergência e desenvolvimento da sociedade moderna — a sociedade burguesa —, o papel do trabalho no desenvolvimento da sociabilidade e da consciência humanas, a compreensão teórico-sistemática do Estado e da política, das classes e grupos sociais, das formas de consciência e representação da vida social, ideologias etc. Enfim, um acervo de fundamentos temáticos que possa fornecer bases para a compreensão da dinâmica da vida social na sociedade burguesa.

O segundo núcleo — *fundamentos da formação sócio-histórica da sociedade brasileira* — remete à compreensão da sociedade brasileira resguardando as características históricas particulares que presidem a sua formação e desenvolvimento urbano e rural, em suas diversidades regionais e locais. Abrange as relações Estado/sociedade, os projetos políticos em debate, as políticas sociais, as classes sociais e suas representações culturais, os movimentos organizados da sociedade civil, entre outros aspectos. Tais elementos devem permitir a apreensão da produção e reprodução da *questão social* e as várias faces que assume nessa sociedade.

O terceiro núcleo — *fundamentos do trabalho profissional* — compreende todos os elementos constitutivos do Serviço Social como uma especialização do trabalho: sua trajetória histórica, teórica, metodológica e técnica, os componentes éticos que envolvem o exercício profissional, a pesquisa, o planejamento e a administração em Serviço Social e o estágio supervisionado. Tais elementos encontram-se "amarrados" pela análise dos fundamentos do Serviço Social e dos processos de trabalho em que se insere, desdobrando-se em conteúdos necessários para capacitar os profissionais no exercício de suas funções, resguardando as suas competências específicas, normatizadas por lei.

Esses três núcleos não representam uma "seqüência evolutiva" de conteúdos ou uma "hierarquia" de matérias "externas" e "internas" ao universo profissional. Ao contrário, são *níveis distintos e complementares de conhecimentos* necessários à atuação profissional. Por exemplo, para se compreender a *luta pela terra* hoje e para intervir no âmbito dos processos sociais agrários, é necessário ter uma compreensão do que seja a propriedade privada capitalista, o Estado, e políticas agrárias e agrícolas, a estrutura fundiária, a luta pela reforma agrária na sociedade brasileira e os impedimentos à sua realização etc. Tais elementos não derivam de um único núcleo, visto que envolvem, simultaneamente, conhecimentos sobre os fundamentos da vida social, a trajetória histórica particular da sociedade brasileira, as possibilidades de atuação profissional e os meios para efetivá-la. Assim, os três núcleos são necessários visto que abrangem dimensões, níveis de abstrações distintos de categorias de análise para compreender e intervir, por exemplo, na questão agrária.

Uma segunda característica da lógica curricular é que as *matérias básicas previstas*, como áreas de conhecimento necessárias à formação profissional, podem ser tratadas em *disciplinas, seminários temáticos, oficinas, laboratórios, atividades complementares, como monitorias, pesquisa, extensão, intercâmbios* etc. Todos estes *componentes curriculares* são reconhecidos como mecanismos formativos do assistente social. Busca-se ultrapassar assim uma visão tradicional do currículo centrado exclusivamente *em disciplinas*, valorizando a participação do estudante na dinâmica da vida universitária. São múltiplos, portanto, os recursos para trabalhar os conteúdos temáticos das várias áreas de conhecimento.

Um terceiro elemento, que merece atenção, diz respeito às *matérias*. Ainda que permaneça a mesma nomenclatura do currículo mínimo em vigência, em grande parte das matérias houve uma substancial mudança do conteúdo[63] proposto em cada uma delas.

63. Não cabe aqui o detalhamento deste conteúdo. Os interessados poderão consultar: ABEESS/CEDEPSS. *Diretrizes gerais para o curso de Serviço Social (com base no currículo mínimo aprovado em assembléia geral extraordinária de 8 de novembro de 1996)*. Op. cit.

As matérias são: Sociologia, Ciência política, Economia política, Filosofia, Psicologia, Antropologia, Formação sócio-histórica do Brasil, Direito, Política social, Acumulação capitalista e Desigualdades sociais, Fundamentos históricos e teórico-metodológicos do Serviço Social, Processo de trabalho no Serviço Social, Administração e planejamento em Serviço Social, Pesquisa e ética profissional. O Estágio Supervisionado e o Trabalho de Conclusão de Curso (TCC) permanecem como atividades indispensáveis integradoras do currículo.

No núcleo relativo ao trabalho profissional, algumas alterações interessantes que merecem ser anotadas: a atual trilogia — História, Teoria e Método do Serviço Social —, tratada até então como matérias autônomas, adquire um novo tratamento integrado na matéria Fundamentos Histórico e Teórico-metodológicos do Serviço Social. O cerne da discussão sobre o exercício da profissão está condensado na referida matéria e em uma outra denominada Processo de trabalho no Serviço Social. Essas são complementadas com Administração e planejamento em Serviço Social, Política Social, Pesquisa em Serviço Social. Foi introduzida uma nova matéria que pode ser desdobrada em várias disciplinas, até agora chamada — por falta de melhor nome — de Desigualdade social e acumulação capitalista. Objetiva tratar a questão social hoje nas suas várias expressões, envolvendo as desigualdades presentes nas relações de classes matizadas pelas relações de gênero, etnia e raça, que conformam a constituição dos sujeitos sociais, em suas condições de vida materiais e subjetivas, interferindo na construção de suas identidades. Salienta-se, ainda, a maturação do debate sobre a Ética Profissional, o acompanhamento acadêmico-profissional do estágio e o TCC.

Não se tem a pretensão de dar conta, neste espaço, de *toda* a proposta curricular, mas tão-somente de abrir o debate com o foco central em analisar as implicações do Serviço Social como trabalho, visto ser uma discussão que vai atravessar a formação profissional. Dado o caráter recente desse tratamento analítico no âmbito das particularidades do Serviço Social, atribuir-lhe densidade e sustentação teórica só poderá ser fruto de um esforço coletivo. Fica aqui o convite a todos os profissionais para se envolverem no debate sobre os processos de trabalhos experimentados, construindo junto um percurso analítico que pode contribuir para elucidar e fazer avançar o exercício profissional na contemporaneidade

Para concluir, uma última questão: *quais as perspectivas ético-políticas construídas ao longo desse tempo para o encaminhamento de alternativas para o trabalho do assistente social?*

8. Rumos ético-políticos do trabalho profissional

Quais as perspectivas que se abrem, no reverso da crise, ao Serviço Social nesses novos tempos?

O desafio é re-descobrir alternativas e possibilidades para o trabalho profissional no cenário atual; traçar horizontes para a formulação de propostas que façam frente à questão social e que sejam solidárias com o modo de vida daqueles que a vivenciam, não só como vítimas, mas como sujeitos que lutam pela preservação e conquista da sua vida, da sua humanidade. Essa discussão é parte dos rumos perseguidos pelo trabalho profissional contemporâneo.

Apontar perspectivas exige um esforço de decifrar o movimento societário, situando o Serviço Social na dinâmica das relações entre o Estado e a sociedade civil. Uma hipótese de trabalho sobre o desenvolvimento do Serviço Social nos anos 1980 indica que a profissão teve os olhos mais voltados para o Estado e menos para a sociedade[64]; mais para as políticas sociais e menos para os sujeitos com quem trabalha: o modo e condições de vida, a cultura, as condições de vida dos indivíduos sociais são pouco estudadas e conhecidas.

Esse privilégio atribuído às políticas sociais foi essencial, tendo permitido uma redefinição e ampliação das bases de reconhecimento da profissão pelos empregadores e usuários dos serviços

---

64. Para um detalhamento da hipótese analítica ver: IAMAMOTO, M. V. "O debate contemporâneo da reconceituação no Serviço Social: ampliação e aprofundamento do marxismo", texto constante neste livro.

prestados. Mas, não raras vezes, redundou em uma secundarização da sociedade civil e hoje se faz urgente uma aproximação às condições de vida e de trabalho dos usuários dos seus serviços, para decifrar as suas formas de explicitação cultural, social e política, suas experiências e interesses expressos não só no campo das organizações coletivas, político-partidárias ou sindicais, mas em suas lutas por melhorias parciais de vida e no conjunto de suas expressões associativas e culturais que expressam modo de viver e de pensar, de enfrentar e resistir a essas desigualdades sociais.

Foi afirmado que apreender a questão social é também apreender como os sujeitos a vivenciam. Ora, desvelar as condições de vida dos indivíduos, grupos e coletividades com as quais se trabalha é um dos requisitos para que se possa decifrar as diversas formas de luta, orgânicas ou não, que estão sendo gestadas e alimentadas, com inventividade, pela população. É condição ainda para se perceber as aspirações, os núcleos de contestação, a capacidade de imaginação e de invenção da sociedade aí presentes, que contêm misturados elementos de recusa e afirmação do ordenamento social vigente. Esta parece ser uma das condições para que o assistente social possa romper com a relação tutelar e de estranhamento com os sujeitos junto aos quais se trabalha e um caminho fértil para a formulação de propostas novas de trabalho.

Muitas vezes, o profissional move-se pela vontade de estar junto com a população atendida, mas objetivamente não está próximo de seus interesses como coletividade, sendo, de fato, um *estranho* para os indivíduos com que trabalha. O professor José de Souza Martins, estudando o mundo agrário, tem um livro que chama *A chegada do estranho*[65]. O *estranho*, para os produtores

---

65. "O estranho não é, entre nós, apenas o agente imediato do capital, como o empresário, o capataz, o gerente, mas é também o jagunço, o policial, o militar. E, ainda, o funcionário governamental, o agrônomo, o missionário, o cientista social. Embora cada um trabalhe para um projeto distinto, raros são aqueles que trabalham para as vítimas dos processos de que são agentes. São, portanto, protagonistas da tragédia que aniquila os frágeis e que, por isso, nos fragiliza a todos, nos empobrece e nos mutila, porque preenche com a figura da vítima o lugar do cidadão. E nos

familiares, posseiros e assalariados é o representante do capital e dos grandes proprietários de terra, o técnico das entidades oficiais; mas, também, o militar, o jagunço, o cientista social. Enfim, todos aqueles que são alheios ao universo e interesses sociais daquela população e que contribuem para subjugá-la política ou economicamente. O assistente social também pode estar sendo *estranho* diante dos segmentos das classes subalternas, contribuindo para que cidadãos se metamorfoseiem em vítimas, exercendo uma ação de cunho impositivo.

Uma das condições do exercício democrático, como já dizia Gramsci, é captar os reais interesses e necessidades das classes subalternas, sentir com ela suas paixões para que se possa efetuar a crítica do senso comum e da herança intelectual acumulada — papel da "filosofia da práxis". Segundo Ernesto Cardenal[66] é este o papel do intelectual: "devolver claramente às massas o que delas recebeu confusamente". Supõe conhecimento crítico do universo cultural das classes subalternas, contribuindo para a ultrapassagem de seus elementos opacos, que vedam o descortinar dos horizontes coletivos.

O Código de Ética nos indica um rumo ético-político, um horizonte para o exercício profissional. O desafio é a materialização dos princípios éticos na cotidianidade do trabalho, evitando que se transformem em indicativos abstratos, descolados do processo social. Afirma, *como valor ético central*, o compromisso com a nossa parceira inseparável, a *liberdade*. Implica a autonomia, emancipação e a plena expansão dos indivíduos sociais, o que tem repercussões efetivas nas formas de realização do trabalho profissional e nos rumos a ele impressos.

Assumir a defesa intransigente dos direitos humanos traz, como contrapartida, a recusa a todas as formas de autoritarismo e arbítrio. Requer uma condução democrática do trabalho do

---

priva, sobretudo, das possibilidades históricas de renovação e transformação da vida criadas justamente pela exclusão e pelos padecimentos desnecessários da imensa maioria." MARTINS, J. S. *A chegada do estranho*. São Paulo, Hucitec, 1993, p. 13.

66. CARDENAL, E. "Cultura revolucionária, popular, nacional, anti-imperialista". *Nicarauac nº 1*. Manágua, Ministério da Cultura de Nicarágua, 1980.

Serviço Social, reforçando a democracia na vida social. Afirmar o compromisso com a cidadania exige a defesa dos direitos sociais tanto em sua expressão legal, preservando e ampliando conquistas da coletividade já legalizadas, quanto em sua *realidade efetiva.* À medida que os direitos se realizam, alteram o modo como as relações entre os indivíduos sociais se estruturam, contribuindo na criação de novas formas de sociabilidade, em que o outro passa a ser reconhecido como sujeito de valores, de interesses, de demandas legítimas, passíveis de serem negociadas e acordadas[67]. Portanto, colocar os direitos sociais como foco do trabalho profissional é defendê-los tanto em sua normatividade legal, quanto traduzi-los praticamente, viabilizando a sua efetivação social. Essa é uma das frentes de luta que move os assistentes sociais nas microações cotidianas que compõem o seu trabalho.

Os princípios constantes no Código de Ética são focos que vão iluminando os caminhos a serem trilhados, a partir de alguns compromissos fundamentais acordados e assumidos coletivamente pela categoria. Então ele não pode ser um documento que se "guarda na gaveta": é necessário dar-lhe vida por meio dos sujeitos que, internalizando o seu conteúdo, expressam-no por ações que vão tecendo o novo projeto profissional no espaço ocupacional cotidiano.

Essa perspectiva choca-se com o culto do individualismo, a linguagem do mercado e os ecos da pós-modernidade. O que se busca é construir uma cultura pública democrática, em que a sociedade tenha um papel questionador, propositivo, por meio do qual se possa partilhar poder e dividir responsabilidades. O assistente social é tido como o profissional da participação, entendida como partilhamento de decisões, de poder. Pode impulsionar formas democráticas na gestão de políticas e programas, socializar informações, alargar os canais que dão voz e poder decisório à sociedade civil, permitindo ampliar sua possibilidade de ingerência na *coisa pública.*

---

67. TELLES, V. S. "Sociedade civil e construção de espaços públicos". In: DAGNINO, E. (Org.) *Anos 90: política e sociedade no Brasil.* São Paulo, Brasiliense, 1995.

Os assistentes sociais ao realizarem suas ações profissionais, seja ao nível das Secretarias de Governo, dos bairros, das instâncias de organização e mobilização da população, das organizações não-governamentais (ONGs), exercem a função de um *educador político*; um educador comprometido com uma política *democrática* ou um educador envolvido com a política dos "donos do poder". Mas é nesse campo atravessado por feixes de tensões que se trabalha e nele que são abertas inúmeras possibilidades ao exercício profissional.

Finalmente, um outro aspecto que merece atenção no trabalho do assistente social é a *relação entre o público e o privado*. O desafio é transformar espaços de trabalho, especialmente estatais, em espaços de fato públicos, alargando as possibilidades de apropriação da coisa pública por parte da coletividade, o que se choca com a tendência de privatização do Estado persistente na história política brasileira. Como diz Francisco de Oliveira, "uma sociedade em que se tem o máximo de Estado para o mínimo da coisa pública ou o máximo de aparência de Estado para o máximo de privatização social".[68] O Estado brasileiro foi historicamente privatizado por coronéis, grupos econômicos com interesses particularistas, fazendo com que o máximo de Estado tenha convivido com o mínimo da esfera pública. O assistente social atuando na esfera das políticas sociais, das organizações e movimentos sociais, pode interferir, no âmbito de sua área de competência, para ampliar a ingerência de segmentos da sociedade civil em questões que lhes são concernentes, compartilhando propostas e decisões, contribuindo para romper as "caixas pretas" que guardam em segredo informações que necessitam ser difundidas junto à coletividade.

Esse rumo ético-político requer um profissional informado, culto, crítico e competente. Exige romper tanto com o teoricismo estéril, quanto com o pragmatismo, aprisionados no fazer pelo fazer, em alvos e interesses imediatos. Demanda competência, mas não a competência autorizada e permitida, a competência da

---

68. OLIVEIRA, F. "Da dádiva aos direitos: a dialética da cidadania". In: *Revista Brasileira de Ciências Sociais nº 25*. São Paulo, ANPOCS, julho de 1994, p. 43.

organização, que dilui o poder como se ele não fosse exercido por ninguém, mas derivasse das "normas" da instituição, da burocracia.[69] O requisito é, ao inverso, uma *competência crítica* capaz de decifrar a gênese dos processos sociais, suas desigualdades e as estratégias de ação para enfrentá-las. Supõe *competência teórica e fidelidade ao movimento da realidade*; *competência técnica e ético-política* que subordine o "como fazer" ao "o que fazer" e, este, ao "dever ser", sem perder de vista seu enraizamento no processo social.

Tal perspectiva reforça a preocupação com a *qualidade dos serviços prestados*, com o *respeito aos usuários*, investindo na melhoria dos programas institucionais, na *rede de abrangência* dos serviços públicos, reagindo contra a imposição de crivos de seletividade no acesso aos atendimentos. Volta-se para a formulação de propostas (ou contra propostas) de políticas institucionais criativas e viáveis, que alarguem os horizontes indicados, zelando pela eficácia dos serviços prestados. Enfim, requer uma *nova natureza* do trabalho profissional, que não recusa as tarefas socialmente atribuídas a esse profissional, mas lhes atribui um tratamento teórico-metodológico e ético-político diferenciado.

Dimensionar o *novo* no trabalho profissional significa captar as *inéditas mediações históricas* que moldam os processos sociais e suas expressões nos vários campos em que opera o Serviço Social. Ao profissional é exigida uma bagagem teórico-metodológica que lhe permita elaborar uma interpretação crítica do seu contexto de trabalho, um atento acompanhamento conjuntural, que potencie o seu espaço ocupacional, o estabelecimento de estratégias de ação viáveis, negociando propostas de trabalho com a população e entidades empregadoras.

Os assistentes sociais, apesar do pouco prestígio social e dos baixos salários, formam uma categoria que tem ousado sonhar, que tem ousado ter firmeza na luta, que tem ousado resistir aos obstáculos, porque aposta na história, construindo o futuro, no presente.

---

69. CHAUI, M. *Cultura e democracia. (O discurso competente e outras falas)*. São Paulo, Moderna, 3ª ed., 1972.

E, para terminar essas considerações sobre o Serviço Social na contemporaneidade, as palavras de um grande poeta, também mineiro, usadas para gravar a participação ativa em seu tempo:

"Não sou meu sobrevivente e sim meu contemporâneo"[70]

Murilo Mendes

---

70. RODRIGUES, M. T. (Org.) *Contemporâneos: mostra do Acervo do Centro de Estudos Murilo Mendes*. Juiz de Fora, CEMM/UFJF, 1997, p. 8.

II. Trabalho e Serviço Social: o redimensionamento da profissão ante as transformações societárias recentes*

"Os tempos mudavam, no devagar depressa dos tempos."[71]

Guimarães Rosa

1. Trabalho e Serviço Social

Um dos veios analíticos, inaugurado na década de 1980, considera o Serviço Social como uma *especialização do trabalho coletivo, dentro da divisão social e técnica do trabalho*[72], *partícipe*

---

* Texto base do pronunciamento efetuado na mesa redonda "Processos de Trabalho e Serviço Social" durante a XXX Convenção Nacional da Associação Brasileira de Ensino em Serviço Social — ABESS, realizada em Recife, em 13 de novembro de 1997. Texto atualizado para fins de publicação.

71. ROSA, G. "Primeiras Estórias: A terceira margem do rio". In: *Guimarães Rosa. Ficção Completa*, vol. II. Rio de Janeiro, Nova Aguilar, 1995, p. 411.

72. Essa perspectiva analítica foi inicialmente apresentada em IAMAMOTO, M. V. "Legitimidade e Crise do Serviço Social" (Dissertação de mestrado.) Piracicaba, ESALQ/USP, 1982 e difundida por meio dos livros: IAMAMOTO, M. V. e CARVALHO, R. *Relações Sociais e Serviço Social no Brasil*. São Paulo, Cortez/Celats, 1982 — traduzido para o espanhol sob o título de *Relaciones Sociales y Trabajo Social*. Lima, CELATS, 1983 —, em IAMAMOTO, M. V. *Renovação e Conservadorismo no Serviço Social. Ensaios Críticos*. São Paulo, Cortez, 1992. Mais re-

do processo de produção e reprodução das relações sociais. Trata-se de *uma das ópticas de abordagem da profissão*, ao lado de outras, que enriqueceram o debate acadêmico plural na consideração das particularidades do Serviço Social: o *sincretismo* com Netto[73], o *paradigma da articulação* com Faleiros[74], a *identidade profissional* com Martinelli[75], a assistência com Yasbek[76] e Sposati[77], dentre outros.

A abordagem do Serviço Social como *trabalho* foi reafirmada nos recentes debates capitaneados pela *Associação Brasileira de Ensino em Serviço Social* — ABESS — dentro do processo de revisão curricular do ensino de graduação em Serviço Social no país, consubstanciado em mais de 200 oficinas locais, regionais e nacionais, realizadas pelas unidades de ensino da área. Tais debates redundaram na formulação de uma proposta de *Diretrizes Gerais para o Curso de Serviço Social*, conforme exigência da Lei de Diretrizes e Bases da Educação Nacional[78].

Mas aqueles debates também aprofundaram desdobramentos até então inéditos referentes à *abordagem do exercício profissional*

---

centemente, nos países de língua espanhola, aquela perspectiva analítica foi difundida por IAMAMOTO, M. V. *Servicio Social y División de Trabajo.* São Paulo, Cortez, Col. Biblioteca Latinoamericana de Servicio Social, vol. 2, 1997. No Brasil foi analisada e desenvolvida por NETTO, em sua tese de doutorado. Cf. NETTO, J. P. *Ditadura e Serviço Social.* São Paulo, Cortez, 1991. ______. *Capitalismo Monopolista e Serviço Social.* São Paulo, Cortez, 1992. A referida perspectiva analítica foi ainda assumida pelo Centro Latinoamericano de Trabajo Social — CELATS, no livro Vv. Aa. *Trabajo Social en America Latina: balance y perspectivas.* Lima, Celats, 1983, traduzido para o português como *Serviço Social Crítico: problemas e perspectivas.* São Paulo, Cortez/Celats, 1983.

73. NETTO, J. P. *Capitalismo Monopolista e Serviço Social.* Op. cit.

74. FALEIROS, V. P. *Saber profissional e poder institucional.* São Paulo, Cortez, 2ª ed., 1987.

75. MARTINELLI, M. L. *Serviço Social: identidade e alienação.* São Paulo, Cortez, 1989.

76. YAZBEK, M. C. *Classes Subalternas e Assistência Social.* São Paulo, Cortez, 1993.

77. SPOSATI, A. *Vida urbana e gestão da pobreza.* São Paulo, Cortez, 1988.

78. Tais diretrizes foram apresentadas à Secretaria de Ensino Superior do Ministério da Educação e do Desporto — SESu/MEC — para apreciação da Câmara de Ensino Superior do Conselho Nacional de Educação.

no âmbito de processos e relações de trabalho, foco das observações que se seguem[79].

O presente texto parte de uma discussão sobre a pertinência da centralidade da categoria trabalho no debate contemporâneo do Serviço Social, propondo uma leitura, apoiada na perspectiva teórico-metodológica de Marx, sobre o Serviço Social e sua inserção em processos de trabalho. Enquanto essa primeira parte traz uma ênfase teórico-sistemática ao apresentar o *foco* de análise, as subseqüentes têm um nítido recorte histórico-conjuntural: tratam do cenário atual e suas incidências na questão social, do redimensionamento da profissão diante das alterações no mercado e nas condições de trabalho; finalmente, são apontadas perspectivas para a consolidação do projeto ético-político do Serviço Social na contemporaneidade.

1.1 Trabalho: categoria em crise?

Colocar o *trabalho* como foco da consideração do exercício profissional poderia ser hoje questionado: Por que o privilégio do *trabalho*, quando já foi amplamente anunciada *a crise da "sociedade do trabalho"*[80], *com a crescente redução da capacidade de absorção do mercado de trabalho e a ampliação do desemprego? Não seria essa uma tentativa melancólica de retorno a*

79. A bibliografia sobre o tema é rarefeita e necessariamente polêmica, considerando o caráter recente deste foco de análise na consideração do que tradicionalmente tem sido tratado como "prática profissional". Ver, por exemplo: ALMEIDA, N. L. T. "Considerações para o exame do processo de trabalho no Serviço Social". *Serviço Social e Sociedade nº 52*. São Paulo, Cortez, dez. 1996, pp. 24-47. MOTA, A. E. "As transformações no mundo do trabalho e seus desafios para o Serviço Social". O Social em Questão nº 1. *Revista do Programa de Mestrado em Serviço Social da PUC-Rio*. Vol. I, ano I, primeiro semestre de 1997, pp. 51-62; FRANCISCO, E. M. "O Processo de Reestruturação produtiva e as demandas para o Serviço Social". *Em Pauta nº 10*. Rio de Janeiro, UERJ, 1997, pp. 51-58, além dos documentos da ABESS/CEDEPSS orientadores do debate sobre a recente revisão curricular.

80. A expressão foi cunhada por Ralf Darendorf, em 1980, no 21º Congresso Alemão de Sociologia, conforme OFFE, C. "Trabalho como categoria sociológica fundamental?" In: *Trabalho e Sociedade. Problemas estruturais e perspectivas para o futuro da sociedade do trabalho*. Rio de Janeiro, Tempo Brasileiro nº 85, 1989, p. 13-42.

um passado perdido? O trabalho ainda pode ser considerado uma categoria teórica fundamental na sociedade contemporânea?

Segundo OFFE, acumulam-se indícios de que o "trabalho remunerado formal perdeu sua qualidade subjetiva de centro organizador das atividades humanas, da auto-estima e das referências sociais, assim como das orientações morais". A crescente heterogeneidade do trabalho assalariado (com relação a renda, qualificação, estabilidade no emprego, reconhecimento social, carga de trabalho, possibilidades de ascensão, autonomia, diferenciação entre a "produção de bens" e "serviços" etc.), expressa também no mercado de trabalho e nas entidades dos trabalhadores, colocaria em xeque "qualquer relevância do trabalho remunerado dependente, enquanto tal, na percepção dos interesses sociais, na autoconsciência e no comportamento institucional e político dos trabalhadores"[81].

Com a emergência da sociedade burguesa, afirma-se o "trabalho livre" como seu pilar: o trabalho desvinculado da esfera doméstica, da propriedade, do domínio feudal e compromissos extra-econômicos, subordinados à racionalidade técnica e econômica do capital. Assim, a tradição clássica do pensamento social, "marxista" ou "burguesa", oriunda do século XIX, reconstruiu a estrutura e a dinâmica da sociedade capitalista a partir da origem do trabalho, da produção, das relações de propriedade e critérios de racionalidade. Hoje essa realidade estaria historicamente superada, exigindo uma nova teoria sobre o próprio objeto da sociologia.

Não é possível *desconhecer a crescente diferenciação ou heterogeneidade das formas de trabalho remunerado e das classes trabalhadoras, ante a tendência de retração da demanda do trabalho industrial e agrícola e o crescimento relativo da capacidade de absorção do setor de serviços, já em saturação.* Alia-se o significativo aumento do contingente de *mulheres, jovens e crianças* que passaram a integrar a população economicamente ativa. Constata-se, ainda, a convivência de formas de trabalho assalariado com o trabalho autônomo, doméstico, clandestino e

81. Idem, pp. 7 e 20, respectivamente.

as múltiplas expressões de precarização dos vínculos e relações de trabalho, com amplo comprometimento das conquistas e direitos trabalhistas, assim como das tradicionais estratégias de organização e luta sindical.

Cresce o problema central do mundo contemporâneo, sob o domínio do grande capital financeiro em relação ao capital produtivo: o desemprego e a crescente exclusão de contingentes expressivos de trabalhadores da possibilidade de inserção ou re-inserção no mercado de trabalho, que se torna estreito em relação à oferta de força de trabalho disponível. Essa redução do emprego, aliada à retração do Estado em suas responsabilidades públicas no âmbito dos serviços e direitos sociais, faz crescer a pobreza e a miséria, passa a comprometer os direitos sociais e humanos, inclusive o direito à própria vida.

Ao mesmo tempo em que se restringem as oportunidades de trabalho, o acesso ao trabalho continua sendo uma condição preliminar de sobrevivência da maioria da população, alijada de outras formas de propriedade que não seja sua capacidade de trabalho. Capacidade esta que é uma potência, uma força que só se realiza — só se transforma em trabalho — ao aliar-se aos meios e condições de trabalho que pertencem a outrem, requerendo uma intermediação prévia do mercado de trabalho.

Em outros termos, ainda que o trabalho assalariado formal na indústria se reduza com as alterações na divisão social do trabalho, o trabalhador passa a viver um *duplo e radical tormento*: ser um *trabalhador livre que depende do trabalho para se reproduzir e não encontrar oportunidade de trocar sua força de trabalho por meios de vida, seja via relação típica salarial ou outras formas de venda de seus serviços, que fogem aos critérios da lucratividade porquanto voltadas para a reprodução dos meios de vida. A radicalidade do dilema é que atualiza-se a condição de trabalhador livre, despossuído, sem que se atualizem as possibilidades de transformar-se em trabalhador assalariado. A condição de trabalhador livre "desvincula-se" da condição de trabalhador assalariado, mais além da vontade individual do sujeito, uma vez que vem crescendo, em um ritmo cada vez mais acelerado, o contingente populacional efetivamente sobrante para as necessidades médias do capital no atual estágio de desenvolvimento das forças produtivas.*

O sofrimento derivado do trabalho alienado ou da falta de trabalho continua polarizando as vidas da maioria absoluta dos cidadãos e cidadãs na sociedade contemporânea. Tal afirmativa não implica secundarização das mudanças observadas nas feições e formas assumidas pelo perfil do trabalho social, ou seja, de suas metamorfoses.

A crescente potenciação do trabalho vivo possibilitada pelo avanço científico e tecnológico, em que a ciência torna-se uma força produtiva por excelência, patenteia o papel essencial que o trabalho cumpre na reprodução da sociedade contemporânea, como substância mesma da riqueza. Contraditoriamente, é o próprio desenvolvimento das forças produtivas do trabalho social que torna o trabalho de muitos descartável à medida que reduz a demanda de trabalho vivo, repelindo um crescente excedente de força de trabalho, que passa a viver um cotidiano pleno de incertezas e inseguranças. A temática é hoje um dos "carros-chefe" da pesquisa e produção acadêmica em várias áreas do conhecimento.

LEITE e SILVA[82], referindo-se ao que consideram os principais desafios da "Sociologia do Trabalho" — o seu novo dinamismo e a crise dos modelos teóricos ou mais especificamente a "incapacidade das teorias disponíveis para pensar o trabalho" (*sic*) —, sustentam que:

> Ao contrário da expectativa colocada por Offe (1989), ao advogar o fim da categoria trabalho como conceito sociológico fundamental, o estudo dó trabalho está no centro da atenção dos sociólogos. Impulsionado pela vertiginosa produção científica voltada para as transformações que vem sofrendo, o trabalho vem se transformando, na realidade, num tema da moda. Incontáveis estudos sobre o assunto

---

82. LEITE, M. de P. e SILVA, R. A. "A sociologia do trabalho frente à reestruturação produtiva: uma discussão teórica". In: *BIB — Revista Brasileira de Informação Bibliográfica em Ciências Sociais*. Rio de Janeiro, ANPOCS, nº 42, 2º semestre de 1996, pp. 41-58.

invadem hoje as estantes das livrarias e bibliotecas, trazendo à tona o grande esforço da literatura especializada para compreender as mudanças em curso. Nesse sentido, a Sociologia do Trabalho vem adquirindo um novo dinamismo, ao mesmo tempo em que se vê diante de novas e intrincadas questões teóricas"[83].

É interessante salientar que o motivo da objeção de OFFE à "sociedade do trabalho", qual seja a profunda diferenciação do trabalho ou sua heterogeneidade qualitativa — na óptica do valor de uso —, é o mesmo motivo salientado por Marx para identificar a possibilidade histórica da existência da sociedade capitalista dependente do *trabalho abstrato*, como *substância do valor*: o trabalho como mero desgaste de força humana de trabalho ou trabalho social em geral, abstraído de sua qualidade, passível de distinguir-se pela sua quantidade, que tem no tempo a sua medida.

O trabalho assim caracterizado, como *categoria simples*, só é possível em uma sociedade em que exista uma rica diversidade de gêneros de trabalhos, uma maturação do desenvolvimento da totalidade concreta de trabalhos. Em outros termos, a heterogeneidade qualitativa de tipos de trabalho, de formas de inserção no mercado e de organização dos trabalhadores é, contraditoriamente, condição histórica da homogeneidade do trabalho abstrato ou do valor como tempo de trabalho socialmente necessário plasmado nas mercadorias e, portanto, da própria teoria do valor.

A raiz da polêmica encontra-se na análise mesma dos mistérios da mercadoria, na consideração da *unidade contraditória nela presente entre valor de uso e valor, que também se repõe na análise do trabalho, como trabalho concreto e abstrato, e*

---

83. Importa destacar que a co-autora dessa constatação é uma das especialistas na esfera das Ciências Sociais cuja produção não pode absolutamente ser qualificada de qualquer ortodoxia no campo da tradição marxista. Refiro-me à tese de doutorado de autoria de Márcia de Paula Leite, "O Futuro do Trabalho", defendida na UNICAMP, que se propõe a discutir as novas tecnologias e a subjetividade operária. É curioso observar que nessa discussão sobre o futuro do trabalho o grande ausente é o próprio Marx — ainda que a autora conte com a contribuição de autores vinculados à tradição marxista —, o que leva a supor que considera ser aquela fonte superada para a leitura dos rumos do trabalho na atualidade. Cf. LEITE, M. de P. *O futuro do trabalho. Novas tecnologias e subjetividade operária*. São Paulo, Scritta, 1994.

dos processos de trabalho como processo de trabalho e de valorização. Enquanto OFFE acentua, procedentemente, a diferenciação do trabalho, *omite em sua análise o outro lado da mesma questão*: que é esse *mesmo trabalho diferenciado* e heterogêneo que atribui base material e histórica à existência da sociedade capitalista desenvolvida como sociedade do trabalho abstrato, do trabalho em geral, substância mesma do valor.

O estímulo à figura do trabalhador polivalente, capaz de realizar múltiplas atividades ao mesmo tempo e pelo mesmo salário, rompe as rígidas barreiras das especialidades profissionais, especialmente nas funções de menor qualificação. Expressa a indiferença do trabalhador assalariado em relação ao tipo ou qualidade do trabalho que desenvolve, o que viabiliza inclusive a elevada rotatividade do trabalho constatada no país. Mostra, em outros termos, o *estranhamento do trabalhador em relação à sua própria atividade realizada sob controle alheio*, em que o trabalho remunerado é mero meio de obtenção do equivalente de seus meios de vida, pois o que produz para si é o salário ou equivalente monetário dos meios de sobrevivência.

Citemos o próprio Marx:

> "A indiferença em relação ao gênero de trabalho determinado pressupõe uma totalidade muito desenvolvida de gêneros de trabalhos efetivos, nenhum dos quais domina os demais. Tampouco se produzem abstrações mais gerais senão onde existe o desenvolvimento concreto mais rico, onde aparece como comum a muitos, comum a todos. Então já não pode ser pensado somente sob uma forma particular. Por outro lado, esta abstração do trabalho em geral não é apenas o resultado intelectual de uma totalidade concreta de trabalhos. A indiferença em relação ao trabalho determinado corresponde a uma forma de sociedade na qual os indivíduos podem passar com facilidade de um trabalho a outro, e no qual o gênero de trabalho é fortuito, e portanto lhes é indiferente. Neste caso o trabalho se converteu não só como categoria, mas na efetividade em um meio de produzir riqueza em geral, deixando, como determinação de se confundir com o indivíduo na sua particularidade. Este estado de coisas se encontra mais desenvolvido na forma de existência mais moderna da sociedade burguesa — nos Estados Unidos. Aí, pois, a abstração da categoria "trabalho", "trabalho em geral" trabalho *sans phrase* (sem rodeios)

ponto de partida da Economia moderna, torna-se pela primeira vez praticamente verdadeira[84].

Enfim, o *segredo* para se ultrapassar a aparente dualidade ou excludência entre identidade e diversidade, universal e particular, concreto e abstrato que também se repõe na análise do trabalho, está no trato das dimensões lógica e histórica do método. A dinâmica dos elementos que conformam uma unidade contraditória, em que um é mediador do outro, qualifica-o, nega-o e a ele se contrapõe — sendo por isso mutuamente indispensáveis —, tende a ser lida de maneira engessada e rígida, como dualidades mutuamente excludentes, perdendo-se a dimensão de movimento e processo[85].

OFFE[86], ao analisar a política social como a forma pela qual o Estado tenta resolver o problema da transformação duradoura do trabalho não assalariado em trabalho assalariado, elabora, de outra forma, a distinção conceitual anteriormente salientada entre trabalho livre e assalariado, ao distinguir a *proletarização passiva* da *proletarização ativa, enfatizando de forma decisiva o papel do Estado nesse processo*, essencial no capitalismo maduro, uma face política do processo de proletarização[87].

---

84. MARX, K. "Para a Crítica da Economia Política. Introdução à Crítica da Economia Política (1857)". In: *Marx. Col. Os Pensadores.* São Paulo, Abril Cultural, 1974, p. 125.

85. Aliás, extrapolando o contexto do presente debate, esse parece ser um dos *nós* da pseudocrítica dirigida às produções inspiradas em Marx por parte daqueles que dominam precariamente a sua produção ou chegaram a ela pelos atalhos dos vários estruturalismos, alimentando-se, também, das oportunidades abertas pela vaga da "crise do marxismo". A partir de uma abordagem empobrecida ou mesmo caricatural dessa vertente teórico-metodológica traduzida na vulgata marxista — de raiz positivista ou estruturalista —, mira-se o personagem. Mas o alvo é desviado pela caricatura, que embaça o personagem deixando-o ileso.

86. OFFE, C. "Teoria do Estado e Política Social". In: *Problemas estruturais do Estado Capitalista.* Rio de Janeiro, Biblioteca Tempo Universitário nº 79, 1984, pp. 9-54.

87. Para uma abordagem que procura acentuar as dimensões tanto econômicas, quanto políticas e ideológicas da formação das classes sociais, ver PRZEWORSKI, A. "A organização do proletariado como classe: o processo de formação das classes". In: *Capitalismo e Social Democracia.* São Paulo, Companhia das Letras, 1995, 2ª reimpressão, pp. 67-120.

Enquanto a *proletarização passiva* deriva da destruição de formas de trabalho e subsistência preexistentes, essa "desapropriação" das condições de trabalho não redunda imediatamente na proletarização ativa, isto é, na inserção da força de trabalho no mercado de trabalho. Isso porque existem, segundo o autor, outras alternativas à proletarização, como o trabalho autônomo em outro lugar, o roubo, o ingresso na vida religiosa, a extensão da fase da adolescência retardando o ingresso no mercado de trabalho, a militância político-partidária de cunho socialista.

Sustenta a tese de que a transformação em massa da força de trabalho despossuída em trabalho assalariado não teria sido possível sem uma *política estatal* que criasse estímulos para a sua ocorrência, definindo, por uma regulamentação política, as diversas categorias de trabalhadores assalariados, assim como a correspondência quantitativa aproximada entre os proletários passivos e ativos, tomando medidas necessárias para assegurar aquele equilíbrio relativo. Os trabalhadores devem aceitar os riscos e sobrecargas associados ao trabalho assalariado e, para isso, necessitam de motivos culturais que os justifiquem. Faz-se, então, necessário assegurar, ao lado da reprodução material, formas de controle do trabalhador assalariado, por meio de uma *regulamentação política* sobre quem pode e deve assalariar-se (excluindo-se, por exemplo, os idosos, inválidos etc.). A proletarização ativa requer, ainda, medidas institucionais para proteção da força de trabalho dispensada da pressão de vender-se, sendo consumida de outra forma que não a troca por dinheiro: na família, na escola etc., em "subsistemas externos ao mercado", assumidos pelo Estado como pré-requisitos para a existência do trabalho assalariado. *Considerando o Estado providência no contexto europeu — distinto do Brasil e dos atuais ares neoliberais* — conclui que *o proprietário da força de trabalho só se torna assalariado como cidadão*, à medida que as flutuações anárquicas entre oferta e procura impõem um sistema social de fora do processo produtivo para assegurar a reprodução da força de trabalho[88]. Assim, *não*

---

88. Um trabalho que incorpora a sugestão de OFFE na análise da Política Social, e, em especial da assistência social, é o de PAIVA, B. A *Processos políticos e políticas públicas: a Lei Orgânica da Assistência Social.* (Dissertação de mestrado em Serviço Social.) Rio de Janeiro, UFRJ, 1993.

se pode pensar o processo de proletarização sem considerar as funções constitutivas das políticas sociais do Estado, ou seja o "conjunto daquelas relações e estratégias, politicamente organizadas, que produzem continuamente essa transformação de proprietário da força de trabalho em assalariado"[89].

1.2 Por que processos de trabalho e Serviço Social?

Uma das mudanças de rumo na análise do exercício profissional, fruto dos debates que acompanharam o processo de construção das diretrizes curriculares, refere-se a busca de *afinar e refinar a tradicional análise da chamada "prática", que passa a ser tratada como um tipo de trabalho especializado que se realiza no âmbito de processos e relações de trabalho.*[90]

O que há de *novo* nesse foco de análise? Por que é essa uma discussão *provocativa*?

A tradição profissional trata o fazer profissional como *prática, havendo* inclusive um acervo de produções que se empenhou em atribuir, no decorrer do processo de renovação do Serviço Social, um estatuto teórico àquela noção, vinculando-a à categoria inclusiva de *práxis social*[91]. Se esse foi um investimento que contribuiu

---

89. OFFE, C. "Teoria do Estado e Política Social". Op. cit., p. 24.

90. Na proposta apresentada pela ABESS sobre o Currículo Mínimo do Curso de Serviço Social consta uma matéria "Processo de Trabalho do Serviço Social". Ao ser apreciada pela Comissão de Especialistas de Ensino em Serviço Social do Departamento de Política de Ensino Superior da SESu MEC, o Parecer da referida Comissão sugeriu, no que diz respeito ao tema, um desdobramento dessa matéria em "Trabalho e Sociabilidade" e "Serviço Social e Processos de Trabalho" com alteração da epígrafe inicialmente proposta, considerando, inclusive no debate, alguns dos argumentos que se seguem. Cf. MINISTÉRIO DA EDUCAÇÃO E DO DESPORTO/SECRETARIA DE ENSINO SUPERIOR/Coordenação das Comissões de Especialistas de Ensino Superior/Comissão de Especialistas em Serviço Social. "Parecer às Diretrizes Gerais do Curso de Graduação em Serviço Social". Brasília, out. 1997.

91. Cf. por exemplo: KAMEYAMA, N. "Concepção de Teoria e Metodologia". In: *Cadernos Abess nº 3.* A Metodologia no Serviço Social. São Paulo, Cortez, 1989, pp. 99-116; MACIEL, M. e CARDOSO, F. G. "Metodologia do Serviço Social: a práxis como base conceitual". In: *Cadernos Abess nº 3.* A Metodologia no Serviço Social. Op. cit., pp. 162-188; VASCONCELOS, A. M." Relação teoria/prática: o processo de assessoria/consultoria e o Serviço Social". *Serviço Social e Sociedade nº 56,* São Paulo, Cortez, mar. 1998, pp. 114-134; ______. "Serviço

para ultrapassar uma visão focalista da prática profissional, identificando as condições e relações sociais em que se realiza, apresentou-se também como um caminho tortuoso, à medida que requer a explicitação de inúmeras mediações que particularizam a prática do assistente social, evitando-se um "salto mortal" ao vincular prática profissional e prática social.

Ao se falar em "prática profissional" usualmente tem-se em mente "o que o assistente social faz", ou seja, o conjunto de atividades que são desempenhadas pelo profissional. A leitura hoje *predominante* da "prática profissional" é de que ela não deve ser considerada "isoladamente", "em si mesma", mas em seus "*condicionantes*" *sejam eles "internos"* — os que dependem do desempenho do profissional — *ou "externos"* — determinados pelas circunstâncias sociais nas quais se realiza a prática do assistente social. Os primeiros são geralmente referidos a competências do assistente social como, por exemplo, acionar *estratégias e técnicas*; a capacidade de *leitura da realidade conjuntural*, a habilidade no *trato das relações humanas, a convivência numa equipe interprofissional* etc. Os segundos abrangem um conjunto de fatores que não dependem exclusivamente do sujeito profissional, desde as *relações de poder institucional*, os *recursos* colocados à disposição para o trabalho pela instituição ou empresa que contrata o assistente social; as *políticas sociais específicas, os objetivos e demandas da instituição empregadora*, a realidade social da população usuária dos serviços prestados etc. Em síntese, a prática profissional é vista como a *atividade do assistente social* na relação com o usuário, os empregadores e os demais profissionais. Mas, como esta atividade é socialmente determinada, consideram-se também *as condições sociais nas quais se realiza, distintas da prática e a ela externas, ainda que nela interfiram.*

Uma interpretação distinta do exercício profissional, que pode possibilitar à categoria profissional ampliar a transparência

---

reflexiva". Em Pauta nº 10. *Revista da Faculdade de Serviço Social da UERJ*. Rio de Janeiro, UERJ, 1997, pp. 131-182; IAMAMOTO, M. V. "Prática Social: a ultrapassagem do messianismo e do fatalismo na prática profissional". In: *Renovação e Conservadorismo no Serviço Social. Ensaios Críticos*. São Paulo, Cortez, 1992, pp. 113-118.

na leitura de seu desempenho, *é focar o trabalho profissional como partícipe de processos de trabalho que se organizam conforme as exigências econômicas e sociopolíticas do processo de acumulação, moldando-se em função das condições e relações sociais específicas em que se realiza, as quais não são idênticas em todos contextos em que se desenvolve o trabalho do assistente social.*

Transitar do foco da prática ao trabalho não é uma mudança de nomenclatura, mas de concepção: o que geralmente é chamado de prática *corresponde a* um *dos elementos constitutivos do processo de trabalho que é o próprio trabalho. Mas para existir trabalho são necessários os meios de trabalho e a matéria-prima ou objeto sobre o que incide a ação transformadora do trabalho.* Tais elementos constitutivos de qualquer processo de trabalho — em qualquer sociedade — existem, entretanto, em determinadas condições e relações sociais, que atribuem aos processos de trabalho *significados sócio-histórico particulares.* A referência é aqui a sociedade capitalista madura na periferia dos centros hegemônicos mundiais, em que os processos de trabalho não se dissociam dos processos de produção de valor e de mais-valia ou de sua distribuição. Não se pode excluir ainda os trabalhos situados privilegiadamente no campo político-ideológico, destacando-se aqueles inscritos na esfera estatal, voltados à manutenção da ordem e à criação de consensos de classes em uma sociedade marcadamente desigual, que assegurem a reprodução social.

O que *muda, ao nível da análise*, ao se transitar do foco da prática profissional para o dos processos de trabalho?

Em primeiro lugar, há que considerar que o Serviço Social, ainda que regulamentado como uma profissão liberal, não tem esta tradição na sociedade brasileira em sua alocação no mercado de trabalho[92]. Além de ser legalmente facultado o exercício

92. As razões são inúmeras, em uma sociedade que tem como um de seus traços característicos a pobreza estrutural, dentre as quais a extensão e a radicalidade da questão social. O trabalho do assistente social tem como alvo privilegiado os segmentos mais pauperizados da população, excluídos dos direitos sociais ou com precário acesso efetivo aos mesmos. Em tais condições o que se requer como prioridade é a prestação de serviços públicos, não mercantilizados para o atendimento

independente da profissão, o Serviço Social dispõe de algumas características típicas de uma profissão liberal: a existência de uma *relativa autonomia*, por parte do assistente social, quanto à forma de condução de seu atendimento junto a indivíduos e/ou grupos sociais com os quais trabalha, o que requer o *compromisso com valores e princípios éticos norteadores da ação profissional, explicitados no Código de Ética Profissional.*

Entretanto, o assistente social afirma-se socialmente como *um trabalhador assalariado,* cuja inserção no mercado de trabalho passa por uma relação de compra e venda de sua força de trabalho especializada com organismos empregadores, estatais ou privados. Sendo os assistentes sociais proprietários de sua força de trabalho qualificada, *não dispõem, todavia, de todos os meios e condições necessários para a efetivação de seu trabalho, parte dos quais lhes são fornecidos pelas entidades empregadoras.* Caso dispusesse de todas as condições necessárias para acionar sua força de trabalho transformando-a em trabalho, venderia certamente os serviços ou produtos de seu trabalho e não a sua capacidade de trabalho, afirmando-se então como um profissional liberal.

A exigência de analisar o exercício profissional no âmbito de processos e relações de trabalho impõe-se em função da condição de trabalhador "livre", proprietário de sua força de trabalho qualificada, que envolve uma relação de compra e venda dessa mercadoria. É, portanto, a condição de trabalhador assalariado, como forma social assumida pelo trabalho, que revela

---

de segmentos majoritários da população. Por outro lado, as múltiplas expressões da questão social nos campos da saúde, educação, assistência, previdência, saúde etc., impõem programas amplos e articulados por políticas estatais e/ou empresariais que envolvem ações integradas entre diferentes especializações profissionais e volumosos recursos não passíveis de serem acionados por profissionais autônomos. Verifica-se na órbita do governamental e no mercado a tendência de terceirização da produção de atividades e serviços, pelo estabelecimento de parcerias interinstitucionais ante a retração do Estado das funções executivas não consideradas "típicas de Estado". Esse processo que vem exaltando "o trabalho autônomo", a criação de microempresas em um mercado oligopolizado, pode impulsionar a criação de empresas de consultoria, de assessorias, de prestação de serviços para a execução de projetos e/ou frentes de trabalho, por um lapso de tempo determinado, em um trabalho integrado aos órgãos de governo.

a insuficiência da interpretação corrente de prática profissional, tal como anteriormente referida, para explicar o exercício profissional no conjunto de seus elementos constitutivos. Aquela interpretação supõe que a atividade do assistente social depende, fundamentalmente, do profissional, como se ele dispusesse da autonomia necessária para acioná-la e direcioná-la conforme suas próprias e exclusivas exigências, o que se choca com a condição de assalariamento.

Ora, ao vender sua força de trabalho em troca do salário (valor de troca dessa mercadoria), o profissional entrega ao seu empregador o seu valor de uso ou o direito de consumi-la durante a jornada estabelecida. Durante a jornada de trabalho, a ação criadora do assistente social deve submeter-se à exigências impostas por quem comprou o direito de utilizá-la durante um certo período de tempo conforme as políticas, diretrizes, objetivos e recursos da instituição empregadora. *É no limite dessas condições que se materializa a autonomia do profissional na condução de suas ações. O assistente social preserva uma relativa independência na definição de prioridades e das formas de execução de seu trabalho, sendo o controle exercido sobre sua atividade distinto daquele a que é submetido, por exemplo, um operário na linha de produção.*

Tendo como instrumento básico de trabalho *a linguagem*, as atividades desse trabalhador especializado encontram-se intimamente associadas à sua formação teórico-metodológica, técnico-profissional e ético-política. Suas atividades dependem da competência na leitura e acompanhamento dos processos sociais, assim como no estabelecimento de relações e vínculos sociais com os sujeitos sociais junto aos quais atua.

A relativa autonomia que dispõe o assistente social decorre da *natureza mesma desse tipo de especialização do trabalho*[93]: atua junto a indivíduos sociais — e não com coisas inertes —,

---

93. Em estudo anterior, já tratei largamente do tema. Ver: IAMAMOTO, M. V. "O Serviço Social no processo de reprodução das relações sociais". In: IAMAMOTO, M. V. e CARVALHO, R. *Relações Sociais e Serviço Social no Brasil.* São Paulo, Cortez/Celats, 1982.

dispondo de uma interferência, pela prestação de serviços sociais, na *reprodução material e social da força de trabalho.* Seu trabalho situa-se predominantemente no *campo político-ideológico: o profissional é requerido para exercer funções de controle social e de reprodução da ideologia dominante junto aos segmentos subalternos, sendo seu campo de trabalho atravessado por tensões e interesses de classes. A possibilidade de redirecionar o sentido de suas ações para rumos sociais distintos daqueles esperados por seus empregadores* — como, por exemplo, nos rumos da construção da cidadania para todos; da efetivação de direitos sociais, civis, políticos; da formação de uma cultura pública democrática e da consolidação da esfera pública — *deriva do próprio caráter contraditório das relações sociais que estruturam a sociedade burguesa. Nelas encontram-se presentes interesses sociais distintos e antagônicos, que se refratam no terreno institucional, definindo forças sociopolíticas em luta para construir hegemonias, definir consensos de classes e estabelecer formas de controle social a elas vinculadas.*

Daí o caráter político do trabalho do assistente social. Política aqui entendida, no sentido gramsciano, como "catarse", transição do momento econômico ao momento ético-político, ou seja "a elaboração da estrutura em superestrutura na consciência dos homens", a passagem da esfera da necessidade à da liberdade, expressando o "salto" entre o determinismo econômico e a liberdade política, que dá origem a novas iniciativas.[94] O que se pode detectar dessas observações é que a ética e a política mediatizam o processo de desalienação ou a transição da "classe em si" — da esfera da manipulação imediata do mundo — para

94. "Pode-se empregar o termo catarse para indicar a passagem do momento meramente econômico (ou egoístico passional) para o momento ético-político, ou seja a elaboração superior da estrutura em superestrutura na consciência dos homens. Isso significa também a passagem do 'objetivo ao subjetivo', da 'necessidade à liberdade'. A estrutura, de força exterior que esmaga o homem, que o assimila a si, que o torna passivo, transforma-se em meio de sua liberdade, em instrumento para criar uma nova forma ético-política, em origem de novas iniciativas". GRAMSCI, A. *apud* COUTINHO, C. N. *Gramsci. Um estudo sobre seu pensamento político.* Rio de Janeiro, Campus, 1989.

a "classe para si" — a esfera da totalidade, da participação na genericidade humana.[95]

É a referida dimensão política presente no exercício profissional que abre a possibilidade de se neutralizar a *alienação da atividade* para o sujeito que a realiza, embora não elimine a existência de processos de alienação que envolvem o trabalho assalariado. Este é experimentado como esforço e desgaste vital de energias para quem o realiza, uma vez que a força de trabalho é uma mercadoria inseparável da pessoa que trabalha. Apropriar-se da dimensão criadora do trabalho e da condição de sujeito, que interfere na direção social do seu trabalho, é uma luta a ser travada quotidianamente.

Para ser consumida e transformada em atividade, a força de trabalho exige *meios ou instrumentos de trabalho* e uma *matéria-prima ou objeto de trabalho* que sofrerá alterações mediante a ação transformadora do trabalho. *Quem dispõe dos meios de trabalho — materiais, humanos, financeiros etc.* —, necessários a efetivação dos programas e projetos de trabalho *é a entidade empregadora*, seja ela estatal ou privada. Como já salientado, o assistente social, em função de sua qualificação profissional, dispõe de uma relativa autonomia teórica, técnica e ético-política na condução de suas atividades[96]. Todavia essas dependem de meios e recursos para serem efetivadas, os quais não são propriedades do assistente social, visto que se *encontra alienado de parte dos meios e condições necessárias à efetivação de seu trabalho*. Assim, os *meios e as condições em que se realiza o trabalho — como, por exemplo*, as diretrizes ditadas pelas políticas sociais públicas ou empresariais, as relações de poder institucional, as prioridades políticas estabelecidas pelas instituições, os recursos humanos e financeiros que se possa mobilizar, as pressões sociais etc. — *não se afiguram como "condicionantes externos" ao*

---

95. COUTINHO, C. N., idem, p. 53.

96. Mesmo a realização de entrevistas, reuniões de grupo, encaminhamentos, visitas domiciliares, orçamentos sociais, formulação de programas e projetos etc., passam pela intermediação das instituições empregadoras, que condicionam sua efetivação.

trabalho profissional. Ao contrário, são condições e veículos de sua realização, indispensáveis como elementos constitutivos desse trabalho. Aqueles elementos conformam o "terreno" que viabiliza a realização do trabalho. Não podem, pois, ser vistos como "outros elementos" que, se considerados, enriqueceriam a compreensão da "prática profissional". É esta óptica de *externalidade, tão cara às análises correntes da "prática profissional*", que vem sendo contestada. Dessa maneira, a relação do exercício profissional com a instituição; os recursos orçamentários para os programas sociais (que sofrem profunda restrição em função dos "ajustes estruturais"), as políticas sociais atinentes ao campo de trabalho, a questão social etc., não podem ser encarados como componentes "externos" ao trabalho profissional, mas, ao contrário, contribuem para moldá-lo tanto material quanto socialmente.

A *matéria-prima* do trabalho do assistente social (ou da equipe interprofissional em que se insere) encontra-se no âmbito da *questão social em suas múltiplas manifestações* — saúde da mulher, relações de gênero, pobreza, habitação popular, urbanização de favelas etc. —, *tal como vivenciadas pelos indivíduos sociais em suas relações sociais quotidianas, às quais respondem com ações, pensamentos e sentimentos.* Tais questões são abordadas pelo assistente social por meio de inúmeros recortes, que contribuem para delimitar o "campo" ou objeto do trabalho profissional no âmbito da "questão social". Importa considerar as *características específicas que as expressões da questão social assumem aos níveis regional, estadual e municipal e as alterações sócio-históricas que nelas vêm se processando*, também em função das formas coletivas com que possam estar sendo enfrentadas pelos sujeitos envolvidos.

Para tanto, afiguram-se como recursos indispensáveis ao seu conhecimento o acesso às estatísticas disponíveis nos Censos Oficiais, nas pesquisas Nacionais de Amostra de Domicílios — PNADs —, nos levantamentos efetuados pelos Estados e Municípios por suas secretarias e órgãos técnicos. Somam-se os dados divulgados pela imprensa, além daqueles obtidos em fontes primárias por levantamentos e pesquisas conduzidos por equipes interdisciplinares ou por assistentes sociais. O que importa salientar é *que o acompanhamento dos processos sociais e a pesquisa da realidade social passam a ser encarados como componentes indissociáveis do exercício profissional*, e não como atividades "complementares", que podem ser eventualmente realizadas, quando se dispõe de tempo e condições favoráveis. Isso porque o conhecimento da realidade social sobre a qual irá incidir a ação transformadora do trabalho, segundo propósitos preestabelecidos, é pressuposto daquela ação, no sentido de tornar possível guiá-la na consecução das metas definidas. O desconhecimento da matéria-prima de seu trabalho contribui para que o profissional deixe de ser sujeito de suas ações e consciente dos efeitos que elas possam provocar nos processos sociais e das múltiplas expressões da questão social. Nessa perspectiva é fundamental avançar no *conhecimento da população a quem se dirigem os serviços profissionais*: o estudo das classes sociais no Brasil e, em especial, das classes subalternas, em suas condições materiais e subjetivas, considerando as diferenças internas e aquelas decorrentes de relações estabelecidas com os distintos segmentos do capital e com os proprietários fundiários.

Outro elemento constitutivo do processo de trabalho é o *trabalho vivo, a quem cabe "apoderar-se das coisas, despertá-las do mundo dos mortos, transformá-las de valores de uso potenciais em valores de uso efetivos e operantes*"[97]. A força de trabalho em ação é *o elemento vivo e subjetivo do processo de trabalho*, único meio de conservar e realizar valores de uso dos produtos do trabalho passado, alterando a sua forma na elaboração do valor de uso pretendido no presente. Porém, na produção capitalista de mercadorias, o valor de uso dos produtos é mero substrato material do valor de troca. E a força de trabalho é a única mercadoria que, ao ser aliada aos meios de produção e às matérias-primas e auxiliares — ao transformar-se em trabalho vivo —, cria um valor superior ao que ela custou, seu valor de troca ou salário. Estabelece-se assim uma diferença de magnitude

---

97. MARX, K. *O Capital. Crítica da Economia Política*. Op. cit., tomo I, p. 222.

entre o valor da força de trabalho e o valor que ela cria ao ser consumida. Em outros termos, a força de trabalho é a única mercadoria que ao ser consumida torna-se fonte de criação de valor e de mais-valia, de mais valor que ela contém. Ora, o valor de uma mercadoria está determinado pela quantidade de trabalho materializada no seu valor de uso, pelo *tempo de trabalho socialmente necessário à sua produção*. E assim como "a mercadoria mesma é unidade do valor de uso e valor, é necessário que seu processo de produção seja *unidade do processo de trabalho e de formação de valor*"[98].

Trata-se do *mesmo processo de produção* de mercadorias apreendido não apenas sob a *óptica da qualidade*, dos *valores de uso*, que requerem um trabalho concreto de uma qualidade determinada. Mas aquele mesmo processo também analisado sob a óptica da *quantidade de trabalho social objetivado — de tempo de trabalho solidificado contido nas mercadorias produzidas*, incorporando o tempo de trabalho passado já presente nos meios de produção e a quantidade de valor novo e valor excedente que são criados durante o processo de produção da mercadoria. O foco aqui está no *tempo de trabalho social médio requerido para a produção de uma mercadoria, no tempo durante o qual se gasta a força de trabalho.*

Considerar os processos de trabalho em que se insere o assistente social exige necessariamente pensá-los sob esta *dupla determinação*: a *do valor de uso e do valor*, isto é, *como processo de produção de produtos ou serviços de qualidades determinadas* e como *processo que tem implicações ao nível da produção ou da distribuição do valor e da mais-valia. Mas exige também considerar que, sendo a maior parte do trabalho do assistente social realizada no interior do aparelho de Estado — nos níveis federal, estadual ou municipal —, nem sempre existe uma conexão direta entre trabalho e produção de valor.* Se esta conexão pode ser identificada nos processos de trabalho de empresas capitalistas — visto que o profissional atua diretamente com o trabalhador

98. MARX, K. *O Capital. Crítica da Economia Política.* Op. cit., tomo I, p. 226.

ou com a reprodução da força de trabalho, elemento vital do processo de valorização —, o mesmo não ocorre na esfera da prestação de serviços públicos em que a conexão que possa ser estabelecida passa pela distribuição de parcela da mais-valia social metamorfoseada em "fundo público".

Tanto nos processos de trabalho organizados pelos aparelhos de Estado, na órbita da prestação de serviços sociais, quanto nas ONGs, *os produtos ou serviços produzidos não estão submetidos à razão do capital — que é privada, expressa na busca incessante da lucratividade*, isto é, da produtividade e da rentabilidade do capital inicialmente investido. Encontram-se, sim, submetidos *à razão do Estado, que é sociopolítica*[99], *voltada para a coletividade, para o atendimento de fins públicos*, o que não implica desconhecer que o Estado representa a condensação de forças presente na sociedade, dispondo de um nítido caráter de classe.

Mas *se o trabalho é atividade social do sujeito*, ainda que dela possa estar alienado, considerá-lo *é também atentar para os indivíduos sociais que o realizam, em suas características econômicas, socioculturais e políticas.* É sintomático *observar a absoluta carência, na literatura especializada, de produções que abordem a assistente social como sujeito profissional.*[100] O foco predominante das análises tem incidido sobre o Serviço Social como profissão, com a tendência de submergir, do cenário das análises, os indivíduos sociais que a ela se dedicam e lhe dão vida.

Sendo o trabalho uma atividade *do* sujeito, ao realizar-se, aciona não só o acervo de conhecimentos, mas a herança social cultural acumulada, com suas marcas de classe, de gênero, etnia

---

99. Incorpora-se aqui uma indicação de análise de OLIVEIRA, ao apresentar a sua sugestiva noção de fundo público. O autor sustenta que este não pode ser reduzido a recursos estatais para sustentar a acumulação. "Ele é um *mix* que se forma dialeticamente e representa na mesma unidade, contém na mesma unidade, no mesmo movimento, *a razão do Estado que é sociopolítica e a razão dos capitais, que é privada*". OLIVEIRA, F. "A economia política da Social Democracia". *Revista USP nº 17*. São Paulo, EDUSP, mar./abr. 1993, p. 139.

100. Ver as referências na nota 102, onde se registra uma literatura que exemplifica exceção à esta afirmativa.

assim como do processo de socialização vivido ao longo da história de vida, atualizando valores, preconceitos e sentimentos que aí foram sendo moldados.

No Serviço Social tem-se um contingente profissional, *hoje proveniente de segmentos médios pauperizados*, com um nítido recorte de gênero: *uma categoria profissional predominantemente feminina, uma profissão tradicionalmente de mulheres e para mulheres*. A condição feminina é um dos selos da identidade desse profissional, o que não implica desconhecer o contingente masculino de assistentes sociais[101], com representação nitidamente minoritária no conjunto da categoria profissional no país. Com tal perfil, o assistente social absorve tanto a imagem social da mulher[102], quanto as discriminações a ela impostas no mercado de trabalho[103] (com diferenciais de remuneração e renda em relação aos homens, de níveis de formação em relação às exigências tecnológicas, maior índice de desemprego, exercício de funções menos qualificadas etc.). Se a imagem social predominante da

---

101. A única pesquisa recente que tive acesso sobre os assistentes sociais masculinos é a de COSTA, C. *O caminho não percorrido. A trajetória dos assistentes sociais masculinos em Manaus*. Amazonas, Imprensa Oficial do Estado, 1995.

102. Sobre o tema ver, entre outros: VERDÉS-LÈROUX, J. *Trabalhador Social: hábitos, ethos e formas de intervenção*. São Paulo, Cortez, 1986; HECKERT, S. M. *Identidade e mulher no Serviço Social*. UFRJ (Dissertação de Mestrado em Serviço Social), 1990; ABRAMIDES, M. B. C. e CABRAL, M. S. R. *O novo sindicalismo e o Serviço Social. Trajetória e processo de luta de uma categoria. 1978-1988*. São Paulo, Cortez, 1995; COSTA, S. G. *Signos em transformação: a dialética de uma cultura profissional*. São Paulo, Cortez, 1994, pp. 93-94.

103. Ver, por exemplo, os ANAIS do VIII Congresso Brasileiro de Assistentes Sociais — CBAS —, de 1995, onde constam 14 comunicações sobre o tema "relações de gênero" e um painel temático versando sobre "Serviço Social frente às relações de gênero e etnia". No V Encontro Nacional de Pesquisadores em Serviço Social — ENPESS —, realizado em 1996, no Rio de Janeiro, constam comunicações sobre temas como: mulher, família no processo constituinte de 1987/1988; ambivalência das mulheres sobre as relações de gênero (experiência das delegacias de mulheres em São Paulo); relações de gênero e poder local; gestão pública e violência de gênero; radiografia da posição da mulher na sociedade e um balanço da produção da PUC-SP sobre o tema. Cf. 8º Congresso Brasileiro de Assistentes Sociais, 02 a 06 de julho de 1995. Salvador/Bahia. Caderno de Comunicações; V Encontro Nacional de Pesquisadores em Serviço Social — ENPESS —, ANAIS. Rio de Janeiro/UERJ, 4 a 7 de nov. de 1996.

profissão é indissociável de certos estereótipos socialmente construídos sobre a mulher na visão mais tradicional e conservadora de sua inserção na sociedade[104], o processo de renovação do Serviço Social é também tributário da luta pela emancipação das mulheres na sociedade brasileira, que renasce com vigor no combate ao último período ditatorial, em parceria com as lutas pelo processo de democratização da sociedade e do Estado no país.

Todavia, as discriminações sociais de gênero, raça e etnia, vicejam na formação cultural do país e ultrapassam largamente as fronteiras do meio profissional, embora nele também se atualizem. Assim, no Código de Ética do Assistente Social, de 1993, consta, como um de seus princípios, o "exercício profissional sem ser discriminado e discriminar por questões de classe social, gênero, etnia, religião, nacionalidade, opção sexual e condição física"[105].

Além da marca feminina predominante, o assistente social é herdeiro de uma *cultura profissional que carrega fortes marcas confessionais em sua formação histórica* e alguns de seus traços se atualizam no presente por meio de um discurso profissional laico que reatualiza a herança conservadora de origem. Pode-se fazer referência por exemplo, à presença, em alguns segmentos profissionais, de fortes traços messiânicos e voluntaristas no trato da profissão e da questão social; aos resquícios de um humanismo abstrato na interpretação das relações humanas. É freqüente a presença de um sentimento de auto-culpabilização na abordagem dos limites da ação profissional, metamorfoseados em responsabilidade do indivíduo, como se fossem expressão de falhas pessoais no enfrentamento dos "males sociais".

A história profissional nos mostra que o Serviço Social não se constituiu como uma profissão que, predominantemente, evoque

---

104. Em outro momento fiz referência ao tema. Cf. IAMAMOTO, M. V. "Assistente Social: profissional da coerção e do consenso? "Renovação e Conservadorismo no Serviço Social. Ensaios Críticos". Op. cit., pp. 40-53.

105. Conselho Federal de Serviço Social. *Código de Ética do Assistente Social.* Brasília, CFESS, 1997, 3ª ed., p. 18.

saber, dotada de ampla e fértil produção intelectual, tal como requerida nos ambientes da academia e das sociedades científicas internacionais. Os assistentes sociais, no Brasil, são "jovens intelectuais" quando comparados a outros ramos profissionais de maior tradição e acervo no campo da produção acadêmica. Mas esta "juventude", condicionada pela trajetória histórica da própria profissão na sociedade brasileira, não significa hoje subalternidade intelectual: ao contrário, a tardia familiarização com os cânones e exigências do mundo científico tem sido assumida como desafio, no sentido de superar as limitações do passado com vigor, tenacidade e produtividade.

Os traços citados podem estimular o cultivo de uma subalternidade profissional, com desdobramentos na baixa auto-estima dos assistentes sociais diante de outras especialidades. Favorecem a internalização do estereótipo de "profissionais de segunda categoria", que "fazem o que todos fazem" e o que "sobra" de outras áreas profissionais. Enfim, uma "profissão pobre, voltada para os pobres", destituída de *status* e prestígio. O debate sobre o Serviço Social inscrito no âmbito de processos de trabalho, aliado à abertura de oportunidades de capacitação permanente, poderá representar um estímulo a ampliar a auto-consciência dos profissionais quanto ao seu próprio trabalho e as condições e relações sociais em que é realizado, na esperança de contribuir para contrarrestar aquela postura profissional supra referida.

Das considerações anteriores resulta uma *primeira implicação* para a análise: não se tem um *único e idêntico processo de trabalho do assistente social*, na esfera estatal, em empresas, nas Organizações Não-Governamentais (ONGs) etc. — e internamente em cada um desses campos. Portanto, não se trata de um *mesmo* processo de trabalho *do* assistente social e sim *de processos de trabalho nos quais se inserem os assistentes sociais.* Ora, um dos desafios maiores para decifrar o exercício profissional está em apreender as *particularidades dos processos de trabalho que, em circunstâncias diversas, vão atribuindo feições, limites e possibilidades ao exercício da profissão*, ainda que esta não perca a sua identidade. Evita-se, assim, o risco de reificar o Serviço Social tratando-o como coisa natural, dotado de uma legalidade invariável no tempo e espaço. A denominação de "processo de trabalho *do Serviço Social*" nos documentos da ABESS representou um deslize[106], uma vez que o trabalho é atividade do sujeito e não da profissão, como instituição.

Uma segunda implicação é que o processo de trabalho em que se insere o assistente social *não é por ele organizado e nem é exclusivamente um processo de trabalho do assistente social*, ainda que nele participe de forma peculiar e com autonomia ética e técnica. Cuida-se de evitar uma superestimação artificial da profissão, como se os processos de trabalho nos quais se inscreve o profissional se moldassem em função do Serviço Social, conformando-se como processos de trabalho *exclusivamente do assistente social*. Este, na condição de um trabalhador assalariado especializado, não dispõe de um poder mágico de "esculpir" o processo de trabalho no qual se inscreve, o que ultrapassa a capacidade de ingerência de qualquer trabalhador assalariado individualmente. É função do empregador organizar e atribuir unidade ao processo de trabalho na sua totalidade, articulando e distribuindo as múltiplas funções e especializações requeridas pela divisão social e técnica do trabalho entre o conjunto dos assalariados.

Ainda que dispondo de autonomia ética e técnica no exercício de suas funções — resguardadas inclusive pelo Código de Ética e pela regulamentação legal da profissão —, o assistente social é chamado a desempenhar sua profissão em um *processo de trabalho coletivo*, organizado dentro de condições sociais dadas, *cujo produto, em suas dimensões materiais e sociais, é fruto do trabalho combinado ou cooperativo, que se forja com o contributo específico das diversas especializações do trabalho*. Na área da saúde, por exemplo, o assistente social participa, ao lado de vários outros profissionais — nutricionistas, enfermeiros, médicos, psicólogos etc. —, na consecução das metas previstas em um projeto

---

106. Refiro-me aos documentos preparatórios para a elaboração da proposta de diretrizes gerais da ABESS, quais sejam: ABESS/CEDEPSS. "Proposta básica para o projeto de formação profissional (nov.1995)" *Serviço Social e Sociedade nº 50*. São Paulo, Cortez, 1996, pp. 143-171; ______. "Proposta básica para o projeto de formação profissional — novos subsídios para o debate." *Cadernos ABESS nº 7. Formação profissional: trajetória e desafios*. São Paulo, Cortez, 1996, p. 15-57.

de prevenção de doenças, o que não significa, entretanto, desconhecer a existência de sua contribuição técnico-profissional no resultado global do trabalho combinado. Ao contrário, é a visão da totalidade da organização do trabalho que torna possível situar a contribuição de cada especialização do trabalho no processo global.

Essa relação entre *trabalho coletivo e especialização profissional* merece desdobramento, considerando que o trabalho coletivo permite iluminar *a qualificação de um trabalho particular na totalidade dos trabalhos combinados.*

> A forma de trabalho em que muitos trabalham planejadamente, lado a lado e conjuntamente, no mesmo processo de produção ou em processos de produção diferentes, mas conexos, denomina-se cooperação[107].

A cooperação, qualidade do trabalho combinado, é condição de colocar em movimento *trabalho social médio*, indissociável do caráter coletivo do trabalho, que se impõe com a sociedade capitalista. A aglutinação de trabalhadores em um mesmo processo produtivo, operada pelos empresários capitalistas, gerou uma revolução nas condições objetivas de trabalho e uma economia dos meios de produção, parte dos quais passou a ser consumida coletivamente. As condições de trabalho tornaram-se, de fato, sociais. O trabalho coletivo provoca o barateamento das mercadorias produzidas, a redução do valor da força de trabalho, contribuindo para modificar a proporção entre mais-valia e o valor total. O contato social estimula os indivíduos, tenciona seus espíritos vitais ampliando sua produtividade. Cria uma força produtiva do trabalho social, apropriada gratuitamente pelos capitalistas[108].

---

107. MARX, K. *O Capital. Crítica da Economia Política.* Op. cit., Tomo I, cap. XI, p. 259.

108. "Em todas estas circunstâncias a força produtiva específica da jornada de trabalho combinada é a força produtiva social do trabalho ou força produtiva do trabalho social. Surge da cooperação mesma. Na cooperação planificada com outros, o operário se despoja de suas travas individuais e desenvolve sua capacidade enquanto gênero". Idem, p. 400.

As operações individuais tornam-se partes contínuas de uma operação total. Os inúmeros processos de trabalho particulares, separados no tempo e no espaço, mas articulados em vista à produção de determinado produto ou serviço, realizam-se sob o mando do mesmo empregador. A este — e a seus prepostos — cabe a direção do processo de produção, voltada para obter a maior autovalorização possível do capital. A conexão entre as funções que constituem a totalidade do processo de trabalho nem sempre é visível para os indivíduos, porque existe *fora deles*, no capitalista ou no Estado, que os reúne e os mantém coesos. A integração entre os seus trabalhos se lhes enfrenta como plano, como autoridade, como poder de uma vontade alheia que submete aos seus propósitos a atividade deles. Aqueles inúmeros processos de trabalho, do ponto de vista da formação e reprodução do valor, não são mais que *diversas fases sucessivas de um mesmo processo de reprodução do capital.*

A cooperação capitalista e a divisão do trabalho dela indissociável realizam-se por formas históricas específicas, que vão da manufatura, passando pela grande indústria ao novo padrão de acumulação que Harvey qualifica de "acumulação flexível". O móvel dessa transição histórica é a busca da crescente lucratividade, que se traduz na tendência do capital de desenvolver as forças produtivas do trabalho social, *reduzindo relativamente o emprego do trabalho vivo* — e de capital variável — *diante da crescente incorporação de trabalho morto*, já realizado e materializado nos meios de produção — e de capital constante —, mediante a incorporação da ciência e da tecnologia nos processos produtivos. Elas tornam-se força produtiva por excelência, potenciando a produtividade do trabalho social, o ritmo da acumulação e o movimento de centralização dos capitais. Cresce, conseqüentemente, a população excedente para as necessidade médias do capital, alijada da produção e do mercado de trabalho. Ao produzir profundas modificações na divisão social e técnica do trabalho, esse processo, hoje sob a hegemonia do capital financeiro, vem mudando o perfil do mercado de trabalho, as funções e atribuições profissionais, alterando formas consagradas de produção e de gestão do trabalho, introduzindo mudanças nas demandas, requisitos de qualificação e atribuições profissionais[109].

Nesse contexto de radicais alterações nos vários campos profissionais, não tem mais lugar as visões do Serviço Social "prisioneiras do passado", que identificam as funções e atribuições tradicionalmente instituídas como sendo "o Serviço Social". E à proporção que aquelas funções são eliminadas ou alteradas, que as organizações se reestruturam — e com elas o lugar do Serviço Social nos organogramas institucionais —, os profissionais, que caem nas armadilhas daquelas análises a-históricas, sentem "perder o chão", "diluir sua identidade profissional", receando a "morte prematura" do Serviço Social, a perda de espaço ocupacional e de poder. Sentem que a profissão parece "desprofissionalizar-se".

Desmistificar tais visões é pressuposto para que se ocupe, redimensione e amplie o espaço profissional em um mercado de trabalho altamente competitivo. Exige olhar além das fronteiras imediatas das atividades executadas rotineiramente, para apreender as tendências dos processos sociais e as mudanças macroscópicas que ocorrem na contemporaneidade, para identificar, por meio delas, novas possibilidades e exigências para o trabalho.

Tem como pressuposto *ultrapassar o mito da "indefinição profissional"* para *apreender o lugar do assistente social em um processo coletivo de trabalho, partilhado com outras categorias de trabalhadores, que, juntos, contribuem na obtenção dos resultados ou produtos pretendidos.* O reconhecimento do caráter cooperativo dos processos de trabalho em que ingressam os assistentes sociais contribui, no seu reverso, para identificar o lugar do assistente social no processo coletivo de trabalho, detectando suas possíveis *contribuições particulares* na elaboração de um produto comum.

As observações sobre trabalho coletivo iluminam a análise dos *produtos de trabalho e/ou resultados* dos trabalhos efetuados pelos assistentes sociais. Contribui para desfocar a análise da estrita relação interindividual — assistente social e usuário —,

---

109. Esta questão será retomada mais adiante neste mesmo texto.

para abrangê-la no marco das condições e relações sociais que dão forma material e social ao trabalho realizado e significado aos seus resultados. Em outros termos, o produto obtido não depende exclusivamente da vontade e do desempenho individual do profissional. Nele materializam-se os fins das empresas, organizações ou organismos públicos que norteiam a organização dos processos de trabalho coletivo, nos quais estão presentes, junto com outros trabalhadores, os assistentes sociais. Por exemplo, uma empresa vai necessariamente requerer que o resultado do trabalho dos diversos profissionais que formam seu quadro técnico redunde em rentabilidade, na obtenção das metas de produtividade, na elevação dos níveis de satisfação do "cliente-consumidor", na melhoria do "clima social" da empresa etc. Essas são dimensões possíveis do produto do trabalho, mas que não o esgotam. Por meio das mesmas atividades, o profissional pode estar atendendo a necessidades de sobrevivência do trabalhador, contribuindo para introduzir melhorias em seu ambiente de trabalho, viabilizando treinamento e re-qualificação da força de trabalho para ocupar postos melhor remunerados, alterando condições inseguras de trabalho etc. O profissional pode também, pelo seu trabalho, produzir subordinação, tutela, submissão, dependência, autoritarismos. Pode, ainda, viabilizar o acesso e defesa de direitos civis, sociais e políticos; favorecer a participação de cidadãos e cidadãs em processos decisórios que lhes dizem respeito, ampliar o acervo de informações necessárias à obtenção de serviços e direitos sociais, estimular a vivência e a aprendizagem de processos democráticos nas situações e relações quotidianas.

Porém tais resultados — aqui apenas exemplificados — realizam-se por meio de programas e projeto de trabalho específicos, propostos a partir de uma análise das demandas e dos objetos eleitos como prioridade para o exercício profissional.

O que se pode concluir dessas considerações é que os resultados ou produtos dos processos de trabalho em que participam os assistentes sociais situam-se tanto no campo da reprodução da força de trabalho, da obtenção das metas de produtividade e rentabilidade das empresas, da viabilização de direitos e da prestação de serviços públicos de interesse da coletividade, da educação sociopolítica, afetando hábitos, modos de pensar, comportamentos, práticas dos indivíduos sociais em suas múltiplas relações e dimensões da vida quotidiana na produção e reprodução social, tanto em seus componentes de reiteração do instituído, como de criação e re-invenção da vida em sociedade.

2. O cenário atual e suas incidências na questão social[110]

As alterações no *padrão de acumulação capitalista, sob a hegemonia do capital financeiro*, em resposta à crise do capital que eclodiu no cenário internacional nos anos 1970, vêm se consubstanciando no que David Harvey qualifica de "acumulação flexível"[111]. Impulsionadas pela revolução tecnológica de base micro eletrônica e pela robótica, verificam-se profundas alterações no âmbito da produção e comercialização, nas formas de gestão da força de trabalho, na estruturação dos serviços comerciais, financeiros etc. Amplia-se a competitividade intercapitalista nos mercados mundiais e nacionais, modificando as relações entre o Estado e a sociedade civil, conforme os parâmetros estabelecidos pelos organismos internacionais, a partir do "Consenso de Washington"[112], em 1989, que recomendam uma ampla *Reforma do Estado*, segundo diretrizes políticas de raiz neoliberal.

Tais processos introduzem *novas mediações históricas* na gênese e expressões da *questão social*, assim como nas *formas*,

---

110. Este extrato do texto incorpora parte do "Parecer Técnico-político sobre os Projetos de lei n°s 2349/96 e 2218/96 de autoria da Deputada Jandira Feghali relativos, respectivamente, à obrigatoriedade de contratação e condições de trabalho do Assistente Social", elaborado para o Conselho Federal de Serviço Social — CFESS —, em novembro de 1997. O parecer efetua uma análise dos referidos projetos-lei tendo por referência básica o contexto conjuntural e, nele, as tendências e perspectivas que se apresentam à profissão de Serviço Social.

111. Cf. HARVEY, D. *A condição pós-moderna*. São Paulo, Loyola, 1993, 2ª ed.

112. Uma versão muito bem informada de um representante diplomático brasileiro sobre o Consenso de Washington encontra-se em BATISTA, P. N. "O Consenso de Washington. A visão neoliberal dos problemas latino-americanos". *Caderno de Dívida Externa nº 6*. São Paulo, Programa Educativo de Dívida Externa — PEDEX —, 2ª ed., 1994. Para análise de suas repercussões na política brasileira. Cf. FIORE, J. L. *Os moedeiros falsos*. Petrópolis, Vozes, 3ª ed., 1997.

até então vigentes, *de seu enfrentamento, seja por parte da sociedade civil organizada ou do Estado*, por meio das políticas sociais públicas e empresariais, dos movimentos sociais e sindicais e demais iniciativas da sociedade civil. Implicam radicais mudanças na divisão social e técnica do trabalho, afetando, além das políticas sociais, as políticas de emprego e salário e o mercado de trabalho. Atingem, assim, de forma particular o Serviço Social, como uma das especializações do trabalho na sociedade.

É no cenário dos anos 1990 — radicalmente distinto das amplas mobilizações políticas e sindicais que tiveram lugar na década de 1980 e que retardaram a implantação generalizada da "terapêutica neoliberal" no país —, que tem sentido pensar ações que possam reverter no fortalecimento de um projeto político-profissional que, desde a década de 1980, vem sendo coletivamente construído pela categoria dos assistentes sociais[113]. Projeto profissional comprometido com a defesa dos direitos sociais, da cidadania, da esfera pública no horizonte da ampliação progressiva da democratização da política e da economia na sociedade. Projeto político profissional que se materializou no Código de Ética Profissional do Assistente Social, na Lei de Regulamentação da Profissão de Serviço Social (Lei 8662/93), ambos de 1993, assim como na nova proposta de Diretrizes para o Curso de Serviço Social da Associação Brasileira de Ensino em Serviço Social — ABESS — de 1996, que redimensiona a formação profissional para fazer frente a esse novo cenário histórico.

Uma questão central, que se coloca para os assistentes sociais hoje, pode ser assim formulada: *como reforçar e consolidar esse projeto político-profissional em um terreno profundamente adverso? Como atualizá-lo ante o novo contexto social, sem abrir mão dos princípios ético-políticos que o norteiam? Ora, a vitalidade*

---

113. Uma excelente análise das transformações societárias e seus impactos no Serviço Social encontra-se em NETTO, J. P. "Transformações Societárias e Serviço Social: notas para uma análise prospectiva da profissão no Brasil". In: *Serviço Social e Sociedade nº 50*. São Paulo, Cortez, 1996, pp. 87-132; Ver também: MONTAÑO, C. E. "O Serviço Social frente ao Neoliberalismo. Mudanças na sua base de sustentação sócio-ocupacional". In: *Serviço Social e Sociedade nº 53*. São Paulo, Cortez, 1997, pp. 102-125.

desse projeto encontra-se estreitamente relacionada à capacidade de adequá-lo aos novos desafios conjunturais, reconhecendo as tendências e contra-tendências dos processos sociais, de modo que torne possível a qualificação do exercício e da formação profissionais na concretização dos rumos perseguidos.

Decifrar os determinantes e as múltiplas expressões da questão social, eixo fundante da profissão[114]*, é um requisito básico para avançar na direção indicada.* A *gênese* da questão social encontra-se enraizada na contradição fundamental que demarca esta sociedade, assumindo roupagens distintas em cada época: a produção, cada vez mais social, que se contrapõe à apropriação privada do trabalho, de suas condições e seus frutos. Uma sociedade em que a igualdade jurídica dos cidadãos convive, contraditoriamente, com a realização da desigualdade. Assim, dar conta da questão social, hoje, é decifrar as desigualdades sociais — de classes — em seus recortes de gênero, raça, etnia, religião, nacionalidade, meio ambiente etc. Mas decifrar, também, as formas de resistência e rebeldia com que são vivenciadas pelos sujeitos sociais.[115]

A questão social é expressão do processo de produção e reprodução da vida social na sociedade burguesa, da totalidade histórica concreta. A perspectiva de análise da questão social aqui assumida *recusa quaisquer reducionismos econômicos, políticos ou ideológicos.* Ao contrário, o esforço orienta-se no sentido de captar as dimensões econômicas, políticas e ideológicas dos fenômenos que expressam a questão social, resguardando a fidelidade à história. Em outros termos, apreender o processo social em sua

---

114. Cf. ABESS/CEDEPSS. "Proposta básica para o projeto de formação profissional". In: *Serviço Social e Sociedade nº 50.* O Serviço Social no século XXI. São Paulo, Cortez, ano XVII, abr. 1996, pp. 143-171; ______. "Proposta básica para o projeto de formação profissional. Novos subsídios para o debate". In: *Cadernos ABESS nº 7. Formação Profissional: Trajetória e Desafios.* São Paulo, Cortez, 1997, pp. 15-58.

115. Sobre a questão social na atualidade, especialmente no contexto europeu, ver, entre outros, ROSANVALLON, P. *La nouvelle question social.* Paris, Seuil, 1995; FITOUSSI, J. P. e ROSANVALLON, P. *La nueva era de las desigualdades.* Buenos Aires, Ed. Manantial, 1997; BÓGUS, L. *et alii.* (Orgs.) *Desigualdade e a questão social.* São Paulo, Educ, 1997.

totalidade contraditória, reproduzindo, na esfera da razão, o movimento da realidade em suas dimensões universais, particulares e singulares.

Sendo as múltiplas expressões da questão social o objeto sobre o qual incide o trabalho profissional, é importante reconhecer que um dos aspectos centrais da questão social, hoje, é a ampliação do *desemprego e a ampliação da precarização das relações de trabalho*. Ou, nos termos de Mattoso, *da "insegurança do trabalho"* englobando: a insegurança no mercado de trabalho, a insegurança no emprego, a insegurança na renda, a insegurança na contratação, a insegurança na representação do trabalho, na organização sindical e na defesa do trabalho[116].

A globalização, excludente e desigual, estabelece maior exposição das atividades econômicas nacionais à competição externa, ao mesmo tempo em que estimula a incorporação de novos paradigmas tecnológicos e de gestão, poupadores de mão-de-obra, objetivando a elevação dos padrões de produtividade e rentabilidade do capital, em nome do "*novo evangelho da concorrência*"[117]. Com o abandono de um projeto de industrialização nacional — o que implicaria proteção para o mercado interno —, apesar de o país já contar com uma estrutura produtiva complexa e diversificada, fomenta-se a abertura das trocas com o exterior, a defesa da eficiência e da produtividade, o que se traduz em um processo de *des*industrialização e de ausência de uma política de defesa de emprego e da indústria nacional. As raízes do crescimento do desemprego estão associadas a um processo de globalização financeira, fazendo com que a lógica da valorização financeira predomine nas decisões do empresariado, que passam a ser guiadas não pelo lucro operacional, mas pela variação do câmbio e dos juros. Sendo essas taxas fixas, restam possibilidades de alterações nos salários como recurso para ampliar a rentabilidade. O predomínio do capital financeiro sobre o capital produtivo faz com

---

116. MATTOSO, J. *A desordem do trabalho*. São Paulo, Scritta, 1996.

117. MATTOSO, J. "Emprego e concorrência desregulada: incertezas e desafios". In: *Crise e trabalho no Brasil. Modernidade ou volta ao passado?* São Paulo, Scritta, 1996, p. 27-54.

que o compromisso estabelecido pelas elites dominantes seja com as baixas taxas de inflação e não com o emprego e a produção.

O *caráter mundial* do fenômeno do desemprego é indicado por Pochmann[118]: incide sobre 35% da população economicamente ativa mundial (2 bilhões e 500 mil pessoas), que estão desempregadas ou subempregadas. A Organização para Cooperação e Desenvolvimento Econômico — OCDE — tem 35 milhões de pessoas desempregadas, o que equivale a 8% da população economicamente ativa.

Em São Paulo, o índice de desemprego varia de 6%, segundo o IBGE, a 16%, conforme cálculos do DIEESE. Tomando por base a região metropolitana de São Paulo, em 10 anos, entre 1986 e 1996, a taxa média de desemprego foi de 30% da PED, segundo a Fundação SEADE e DIEESE. Conforme o diretor técnico da Fundação Sistema Estadual de Análise de Dados — SEADE —, "a indústria, na região metropolitana de São Paulo, chegou a empregar diretamente 2,09 milhões de trabalhadores em 1986. O ano passado (1995) encerrou-se sob uma marca próxima a 1,72 milhão. *Mais de 370 mil empregos foram eliminados no período*, apenas neste setor"[119]. Importa salientar que os postos definitivamente perdidos foram de níveis salariais mais elevados, com maior estabilidade e grau de formalização.

Mas grande parte do desemprego oculta-se pela precariedade da inserção no mercado de trabalho. No período de 1986-96, tomando o mês base de janeiro, "o número de assalariados do setor privado sem carteira assinada cresceu mais de 57% e o de trabalhadores autônomos mais de 51%. Enquanto isso, os assalariados com carteira assinada experimentaram expansão inferior a 3%. *Além disso, em contrapartida à retração do setor industrial,*

---

118. POCHMANN, M. *Novos cenários do mercado de trabalho no Brasil (a questão do desemprego)*. Palestra proferida na Jornada: Novos cenários do mercado de trabalho no Brasil, realizada na PUC-SP, em agosto de 1997, dentro das comemorações dos 60 anos da Faculdade de Serviço Social.

119. BRANCO, P. P. M. "Para enfrentar o desemprego". In: *São Paulo em Perspectiva. Seguridade, crise e trabalho*. Vol. 9, nº 4, São Paulo, Fundação SEADE, out.-dez. 1995.

constatou-se a *expansão do setor de serviços, que, no mesmo período, ofereceu mais de 1 milhão de postos de trabalho, configurando um crescimento de 43% sobre o nível existente em janeiro de 1986*"[120].

O setor terciário absorveu os trabalhadores expulsos pela indústria, pela automação bancária e por todo tipo de trabalho autônomo de baixa produtividade, exercido com nenhuma ou escassa qualificação.

Esses dados ilustram o quadro que vem afetando o conjunto dos trabalhadores, dentre os quais, os assistentes sociais. O cenário dominante do mercado de trabalho nos anos 1990 aponta, pois, para: a redução do emprego do trabalho vivo na produção, a racionalização da contratação; a desverticalização das empresas com o crescimento da terceirização, o que tende a ampliar o trabalho temporário e por tarefa, destituído de direitos. Enfim, cresce o desemprego e a precarização das relações de trabalho.

A regulamentação legal do contrato de trabalho temporário, permitindo às empresas contratarem trabalhadores por um período de 12 meses, prorrogável por igual período, foi aprovada recentemente, em janeiro de 1998, pelo Senado Federal[121]. Durante a vigência do contrato temporário, as empresas reduzirão de 8% para 2%, da folha de pessoal, a contribuição do Fundo de Garantia de Tempo de Serviço — FGTS —, além da redução de 50%

---

120. Idem, p. 4.

121. É interessante atestar que, em setembro de 1997, a General Motors, a Caterpillar e o Sindicato de Metalúrgicos de Piracicaba já haviam assinado um acordo inédito para os padrões brasileiros, ao criarem o *emprego de "feriado"*, isto é, em fins de semana, uma vez que o trabalho desses empregados se resume aos sábados e domingos. Segundo informa o *Jornal do Brasil*, "Estudantes e desempregados da região, que receberão R$ 2,79 por hora de trabalho, têm prioridade na seleção. A jornada mensal é de 67 horas e vinte minutos (oito horas e vinte e quatro minutos de trabalho a cada sábado e domingo) com possibilidades de duas horas extras diárias. Além do salário de R$ 187,00 por mês, as empresas pagarão 70% das mensalidades escolares dos estudantes, que terão direito a 13º salário, férias, transportes, e todos os benefícios da convenção coletiva de trabalho dos metalúrgicos da cidade. O contrato tem duração de um ano, com possibilidade de ser renovado por mais um". In: "Acordo cria emprego de feriado". *Jornal do Brasil* de 15/9/97, Economia, p. 18.

nas contribuições para o "sistema S" (serviços sociais, como SESC, SESI, SENAI, SEST, SENAC e SEBRAE) e do INCRA. Ao fim do contrato, o trabalhador pode ser demitido, liberando a empresa de pagar a multa recisória de 40%. A legislação estabelece limites a essa modalidade de contratação, exigindo a obrigatória intermediação sindical para a assinatura de acordos coletivos, estabelecendo proporções permitidas de contratos temporários em relação ao número de empregados das empresas[122].

A justificativa do governo tem sido o combate ao desemprego e a redução dos "elevados" encargos sociais das empresas, cuja contrapartida é a redução dos direitos sociais dos trabalhadores. Mantém-se, ao mesmo tempo, uma política de *des*industrialização, comprometida com os ganhos financeiros e não com crescimento da economia, fonte geradora de novos empregos. É interessante confrontar aquela justificativa com o fato de que a taxa de rotatividade da mão-de-obra no Brasil, de 37,1%, é uma das mais altas do mundo: cinco vezes maior que a da Argentina, acima da verificada no Paraguai — de 29% —, enquanto nos Estados Unidos é de 14,8%, na França de 14% e no Japão de 12%[123]. Esse dado indica o frágil vínculo já existente entre o empregado e a empresa, sendo a rotatividade facilitada pelo baixo custo das demissões. Os empresários chegam a utilizar-se da rotatividade como processo seletivo para encontrar o funcionário adequado.

Os assistentes sociais estão sujeitos, como todos os demais trabalhadores, às mesmas tendências do mercado de trabalho, sendo inócua qualquer iniciativa isolada de cunho corporativista para a defesa do "seu trabalho específico". O problema da insegurança do trabalho ou da redução de postos de trabalho não é peculiar ao Assistente Social: o seu enfrentamento exige, ao

---

122. As empresas com mais de 200 empregados poderão contratar temporariamente até 20% a mais em relação ao número de funcionários que já possui. No caso de empresas que têm entre 50 e 150 empregados, o limite de contratação é de 35% do total de funcionários e para aquelas com até 50 empregados, 50% do total dos empregados. Cf. FELÍCIO, C. "Contrato temporário é aprovado". *Jornal do Brasil*, 14/1/98, p. 13.

123. BARCELLOS, M. "Emprego, bem não durável no Brasil". *O Globo*, Economia, 24/11/96, p. 49.

contrário, *ações comuns que fortaleçam a capacidade de articulação e organização mais ampla de coletivos de trabalhadores*, contrarrestando a desarticulação política e sindical, amplamente estimulada pelas políticas de cunho neoliberal. Por outro lado, não significa perder de vista incidências específicas, que estão afetando diretamente o mercado de trabalho e o espaço ocupacional dos assistentes sociais, alterando-o no bojo das mudanças macrosocietárias.

Esse quadro é agravado com a *crise fiscal do Estado*, intimamente relacionada à desaceleração do crescimento econômico, que vem precipitando uma ampla erosão dos serviços sociais públicos, como parte das políticas de ajuste recomendadas pelos organismos internacionais[124]. Estas são consubstanciadas na "Reforma do Estado" em que o Estado é tido como depositário das culpas e responsabilidades pela crise. No país esta reforma vem se concretizando, no atual governo, conforme as diretrizes estabelecidas pelo "Plano Diretor da Reforma do Estado", do Ministério da Administração e da Reforma do Estado[125].

Esse Plano parte do suposto de que o Estado, nos governos anteriores, desviou-se de suas funções básicas ao ampliar sua presença no setor produtivo, colocando em cheque o modelo econômico então vigente. Assim, o governo considera ser esta uma "crise do Estado" — e não do mercado, tal como ocorrera nos anos 1920/30 —, o que exige uma reformulação do Estado.

---

124. Sobre o tema, conferir: BEHRING, E. R. "A Nova Condição da Política Social". In: *Em Pauta nº 10.* Rio de Janeiro, UERJ, 1997, pp. 9-50; PEREIRA, P. A. *A Assistência Social na perspectiva dos direitos. Crítica aos padrões dominantes de proteção aos pobres no Brasil.* Brasília, Thesaurus, 1996; ______. "A política social no contexto da seguridade social e do Welfare State: a particularidade da assistência social". In: *Serviço Social e Sociedade nº 56.* São Paulo, Cortez, mar. 1998, pp. 60-69; YAZBEK, M. C. "Globalização, precarização das relações de trabalho e seguridade social". In: *Serviço Social e Sociedade nº 56.* São Paulo, Cortez, 1998, pp. 50-59.

125. Cf. MINISTÉRIO DA ADMINISTRAÇÃO E REFORMA DO ESTADO — MARE — *Plano Diretor da Reforma do Estado.* Brasília (DF), dezembro de 1995. Para um aprofundamento da proposta governamental e seu terreno de debate ver: PEREIRA, L. C. B. e SPINK, P. (Orgs.). *Reforma do Estado e administração pública gerencial.* Rio de Janeiro, Fundação Getúlio Vargas, 1998.

A referida "crise do Estado", segundo a interpretação governamental, expressa-se na deterioração dos serviços públicos, aumento do desemprego, no agravamento da crise fiscal e alta inflação. Demonstra, na óptica governamental, o esgotamento da "estratégia estatizante" e a necessidade de superação de um estilo de administração pública burocrática a favor do "*modelo gerencial*":[126] descentralizado, voltado para a eficiência, o controle de resultados, com ênfase na redução dos custos, na qualidade e na produtividade. Apóia-se nos princípios da confiança, descentralização de decisões e funções, formas flexíveis de gestão, horizontalização das estruturas, incentivos à criatividade, orientação para o controle de resultados e voltada ao "cidadão cliente".

Entendendo que a Reforma do Estado diz respeito às relações entre o Estado e a Sociedade Civil, o governo considera que o Estado deve deixar de ser o "responsável direto pelo desenvolvimento econômico e social" para se tornar *promotor* e *regulador* desse desenvolvimento, transferindo, para o setor privado, as atividades que possam ser controladas pelo mercado. Isso vai se traduzir na generalização da *privatização* das empresas estatais e

---

126. A administração pública, segundo o documento governamental, passou por três formas básicas, estabelecidas a partir de clara inspiração weberiana: 1) a *patrimonialista*, em que o Estado funciona como extensão do poder do soberano e os servidores possuem *status* de nobreza real. Os cargos são considerados prebendas e a corrupção e o nepotismo são características típicas dessa forma de administração; 2) a *burocrática*, que surge com o Estado liberal, tem como princípios a profissionalização, a carreira, a hierarquia funcional, o formalismo; em síntese, o poder racional legal. Estabelece-se controles rígidos dos processos para evitar o nepotismo e a corrupção, estando suposta uma desconfiança dos cidadãos e dos administradores públicos; 3) a *gerencial*, que surge no século XX, para fazer frente à expansão das funções econômicas e sociais do Estado. Apoiada na anterior, flexibiliza alguns de seus princípios como a admissão segundo critérios de mérito, a existência de um sistema estruturado e universal de remuneração, as carreiras, a avaliação constante de desempenho, o treinamento sistemático, passando a ser orientada pelos valores da eficiência e qualidade na prestação dos serviços públicos e pelo desenvolvimento de uma cultura gerencial nas organizações. Alteram-se as formas de controle: do controle de processos ao de resultados. Inspira-se na administração de empresas, mas não se confunde com ela visto que a receita do Estado deriva de contribuições obrigatórias — os impostos — sem contrapartida direta, sendo a administração pública controlada pela sociedade e não pelo mercado. Vê o cidadão como contribuinte de imposto e cliente dos serviços prestados. Cf. MARE. Op. cit., pp. 9-13.

na "publicização dos serviços de saúde, educação e cultura", tornando possível que o Estado abandone o papel de executor direto desses serviços. A "publicização", na linguagem governamental, consiste na descentralização, para o setor público não estatal, da execução de serviços que não envolvam o poder de Estado, mas devam ser por ele subsidiados, como a educação, a saúde, a cultura e a pesquisa científica. Tais diretrizes de privatização e publicização, necessárias ao reforço da capacidade de *governança*, completam-se com o *abandono de uma estratégia protecionista da substituição de importações*, abrindo-se o mercado à competitividade internacional.

O aparelho de Estado, de acordo com o Plano Diretor de Reforma do Estado, deverá ser dividido em 4 (quatro) setores: a) o *núcleo estratégico do Estado*, formado pelo Ministério Público, pelos Poderes Legislativo, Judiciário e Executivo (presidente, ministros e seus auxiliares diretos); b) *as atividades exclusivas de Estado*, que só podem ser realizadas pelo Estado, envolvendo: cobrança e fiscalização de impostos, polícia, trânsito, serviço de desemprego, fiscalização de normas sanitárias, previdência social básica, compra de serviços de saúde pelo Estado, subsídio à educação básica e controle do meio ambiente; c) *serviços não exclusivos*, aqueles em que o Estado atua simultaneamente com outras organizações públicas não estatais e privadas, como no campo da saúde, educação e cultura; d) *produção de bens e serviços* para o mercado, que compreende as empresas voltadas para o lucro que ainda permanecem no Estado, principalmente vinculadas ao setor de infra-estrutura.

Cabe destaque, no âmbito da seguridade social, o fato de estarem previstas como *atividades exclusivas do Estado*, apenas *a fiscalização das normas sanitárias, a "compra" de serviços de saúde — o que supõe a sua privatização —, a previdência reduzida à previdência social básica.* E a responsabilidade exclusiva do Estado com a educação fica restrita à *educação básica.*

As *atuais autarquias e fundações*, que possuem poder de Estado, estão sendo transformadas em "agências autônomas" ou "agências executivas" administradas segundo um *contrato de gestão*, instrumento que estabelece os resultados a serem obtidos, recursos necessários e os critérios/instrumentos para avaliação de seu cumprimento. Seus dirigentes, escolhidos pelo Ministro, têm ampla liberdade para administrar recursos humanos, materiais e financeiros[127]. Os *serviços não exclusivos* passam a ser transferidos para o chamado "setor público não estatal", por um amplo programa de "publicização" (leia-se privatização). *As atuais fundações públicas* transformam-se em "organizações sociais", ou seja, entidades de direito privado, sem fins lucrativos, que tenham autorização específica do Poder Legislativo para celebrar contratos de gestão com o Poder Executivo e assim ter direito à dotação orçamentária.[128]

A recuperação de alguns dos pontos básicos da proposta governamental permite perceber que a execução da Reforma do Estado choca-se, radicalmente, com as conquistas sociais obtidas na Carta Constitucional de 1988. Os princípios da *privatização, descentralização e focalização*[129] direcionam as ações no campo das políticas sociais públicas. O campo da seguridade social sofre

---

127. Os decretos presidenciais nº 2 487 e nº 2 488 de 02/02/98 consolidam o *Projeto Agências Executivas* ao regulamentarem, respectivamente, o processo de qualificação e desqualificação de instituições como agências executivas e definir as medidas de sua organização administrativa, ampliando a autonomia de gestão das instituições assim qualificadas. As unidades piloto, que tinham em março de 1998 protocolo de intenções assinado com o Ministério da Administração e Reforma do Estado (MARE), eram: Instituto de Seguridade Social (INSS), Instituto Nacional de Metrologia (INMETRO), Secretaria de Defesa da Agropecuária, do Ministério da Agricultura e Agência Brasileira de Cooperação, vinculada ao Ministério das Relações Exteriores. O Conselho Nacional de Pesquisa Científica (CNPq) e o Conselho Administrativo de Defesa Econômica (CADE) são as próximas candidatas a se tornarem agências executivas. CF. *Jornal do Servidor*. Ano 3, nº 25. Brasília, Ministério da Administração Federal e Reforma do Estado, mar. 1998, p. 4.

128. Para um maior detalhamento deste tema ver: MARE/Secretaria da Reforma do Estado. *Projeto de Organizações Sociais*. Brasília, abril de 1996; NUNES, M. A. *Agências Autônomas. Projeto de Reforma Administrativa das Autarquias e Fundações Federais do Setor de Atividades Exclusivas do Estado*. MARE/Fundação Escola Nacional de Administração Pública, jun. 1996.

129. DRAIBE, S. "As políticas sociais e o neoliberalismo". *Revista USP nº 17. Dossiê Liberalismo/Neoliberalismo*. São Paulo, EDUSP, mar./abr. 1993, pp. 86-101. Ver também: PASTORINI, A. "Quem mexe os fios das políticas sociais? Avanços e Limites da categoria concessão conquista". *Serviço Social e Sociedade nº 53*. São Paulo, Cortez, mar. 1997, pp. 80-101.

uma clara cisão, uma vez que apenas a Previdência Social Básica permanece como atividade exclusiva do Estado, enquanto o horizonte da educação e saúde é o da privatização, ou melhor, da "publicização", sujeitas à regulação do mercado, ainda que subsidiadas pelo fundo público. Este processo amplia o espaço das grandes corporações empresariais e das Organizações Não-Governamentais — ONGs — na gestão e execução de políticas sociais, com amplas repercussões nas condições de trabalho e no mercado de trabalho especializado.

3. O redimensionamento da profissão: o mercado e as condições de trabalho

O mercado profissional de trabalho sofre impactos diretos dessas transformações operadas nas esferas produtiva e estatal, que alteram as relações entre o Estado e a sociedade.

Pesquisa desenvolvida pela Pontifícia Universidade Católica de São Paulo (PUC-SP) e Conselho Regional de Serviço Social — CRESS/9ª Região, sob a coordenação de SILVA[130], fornece um quadro representativo do mercado de trabalho dos assistentes sociais no Estado de São Paulo, tendo por base uma amostra de 5 263 profissionais em um total de 16 533 em atividade no Estado dos 26 883 registros definitivos constantes no CRESS.

O *setor público* tem sido o maior empregador de assistentes sociais, sendo a administração direta a que mais emprega, especialmente nas esferas estadual, seguida da municipal. Constata-se uma clara tendência à *interiorização da demanda*, o que coloca a necessidade de maior atenção à *questão regional e ao poder local.*

Os assistentes sociais funcionários públicos vêm sofrendo os efeitos deletérios da Reforma do Estado no campo do emprego e da precarização das relações de trabalho, tais como a redução

---

130. SILVA, A. A. *A profissão de Serviço Social no limiar do novo século.* São Paulo, PUC-CRESS, 1996. (Mimeo). Recolhe-se a seguir algumas das informações constantes na referida pesquisa.

dos concursos públicos, demissão dos funcionários não estáveis, contenção salarial, corrida à aposentadoria, falta de incentivo à carreira, terceirização acompanhada de contratação precária, temporária, com perda de direitos etc.

A *área de saúde lidera a absorção de assistentes sociais* — 25,83% dos profissionais em atividades em São Paulo —, em decorrência dos processos de implantação do Sistema Único de Saúde — SUS — e a conseqüente necessidade de reaparelhamento dos Escritórios Regionais de Saúde.

A *assistência social*, espaço ocupacional privilegiado dos assistentes sociais, *foi reconhecida pela Carta Constitucional de 1988 como política pública*, parte do tripé da seguridade social[131], ao lado da saúde e previdência. A municipalização das políticas públicas vem redundando em uma ampliação do mercado profissional de trabalho. Abriram-se novos canais de ingerência da sociedade civil organizada na formulação, gestão e controle das políticas sociais, representando uma ampliação das possibilidades de trabalho profissional. Um dos mecanismos privilegiados foram os Conselhos de Saúde, Assistência Social e Previdência, nos níveis nacional, estadual e municipal, assim como os Conselhos Tutelares e Conselhos de Defesa de Direitos dos segmentos prioritários para a assistência social: Criança e Adolescente, Idoso e Deficiente. A qualidade da participação da sociedade civil não se encontra previamente definida, podendo inspirar-se tanto em versões atualizadas dos "coronelismos", "clientelismos" e "populismos", redundando no uso da coisa pública em função de interesses particularistas; quanto no envolvimento de "maiorias silenciosas" em planejamentos e projetos pré-definidos. Mas o salto de qualidade está em que a participação da sociedade civil organizada, estimulada pela descentralização político-administrativa e pela municipalização, possa se traduzir em *partilhamento de poder, interferindo no processo decisório nas esferas da formulação, gestão e avaliação de políticas e programas sociais*, assim como no gerenciamento de projetos sociais.

---

131. Para uma análise da seguridade nos dias atuais, ver: MOTA, A. E. *Cultura da crise e seguridade social.* São Paulo, Cortez, 1995.

Situa-se nesse campo uma das fontes da diversificação de demandas para o trabalho dos assistentes sociais. Ela *expressa-se na implantação dos conselhos de políticas públicas e na capacitação de conselheiros; na elaboração de planos de assistência social; na organização e mobilização popular em experiências de orçamentos participativos; na assessoria e consultorias no campo das políticas públicas e dos movimentos sociais; em pesquisas, estudos e planejamento sociais, dentre inúmeras outras.*

Um campo que merece destaque é o da *gestão social pública*[132], *ou gerência pública.* A gestão de políticas sociais públicas abre-se a um conjunto de especializações profissionais como assistentes sociais, sociólogos, cientistas políticos, educadores etc., indicando a tendência de se *sobrepor a qualificação ao diploma.* Em outros termos, tende a ser a qualificação demonstrada em um mercado competitivo o que indica o melhor profissional para o exercício de funções requeridas e não o mero diploma. A abertura de fronteiras entre as profissões, fazendo com que profissionais afins concorram entre si em um mercado restrito passa a exigir níveis aperfeiçoados de formação que possibilitem ao assistente social concorrer em igualdade de condições com um sociólogo, um cientista político, um pedagogo, na luta por postos de trabalho, participando de um mesmo e idêntico processo seletivo.

Consoante os organismos internacionais, recomenda-se uma "nova gerência pública" distinta tanto do paradigma tradicional da administração pública burocrática, quanto do estilo de gerência nas organizações privadas. Diferentemente da "educação para os negócios", considera-se que o treinamento para a vida pública apresenta exigências específicas. Requer conhecimento do contexto político e constitucional da gestão governamental; aprendizado para agir sob constante pressão política; habilidade para operar dentro de metas pré-fixadas por lei, em estruturas organizacionais sob controle do sistema jurídico.

---

132. Cf. KLIKSBERG, B. *O desafio da exclusão. Para uma gestão social eficiente.* São Paulo, Ed. FUNDAP, 1997; OSBORNE, D. e GAEBLER, T. *Reinventando o Governo: como o espírito empreendedor está transformando o setor público.* Brasília, MH Comunicação, 9ª ed., 1997.

Como afirma o especialista Kliksberg, "trata-se de gerenciar organizações públicas que devem forjar um "Estado inteligente'; de fazer frente à complexidade e à incerteza, de melhorar a qualidade dos serviços prestados aos cidadãos e de procurar o desenvolvimento humano e o desenvolvimento econômico".[133] Ao mesmo tempo, sustenta o autor, essa nova gerência deve contribuir para o aperfeiçoamento democrático, a obtenção de transparência nos atos do poder público e para que se instaure um efetivo controle social mediante a participação dos cidadãos.

Às mais recentes requisições se somam aquelas funções que são de reconhecida competência do assistente social, previstas na legislação, inclusive como atribuições privativas dos assistentes sociais[134], cabendo às unidades de ensino qualificar os discentes para o seu desempenho.

Nesses novos tempos, em que se constata a retração do Estado no campo das políticas sociais, amplia-se a transferência de responsabilidades para a sociedade civil no campo da prestação de serviços sociais. Esta vem se traduzindo, por um lado, em um *crescimento de parcerias do Estado com Organizações Não-Governamentais*, que atuam na formulação, gestão e avaliação de programas e projetos sociais em áreas como família, habitação, criança e adolescente, educação, violência e relações de gênero etc. Trata-se de uma *das formas de terceirização da prestação de serviços sociais*, evitando-se a ampliação do quadro de funcionários públicos. Como a contratação das ONGs tende a se efetivar segundo projetos temporários ou tarefas preestabelecidas, esse caráter eventual também imprime os contratos de trabalho do corpo técnico recrutado pelas ONGs. Este passa a ser submetido à precarização das relações de trabalho e à restrição de direitos sociais e trabalhistas; muitas vezes, exercem tarefas semelhantes ou idênticas às de outros funcionários concursados e usufruem das garantias legais, sociais e trabalhistas. Em outros termos, a *diferenciação interna das categorias de trabalhadores*, que vem

---

133. KLIKSBERG, B. Op. cit., p. 87.

134. Cf. Lei nº 8 662/93 que regulamenta a profissão de Assistente Social.

tendo sérias conseqüências na fragilização do movimento sindical[135], *atinge também os profissionais universitários, entre os quais os assistentes sociais.*

É interessante constatar a diversidade de concepções que envolvem a qualificação do que seja hoje uma Organização Não-Governamental. Diferentes tipos de organizações não oficiais que desenvolvem projetos de interesse social, com fins humanitários ou cooperativos, reivindicam tal condição[136]. A administração das ONGs passa hoje, inclusive, pelo crivo gerencial. Ou seja, constata-se uma tendência de *extensão da concepção gerencial à gestão das ONGs*[137], envolvendo o debate sobre as funções de planejamento, organização, direção e controle nas particularidades de tais organizações.

Observa-se, por outro lado, a expansão da "filantropia empresarial" — ou um "novo tipo de ação social" por parte das denominadas "empresas cidadãs" ou "empresas solidárias", que fazem "investimento social" em projetos comunitários considerados de "interesse público".

O investimento em dinheiro, tecnologia, mão-de-obra por parte das empresas *realiza-se em busca de uma melhor imagem social, de ampliar vendas e conquistar mercado, da preocupação com a própria sobrevivência empresarial, com a vantagem de usufruírem dos estímulos oferecidos pelo incentivo fiscal de 2% sobre o lucro operacional.*

Assim, a Fundação Abrinq tem engajadas 2 500 empresas na defesa dos direitos da criança, pois como afirma o seu

---

135. Cf., por exemplo: OLIVEIRA, C. A. e OLIVEIRA, M. A. (Orgs.) *O mundo do trabalho. Crise e mudança no final do século.* São Paulo, Scritta, 1994; ANTUNES, R. (Org.) *Neoliberalismo, trabalho e sindicato. Reestruturação produtiva no Brasil e na Inglaterra.* São Paulo, Boitempo, 1997.

136. Ver: PONTES, L. e BAVA, S. C. "As ONGs e as políticas públicas na construção do Estado democrático": *Serviço Social e Sociedade nº 50.* São Paulo, Cortez, 1996; WANDERLEY, M. B. *As metamorfoses do desenvolvimento da comunidade.* São Paulo, Cortez, 1993; GOHN, M. G. *Os sem terra, ONGs e cidadania.* São Paulo, Cortez, 1997 (esp. 1ª parte).

137. Ver: TENÓRIO, G. (org.) *Gestão de ONGs. Principais funções gerenciais.* Rio de Janeiro, Fundação Getúlio Vargas, 1997.

presidente, Oded Grajew, "as empresas sabem que o investimento social é tão importante para seus negócios quanto o preço e a qualidade dos produtos"[138].

> Levados pela consciência social, pela preocupação com a boa imagem das empresas e até pela vontade de vender mais, os empresários investem milhões em projetos de educação, cultura e ecologia, os três setores preferenciais. Só as 42 associadas ao *Grupo de Institutos, Fundações e Empresas (GIFE),* entidade que congrega esse tipo de trabalho, movimentam *cerca de R$ 350 milhões por ano*[139].

A Fundação Bradesco[140], criada em 1956 por Amador Aguiar, contou, em 1997, com um orçamento de R$ 80,7 milhões para manter uma rede de 36 escolas espalhadas por 24 estados do país, congregando 95 049 alunos do pré-escolar até a última série do segundo grau, cursos supletivos e profissionalizantes. Desse total de alunos, 12% são filhos de funcionários do banco e 87% dos alunos são oriundos de regiões onde se situam as escolas, geralmente fora das áreas urbanas, em terrenos de 30 a 40 mil metros quadrados doados pelos municípios.

A Natura, poderoso grupo econômico com um volume de negócios de US$ 915 milhões, é a atual líder do setor de cosméticos no país, contando com um contingente de 170 mil revendedoras de seus produtos, as quais têm sido envolvidas na arrecadação de fundos para os programas sociais da empresa. Segundo depoimento de seu vice-presidente, "o sucesso e longevidade da Natura estariam ligados a um projeto de serviços sociais às comunidades"[141]. Dando prioridade também à educação, em parceria com outras instituições, a empresa investiu, em 1997, em 37 projetos ao nível do ensino básico em 745 escolas, com um total de 120 mil alunos, de 17 estados. Os recursos no

---

138. MAYRINK, J. M. "Empresas investem na ação social". *Jornal do Brasil* 23/12/1997, Brasil, p. 4.

139. Idem.

140. ______. "Fundação Bradesco financia 36 escolas em 24 estados". *Jornal do Brasil*, 23/12/1997, p. 6.

141. ______. "Natura ajuda a educar 120 mil alunos". *Jornal do Brasil*, 23/12/97, p. 5.

montante de 2 milhões por ano vêm do Programa Ver para Crer, criado em colaboração com a fundação *Abrinq* pelos direitos da criança.

Também a *ecologia* é outro foco da ação social de empresas, como o Boticário, também da área de cosméticos, responsável por um faturamento anual de R$ 500 milhões. Por meio da Fundação Boticário de Proteção à Natureza já investiu, segundo o diretor de comunicação da empresa, R$ 3,3 milhões no financiamento de quase 500 projetos ecológicos no país, em convênios com universidade e outras instituições de pesquisa. Mantém um parque de mata atlântica de 1716 hectares, no município de Guaraqueçaba, litoral do Paraná[142].

Esses dados revelam que o empresariado *passa a atribuir um novo significado às chamadas "ações sociais ou filantrópicas" por eles impulsionadas.* O "novo espírito social" de dirigentes de grandes grupos econômicos, expresso na atualidade, não pode ser confundido com impulsos distributivos e/ou humanitários generosos. *Trata-se de uma recente tendência das empresas de apresentarem uma face social inscrita em suas estratégias de marketing.* Em outros termos, o "mote" da solidariedade humana, da preservação da natureza para o desenvolvimento auto-sustentado, do compromisso com a redução da pobreza e exclusão passam a ser utilizados como meios de atribuir respeitabilidade e legitimidade social ao empreendimento, estimulando a elevação de seus índices de rentabilidade.

Provavelmente as ações sejam desenvolvidas segundo critérios empresariais de eficiência, eficácia e rentabilidade. Entretanto, ainda que possam reivindicar uma *dimensão pública* em suas ações porquanto os beneficiários extrapolam o público interno da chamada "comunidade empresarial", duas observações merecem destaque. Em primeiro lugar, o que *move* os projetos e programas sociais, como é fartamente reconhecido nos depoimentos supra referidos, *não é a lógica do interesse público*, mas sim do *interesse privado*, isto é, da lucratividade ou da acumulação ampliada de capital. É a essa lógica que se *subordina qualquer*

---

142. ______. "Ecologia é bom negócio". Idem.

componente de caráter público porventura existente na ação social empresarial. Em segundo lugar — e decorrente do anterior —, o caráter privado do empreendimento faz com que se instaure uma *seletividade no acesso aos programas segundo critérios estabelecidos pelo livre arbítrio das corporações empresariais. Conseqüentemente, vê-se comprometida a dimensão universalizante que envolve a cidadania como igualdade de direitos de todos os cidadãos, requerendo que a prestação de serviços sociais esteja voltada para a coletividade, com livre acesso de todos sem discriminações, o que só ocorre na esfera pública.*

No campo das organizações, empresariais ou não, a área de Recursos Humanos tem crescido como espaço ocupacional dos assistentes sociais. Acompanhando ou não os processos de reestruturação produtiva, a alteração das formas de gestão da força de trabalho nas organizações vem diversificando as requisições feitas aos assistentes sociais. Esses têm sido chamados a atuar em programas de "qualidade de vida no trabalho", saúde do trabalhador, gestão de recursos humanos, prevenção de riscos sociais, círculos de qualidade, gerenciamento participativo, clima social, sindicalismo de empresa, reengenharia, administração de benefícios estruturados segundo padrões meritocráticos, elaboração e acompanhamento de orçamentos sociais, entre outros programas.

Para o ingresso na esfera empresarial têm sido exigidos requisitos que extrapolam o campo de conhecimentos para abranger "habilidades e qualidades pessoais" tais como: experiência, criatividade, desembaraço, versatilidade, iniciativa e liderança, capacidade de negociação e apresentação em público, fluência verbal, habilidade no relacionamento e "capacidade de sintonizar-se com as rápidas mudanças no mundo dos negócios". Para tanto é indispensável o conhecimento de línguas e da informática. A área citada *requer conhecimento e capacidade operativa* no exercício de funções de *recrutamento, seleção, treinamento, desenvolvimento de pessoal, administração de salários, avaliação de desempenho e benefícios.*[143] O assistente social tem sido solicitado ainda para atuar no campo de treinamento e reciclagem de pessoal, no

143. SILVA, A. A. Op. cit., 1996.

desenvolvimento de programas voltados à saúde do trabalhador (prevenção de: *stress*, do uso de drogas, de doenças sexualmente transmissíveis, de acidentes de trabalho e atendimento à saúde da mulher), coordenação de programas de escolarização, programas de atenção à saúde, envolvendo acompanhamento de pacientes, inserção em equipe interdisciplinar etc.

Os novos *requisitos de qualificação*, que extrapolam o campo empresarial, envolvem capacitação para atuar em equipes interdisciplinares, para atuar em programas de qualidade total e para elaboração e realização de pesquisas; reciclagem do instrumental técnico; capacitação em planejamento (planos, programas e projetos), aprofundamento de estudos sobre as áreas específicas de atuação e temas do quotidiano profissional, entre outros. Tais elementos são indispensáveis para que o assistente social possa responder à *novas e antigas atribuições* que abrangem funções de coordenação e gerenciamento, planejamento, socialização de informações referentes a direitos sociais, mobilizações da comunidade para implantação de projetos além de orientações, encaminhamentos e providências[144].

Merece destaque a questão da chamada "cultura da qualidade" que as empresas vêm implantando em seus ambientes, como o demonstra o Simpósio "Cliente Encantado", relatado por representante da Belgo Mineira Sistemas Ltda.[145] A implantação de *programas de qualidade total* envolve o compromisso da alta administração e a sensibilização e o envolvimento do pessoal,

---

144. Recolho, neste item, resultados de debates com assistentes sociais sobre as novas faces do mercado de trabalho do assistente social, em cursos ministrados sobre o tema "Trabalho e Serviço Social", em Fortaleza (CE) e Teresina (PI), e debates realizados com os colegas em Salvador (BA), João Pessoa (PB) e Manaus (AM), em 1998. Registro aqui os meus agradecimentos aos colegas, profissionais de campo e docentes.

145. TOLEDO, E. "O Exemplo da BMS — Belgo Mineira Sistemas Ltda.". In: III Seminário "Olhares sobre o Trabalho". *Cadernos do Núcleo de Estudos sobre Trabalho Humano. NESTH nº 3. Trabalho e Qualidade: contribuindo para o debate.* Belo Horizonte, UFMG/FAFICH, jun./1995, pp. 69-78. Em seminário realizado em São Paulo, como salienta o autor, tais reflexões foram partilhadas por representantes de organizações como Credicard, Localiza, VTB, Hoesch do Brasil, Banco Nacional, Asea Brown Boveri, American Express Card, IBM, TVA e Fundação PNQ.

com foco no quadro gerencial, estimulando a "satisfação do empregado de trabalhar na empresa". A educação e treinamento do pessoal para "ouvir a voz do cliente" é fundamental, fazendo com que a empresa se torne comprometida com a "arte de encantar o cliente" — interno e externo —, que é assim definida:

> Encantar o cliente significa fazer mais do que simplesmente satisfazê-lo. Significa *oferecer mais que o prometido, sobretudo de forma surpreendente.* O encantamento do cliente deve ser praticado de forma decidida. Afinal, sabe-se que a conquista de um novo cliente representa um custo de cerca de 5 vezes, mais a manutenção de um cliente regular[146].

A linguagem também é feitiçeira e seu feitiço, como se pode observar, está fartamente presente no atual discurso empresarial, na luta travada no mercado pela conquista e fidelidade dos consumidores.

A *tendência de desregulamentação, por parte do Estado, de atividades* até então sob sua responsabilidade direta acentuam a *transferência de funções de* Estado para a Sociedade Civil, *atribuindo-lhe funções de caráter público.* Um exemplo mais recente *é a tendência de desregulamentação das profissões*, formalizada a partir da *Medida Provisória nº 1 549-35*, de 9 de outubro de 1997, em seu artigo 58[147]. Atualmente já discutida e aprovada pelo Congresso Nacional, foi transformada em Lei nº 9 649, de 27 de maio de 1998[148]. Estabelece que os serviços de fiscalização das profissões regulamentadas serão exercidos em caráter privado, por delegação do poder público, mediante autorização legislativa. Altera a estrutura e funcionamento dos Conselhos de Fiscalização das Profissões Regulamentadas transformando-os em *personalidade jurídica de direito privado que prestam atividades de serviço público*, não mantendo vínculo com a

---

146. Idem, p. 72.

147. PRESIDENTE DA REPÚBLICA. *Medida Provisória nº 1 549-35, de 9 de outubro de 1997.* Dispõe sobre a organização da Presidência da República e dos Ministérios e dá outras providências (art. 58 a 61).

148. PRESIDENTE DA REPÚBLICA. Lei nº 9 649, de 27 de maio de 1998. Dispõe sobre a organização da Presidência da República e dos Ministérios, e dá outras providências. *Diário Oficial nº 100*, 28 de maio de 1998, seção 1.

Administração Pública, seja funcional ou hierárquico. Por constituírem serviço público gozam de imunidade tributária total em relação aos seus bens, rendas e serviços. Ao mesmo tempo, a lei atribui autonomia financeira e administrativa aos Conselhos, em que a fiscalização das atividades financeiras passa a ser feita internamente: a prestação de contas do Conselho Federal deverá ser submetida aos Conselhos Regionais e a desses ao Conselho Federal. Os seus empregados são submetidos à legislação trabalhista, vedada qualquer forma de deslocamento, transferência ou transposição para o quadro da administração pública. Todavia, os Conselhos são submetidos à Justiça Federal. A organização, estrutura e funcionamento dos Conselhos serão disciplinadas mediante decisão do plenário do Conselho Federal, "garantindo-se que na composição deste estejam representados todos seus conselhos regionais", o que altera substancialmente a sua organização.

Em outros termos, a Lei estabelece a *privatização* das funções de fiscalização das profissões regulamentadas, desvinculando-as da administração pública, encoberta sob o eufemismo da "publicização", que vem norteando toda a reforma do aparelho de Estado. Como organizações privadas, recebem a delegação do poder público para fiscalização do exercício profissional e a autorização do poder legislativo para o seu funcionamento. Ocorre que, ao passarem à condição de serviço privado, têm comprometida sua principal função, que é o exercício da fiscalização profissional, fragilizando o poder de controle por parte dos Conselhos sobre a atividade técnica das empresas e entidades públicas e privadas que mantêm profissionais especializados. A referida medida provisória ao enfraquecer o poder de fiscalização dos Conselhos pode estimular as organizações a contratarem, por baixos salários, profissionais em situação irregular — estrangeiros ou não —, comprometendo a qualidade do trabalho prestado e acirrando a concorrência com profissionais regulamentados.

Os princípios norteadores da estruturação tanto das atividades econômicas quanto jurídico-institucionais, traduzidos na *flexibilização*, na *desregulamentação pública a favor da auto-regulação do mercado*, parecem chocar-se com regulamentações rígidas do mercado de trabalho por parte de *qualquer* especialização profissional. Contraditoriamente, porém, se a lei citada favorece a desregulamentação, o faz com clara ingerência na estruturação interna do Conselho, *regulamentando-a*, ao estabelecer que em sua composição estejam representados todos os seus Conselhos Regionais. Tal exigência coloca o risco da *burocratização* na estruturação dos Conselhos Federais, em detrimento de uma programática orgânica de trabalho, que assegure a direção ao projeto político-profissional do Serviço Social brasileiro, partilhada com outras entidades nacionais de Serviço Social e em aliança com segmentos mais significativos do movimento social organizado. Atualmente existem, no país, 22 Conselhos Regionais de Serviço Social em funcionamento, que deverão estar representados no Conselho Federal de Serviço Social, estabelecendo-se, assim, uma composição mínima de 22 membros[149] de diferentes regiões do país. Esse conjunto deverá estabelecer uma plataforma consensual de prioridades para o CFESS, rebatendo o risco aberto pela legislação "de transformar o CFESS em uma instância meramente federativa e com plenos poderes"[150], comprometendo as conquistas democráticas acumuladas. Tem-se aí um enorme flanco para o enfraquecimento político dos Conselhos de Fiscalização, consoante com propósitos neoliberais, já conhecidos, de combate às formas de representação do trabalho, seja por meio de sindicatos e outras; no caso, os conselhos das profissões que souberam ocupar um espaço político na construção de um projeto profissional comprometido com os valores democráticos.

Acompanhando os processos de globalização, a abertura de mercados tem tido como contrapartida *o estabelecimento de acordos comerciais, que permitam a livre circulação de mercadorias e serviços, como é o caso do MERCOSUL*[151]. A liberalização

---

149. TERRA, S. H. *Parecer Jurídico nº 15/98. Assunto: Alteração introduzida na Medida Provisória nº 1651-43, quanto à composição dos Conselhos Federais de Fiscalização do Exercício Profissional.* Brasília, CFESS, 19 de maio de 1998.

150. Cf. CONSELHO FEDERAL DE SERVIÇO SOCIAL — CFESS — *Em defesa das nossas conquistas democráticas — a estrutura dos Conselhos em questão.* Brasília, Conselho Pleno do CFESS, 31 de maio de 1998.

151. Ver: *São Paulo em perspectiva. MERCOSUL. Blocos Internacionais.* São Paulo, Fundação SEADE, vol. 9, nº 1, jan./mar., 1995.

do comércio de serviços sobre bases de reciprocidade de direitos e obrigações tem em vista o desenvolvimento das economias dos Estados partes do Mercosul[152].

Na liberação do comércio de serviços, encontram-se incluídos os *serviços profissionais*, o que irá derivar, tanto em um redimensionamento do mercado de trabalho quanto na necessidade de estabelecimento de parâmetros básicos mínimos comuns para compatibilizar a formação e o exercício profissionais nos países participantes. Essa perspectiva aponta, como tendência dominante, para a prevalência da competitividade no mercado e conseqüentemente para a flexibilização das regulamentações profissionais necessárias àquela compatibilização, o que deve ser cuidadosamente acompanhado pelas entidades representativas da categoria profissional. É interessante notar que no Brasil a profissão dispõe de uma organização jurídico-institucional mais ampla, quando comparada aos demais países.

A "Declaración de La Plata: El Servicio Social en la consolidación del compromiso democratico en el Mercosur"[153], reunindo organizações profissionais do Brasil, Uruguai e Argentina, procura reverter o mero interesse comercial, presente na proposta originária do Mercosul, em uma alternativa para o desenvolvimento integral dos povos, com a participação da sociedade, de modo que fortifique vínculos entre pessoas, profissionais e organizações.

Outro aspecto a considerar, em sua incidência sobre o mercado profissional de trabalho, *é a tendência à diversificação dos níveis de profissionalização, envolvendo desde profissionais/pesquisadores pós-graduados, profissionais graduados a tecnólogos oriundos dos cursos universitários seqüenciais*[154]. A esses se soma

---

152. MINISTÉRIO DA FAZENDA/Secretaria de Assuntos Internacionais. *Proyecto de Protocolo Macro sobre el Comercio de Servicios del MERCOSUR*. Brasília, 7 de outubro de 1997.

153. COMITE MERCOSUR DE ORGANIZACIONES PROFESIONALES DE TRABAJO SOCIAL O SERVICIO SOCIAL. *Declaración de la Plata: El Servicio Social en la consolidación del compromiso democratico en el Mercosur*. La Plata, 12/04/97.

154. A Nova Lei de Diretrizes e Bases da Educação Nacional (Lei nº 9 394) estabelece, em seu art. 44, que a educação superior abrange: cursos seqüenciais por campo de saber, cursos de graduação, de pós-graduação e de extensão.

o *contingente de voluntários* — que tende a crescer —, atuante no âmbito da "questão social".

O estímulo ao trabalho voluntário pode ser exemplificado com o Projeto de Lei (PEC 369-96), do Poder Executivo, que trata do Serviço Civil Obrigatório *para mulheres, eclesiásticos ou dispensados do serviço militar, abrangendo, ainda, aqueles que por convicção religiosa, filosófica ou política se eximirem das atividades militares, alegando imperativo de consciência.* Trata-se da utilização de mão-de-obra de mais de um milhão de jovens, dispensados do serviço militar obrigatório, na "consecução de objetivos sociais relevantes", "colocados à disposição de Ministérios, prefeituras, creches, asilos, hospitais, entidades de defesa civil, iniciativas de proteção ao meio ambiente".

Na justificativa da proposta, apresentada pelo Ministro da Justiça, consta que:

> Não é preciso dizer que as condições sociais em que se encontra o Brasil oferecem um amplo campo de ação para o agente do serviço civil obrigatório, nas *áreas* de *assistência social, saúde, proteção do meio ambiente, defesa da população indígena, defesa do consumidor e outras.* Ele haveria de atuar como um instrumento de integração do Estado e da sociedade civil na superação de graves problemas sociais, inclusive no âmbito da defesa e da educação para a proteção dos Direitos Humanos"[155].

O senador Antônio Carlos Magalhães, em artigo sobre o tema, publicado no *Jornal do Brasil* de 24/10/97[156], elucida ter sido a proposta inspirada na Comunidade Européia ao repensar a OTAN. O fim da guerra fria provocou a redução dos efetivos militares e conexos, canalizando essa força de trabalho para ações humanitárias. Elucida as implicações geopolíticas e sociais da proposta no país, no âmbito da *segurança nacional*[157]: finda a

---

155. CÂMARA DOS DEPUTADOS. *Proposta de Emenda à Constituição nº 369-A, de 1996 (do Poder Executivo).* Mensagem nº 422/96. Exposição de Motivos nº 231/B MJ de 13 de maio de 1996, do Senhor Ministro de Estado da Justiça, p. 4.

156. MAGALHÃES, A. C. "O serviço público obrigatório". *Jornal do Brasil*, 24/10/97, p. 9. "Opinião".

157. A questão social passa a ser apreciada dentro da ótica da segurança nacional, reatualizando, ainda que de maneira camuflada e em um novo contexto,

guerra fria e com a crise do socialismo real no Leste Europeu, as ameaças à segurança do país não mais advêm de um outro regime político; tampouco no caso brasileiro, a ameaça provém de outras nações fronteiriças. Ainda que a vigilância do território seja necessária, os laços de integração e amizade entre as nações vêm sendo fortalecidos por acordos de cooperação — como o Mercosul — e pela ação diplomática. Assim, pode-se concluir, a partir da própria argumentação do senador, *que a ameaça só pode ser endógena*. Em outros termos, *é a relação do capital que hoje ameaça a existência do próprio capital, erigindo-se o feitiço contra o feiticeiro*, em função das desigualdades produzidas, em proporções cada vez mais amplas e massivas, atingindo amplos contingentes de trabalhadores livres e despossuídos. Logo, o Serviço Civil obrigatório pode transformar-se em valioso "instrumento de ação social", para atender a setores de atividades em que o "Estado não tem sido bem-sucedido".

> Pensa-se em utilizar esta mão-de-obra jovem em várias áreas, tais como, educação (monitoramento e prevenção contra a violência, alfabetização), segurança pública (fiscalização de trânsito, vigilância de quarteirões e bairros, acompanhamento de vítimas às repartições policiais e hospitais), família (mediação de conflitos entre casais e entre pais e filhos, assessoria e acompanhamentos de pais para o registro civil de filhos), saúde e assistência (reinserção dos hospitalizados, atendimento de deficientes) e justiça (reinserção de egressos, atendimento a famílias de condenados). Não resta dúvida que o Serviço Civil obrigatório é instituto de grande eficiência na execução da política social[158].

A ação de um exército de "voluntários", retirados da "marginalidade", "obrigados a atuar na ação social", ao mesmo tempo em que mascara o desemprego de amplos contingentes de jovens — mais de um milhão potencialmente aptos para o Serviço Civil Obrigatório —, desqualifica técnica e politicamente o trato da

---

a estratégia do período ditatorial do pós-64 em que, mediante a despolitização da sociedade civil, a questão social passou a ser objeto da tradicional articulação entre repressão e assistência. Ver: IAMAMOTO, M. V. "A questão social no capitalismo monopolista e o significado da assistência". In: *Renovação e conservadorismo no Serviço Social. Ensaios críticos*. São Paulo, Cortez, 1997.

158. MAGALHÃES, A. C. Op. cit.

questão social, que passa a ser entregue a pessoas desprovidas de qualquer qualificação especializada para o seu enfrentamento.

A tendência será reforçar o trato de problemáticas sociais, presidido por *clivagens de classe*: assim, por exemplo, o deficiente oriundo de famílias de maior poder aquisitivo tem um tratamento tecnicamente mais aprimorado; enquanto o deficiente pobre fica sujeito à ação do Serviço Civil Obrigatório. É *à inclusão segmentada*, que expressa, ao mesmo tempo, a negação da cidadania, visto que esta dispõe necessariamente de uma dimensão universalizante, como igualdade jurídico-política básica dos cidadãos perante o Estado. O estabelecimento de um *sistema universal, de inclusão segmentada* na condição de cidadania, expressa o que Fleury, ao estudar a seguridade no país, denominou de "Estado sem cidadãos"[159].

No reverso da moeda — e com uma boa dose de otimismo, considerando-se o contexto dessa proposta —, pode-se argumentar que a possibilidade de contato com a realidade social, por parte da juventude brasileira, aberta pelo Serviço Civil Obrigatório, pode ser uma experiência fértil de formação cívica, política e social.

É importante deixar claro que, sendo a ameaça representada pela questão social endógena ao próprio capital, a *saída só pode ser de cunho moralizante ideológico*[160]: o reforço do chamamento

---

159. FLEURY, S. *Estado sem cidadãos. Seguridade social na América Latina.* Rio de Janeiro, Fiocruz, 1996.

160. Durkheim, preocupado com o estado de anomia jurídico-moral, que acompanha a proeminência das funções econômicas e científicas, sustenta que a ausência de disciplinamento da economia atinge a moralidade pública. Não sendo a divisão de trabalho responsável por isso — pois na sua ótica ela não produz necessariamente a dispersão e a incoerência, mas tende ao equilíbrio e à regulação das funções sociais — a causa é *moral.* Ora, para haver adaptação das funções sociais é necessário a existência de normas de conduta consagradas por um grupo por meio da sua autoridade. A norma é mais que uma maneira habitual de agir: é uma maneira obrigatória de agir, subtraída ao arbítrio individual. E apenas a sociedade constituída usufrui da supremacia moral e material que é indispensável para ditar lei aos indivíduos. Porque só a personalidade moral, que está acima das personalidades particulares, forma a coletividade. Só ela tem continuidade e a perenidade necessárias para ir além das relações efêmeras. "É impossível que os homens vivam juntos, façam regularmente trocas sem que adquiram um sentimento do todo, que pela sua

à *solidariedade social*, sobrepondo-se a um terreno em que são produzidas polarizações sociais cada vez mais nítidas e amplas. Reforça-se o discurso da coesão social, da *complementaridade entre as classes*, da unidade entre capital e trabalho, entre Estado e sociedade civil. Essa é tratada como um todo indiferenciado, obscurecendo seu caráter de classe, como condição de manter oculto o outro lado da mesma relação: a produção ampliada, as tensões, diferenciações e antagonismos sociais que permeiam a vida social. Ao mesmo tempo, transfere-se para a sociedade civil obrigações típicas do Estado no exercício de suas funções públicas. E ao discurso conservador da solidariedade social como princípio ordenador da divisão do trabalho e coesionador das relações sociais e tal como analisado por *Durkheim*[161], é re-atualizado e transformado em guia das ações no campo da questão social.

A proposta analisada parece aproximar-se de uma versão moderna do "socialismo conservador ou burguês". Salientado por Marx e Engels no debate com Proudhon, em uma das obras clássicas que contempla as correntes do pensamento social no século XIX[162]. Segundo os autores, o socialismo burguês "procura remediar os males sociais para consolidar a sociedade burguesa" e assim melhorar a sorte dos trabalhadores. Os socialistas burgueses querem "as condições de vida da sociedade burguesa sem as lutas e contradições que dela decorrem fatalmente — daí a evocação à solidariedade social —, reforçando uma concepção 'consoladora' do mundo burguês". Essa corrente do pensamento social pode ser resumida na idéia de que "os burgueses são burgueses no interesse da classe operária".

---

união constituem... A ligação a qualquer coisa que ultrapassa o indivíduo, esta subordinação de interesses particulares ao interesse geral é a própria origem de toda a actividade moral" (p. 22)., DURKHEIM, E.: *A Divisão do trabalho*, 1º e 2º vols. Lisboa/Brasil, Presença/Martins Fontes, 1977, ver especialmente; "Prefácio à Segunda Edição. Algumas notas sobre os agrupamentos profissionais", pp. 7-42.

161. Cf., além da obra já citada, GIDDENS, A. (Org.) *Emile Durkheim: select writings*. London, Cambridge University Press, 3ª ed., 1976; RODRIGUES, J. A. (Org.) *Durkheim Sociologia*. São Paulo, Ática, 1978.

162. MARX, K. e ENGELS, F. "Manifesto do Partido Comunista". In: *Textos 3*. São Paulo, Ed. Sociais, 1977, pp. 13-47.

Finalmente, uma última observação sobre a proposta do Serviço Civil Obrigatório: enquanto nos anos 1930 foi a Igreja quem mobilizou jovens mulheres para a *ação social, buscando recuperar áreas de influência perdidas nos marcos da reação católica*, atualmente os personagens e a linguagem parecem passadiços. Entretanto, o sentido histórico é inteiramente diverso: o que se propõe é uma "reação civil obrigatória" mobilizada pelo Estado, como parte de uma estratégia internacional de mascaramento da crise do capital, buscando resguardar ou consolidar a hegemonia de segmentos burgueses.

Do ponto de vista da categoria dos assistentes sociais, este projeto Lei do Poder Executivo pode saturar, o *mesmo* espaço ocupacional, com mão-de-obra barata e desprovida de qualificação, podendo exercer uma pressão salarial baixista sobre profissionais estabelecidos.

Diante do quadro aqui apresentado em largos traços, é necessário investir *esforços coletivos* na identificação de algumas *perspectivas*, para a defesa do *projeto político-profissional*, da *qualidade* dos serviços sociais prestados em respeito aos cidadãos que a eles têm acesso; para preservação do emprego e, se possível, *da ampliação de postos de trabalho e do espaço ocupacional* dos assistentes sociais que, como parte do conjunto dos trabalhadores, vêm sendo profundamente atingidos pela opção de política econômica e social assumida pelos governantes.

4. Em busca da consolidação do projeto ético-político do Serviço Social na contemporaneidade

Considerando o redimensionamento por que passa a profissão no cenário contemporâneo, retoma-se a indagação proposta: como reforçar e consolidar o projeto político-profissional nesses tempos adversos? Que perspectivas se apresentam aos assistentes sociais nos âmbitos da formação e do trabalho profissional?

Os valores e princípios ético-políticos radicalmente humanos, que iluminaram as trilhas percorridas pelos assistentes sociais nas últimas décadas, sofrem hoje um forte embate com a idolatria da moeda, o fetiche do mercado e do consumo, o individualismo possessivo, a lógica contábil e financeira que se impõe e sobrepõe às necessidades e direitos humanos e sociais. Entretanto, a mistificação das idéias não impede a produção e reprodução crescente das desigualdades de todas as cores e naipes, decorrentes dos processos concentracionistas de renda, terra, poder, ciência e cultura. Desigualdades sentidas e vividas por indivíduos sociais que se revoltam, resistem e lutam para construírem outros horizontes para a vida em sociedade, na contracorrente do poder, integrando-se às forças renovadoras da vida e, portanto, da história.

A consolidação do projeto ético-político profissional que vem sendo construído[163] requer remar na contracorrente, andar no contravento, alinhando forças que impulsionem mudanças na rota dos ventos e das marés na vida em sociedade.

Teimamos em reconhecer *a liberdade como valor ético central, o que implica desenvolver o trabalho profissional para reconhecer a autonomia, emancipação e plena expansão dos indivíduos sociais, reforçando princípios e práticas democráticas.* Aquele reconhecimento desdobra-se na *defesa intransigente dos direitos humanos*, o que tem como contrapartida a recusa do arbítrio e de todos os tipos de autoritarismos.

Intimamente relacionada, encontra-se a *afirmação prático-política da democracia nas várias dimensões da vida em sociedade* no horizonte de aprofundamento dos princípios democráticos, como socialização da riqueza socialmente produzida, da política e da cultura. Envolve *o empenho na eliminação de todas as formas de preconceito*, afirmando-se o direito à participação dos grupos socialmente discriminados e o respeito às diferenças.

Uma aproximação, por meio da pesquisa criteriosa, às condições de vida e de trabalho das classes sociais, com ênfase nas classes subalternas[164] — público-alvo preferencial do trabalho do

---

163. Análises sobre a construção desse projeto podem ser encontradas em NETTO, J. P. *Ditadura e Serviço Social.* Op. cit.; também em SILVA e SILVA, M. O. (Org.). *O Serviço Social e o popular: resgate teórico-metodológico do projeto profissional de ruptura.* São Paulo, Cortez, 1995.

164. Cf. CARDOSO, F. G. *Organização das classes subalternas: um desafio para o Serviço Social.* São Paulo, Cortez, Maranhão, UFMa, 1995.

assistente social — é um requisito indispensável para a efetivação daqueles valores e princípios mencionados. Aproximação que permita captar interesses e necessidades em suas diversas maneiras de explicitação, englobando formas diferenciadas de organização e luta para fazer frente à pobreza e à exclusão econômica, social e cultural. Formas de luta que passam por partidos políticos, sindicatos e movimentos sociais organizados; mas que passam, também, por reivindicações em torno de melhorias parciais de vida, além do conjunto de expressões associativas e culturais que conformam o modo de viver e de pensar das classes e seus segmentos sociais. O desafio é captar os núcleos de contestação e resistência, as formas de imaginação e invenção do cotidiano, de defesa da vida e da dignidade do trabalhador.

Democracia envolve a *luta pela ampliação da cidadania*, com vistas à efetivação dos direitos civis, políticos e sociais de todos os cidadãos. *Uma cidadania para todos*, extensiva ao conjunto dos segmentos trabalhadores na sua heterogeneidade. Mas também *uma cidadania impulsionadora de novos direitos*, que contribua na luta para a ampliação da legalidade institucional. Requer a *defesa intransigente das conquistas sociais obtidas na Carta Constitucional de 1988* em sua dimensão de universalidade, ameaçadas pelas políticas neoliberais. A luta pela manutenção do *caráter universalizante das políticas sociais públicas* — em especial a seguridade social — no seu tripé formado pela previdência, saúde e assistência social — é um desafio que se atualiza no dia-a-dia do assistente social.

A luta pela efetivação da democracia e da cidadania é indissociável da *ampliação progressiva da esfera pública*, em que se refratam interesses sociais distintos, enquanto ultrapassa a lógica privatista no trato do social, em favor dos interesses da coletividade. Ao alçarem a cena pública, os interesses das maiorias adquirem *visibilidade*, tornando-se passíveis de serem considerados e negociados no âmbito das decisões políticas.

Como sustenta Raichelis,

> (...) a publicização das diferentes esferas da vida social é um movimento direcionado pela correlação de forças políticas que se estabelece entre os atores sociais e permite tornar visíveis os conflitos e viabilizar

os consensos. É um processo que assume, assim, o caráter de estratégia política de sujeitos sociais que passam a disputar lugares de reconhecimento social e político. Assim a esfera pública transcende a forma estatal ou privada, pois remete a novos mecanismos de articulação entre a sociedade civil e no interior dessas esferas, permitindo superar a perspectiva que identifica automaticamente estatal com público e privado com mercado[165].

Requisita-se o fomento de uma *cultura pública democrática*, em que os dramas da existência cotidiana sejam considerados segundo exigências de eqüidade e justiça, zelando para que a ética vá se impregnando na vida pública.

Reafirma-se, portanto, o desafio de tornar os *espaços de trabalho do assistente social, espaços de fato públicos, alargando os canais de interferência da população na coisa pública, permitindo maior controle, por parte da sociedade, nas decisões que lhes dizem respeito*. Isso é viabilizado pela socialização de informações; ampliação do conhecimento de direitos e interesses em jogo; acesso às regras que conduzem a negociação dos interesses atribuindo-lhes transparência; abertura e/ou alargamento de canais que permitam o acompanhamento da implementação das decisões por parte da coletividade; ampliação de fóruns de debate e de representação etc.

Busca-se assim contrarrestar uma das marcas da história política brasileira, que se construiu ao revés do imaginário igualitário da modernidade. História política assentada na "ideologia do favor, como a nossa mediação quase universal"[166], que foi terreno fértil para a privatização do Estado e de entidades da sociedade civil segundo interesses particulares de grupos poderosos e influentes, em detrimento do cultivo do espírito público. Uma sociedade hierarquizada que repõe no dia-a-dia e de forma ampliada

---

165. RAICHELIS, R. "Assistência Social e esfera pública: os conselhos no exercício do controle social". *Serviço Social e Sociedade nº 56*. São Paulo, Cortez, ano XIX, mar. 1988, p. 78-79. Observa-se que a noção de *publicização* aqui apresentada é inteiramente distinta daquela constante nos planos governamentais, anteriormente referida neste mesmo texto.

166. SCHWARZ, E. *Ao vencedor as batatas* (Forma literária e processo social nos inícios do romance brasileiro). 2ª ed. São Paulo, Livraria Duas Cidades, 1981.

privilégios, violências e discriminações de renda, poder, de raça, de gênero, entre outras, ampliando o fosso das desigualdades no marco diversificado das manifestações da questão social.

Entretanto, *é nessa mesma dinâmica tensa da vida social que se ancoram as possibilidades e a esperança de efetivar e ampliar os direitos inerentes à condição de cidadania, assim como as possibilidades de universalização da democracia, irradiada para as múltiplas esferas e dimensões da sociabilidade dos sujeitos sociais.*

Orientar o trabalho profissional nos rumos aludidos requisita *um profissional culto e atento às possibilidades descortinadas pelo mundo contemporâneo, capaz de formular, avaliar e recriar propostas ao nível das políticas sociais e da organização das forças da sociedade civil.* Um profissional *informado, crítico e propositivo, que aposte no protagonismo dos sujeitos sociais.* Mas também um profissional versado no instrumental técnico-operativo, capaz de realizar as ações profissionais, aos níveis de assessoria, planejamento, negociação, pesquisa e ação direta, estimuladoras da participação dos usuários na formulação, gestão e avaliação de programas e serviços sociais de qualidade.

Responder a esse perfil delineado exige uma *competência crítica*[167] *que supere tanto o teoricismo estéril, o pragmatismo, quanto o mero militantismo.* Competência que não se confunde com aquela estabelecida pela burocracia da organização, conforme a linguagem institucionalmente permitida e autorizada; que não reifica o saber fazer, subordinando-o, antes, à direção social desse mesmo fazer. Competência que contribui para desvelar os traços conservantistas ou tecnocráticos do discurso oficial, recusa o papel de tutela e controle das classes subalternas — em seus diferentes segmentos e grupos —, para envolvê-las nas teias e amarras do poder econômico, político e cultural.

Busca-se *ampliar as bases de legitimidade do trabalho profissional junto à população usuária dos serviços prestados,*

---

167. Recupero aqui algumas idéias contidas no texto de minha autoria. "Competência e Formação profissional". In: *Renovação e conservadorismo no Serviço Social: Ensaios críticos*. São Paulo, Cortez, 1992, pp. 182-192.

para além dos segmentos patronais, o que requer um *amplo e cuidadoso conhecimento do modo de vida e da cultura dos segmentos sociais com os quais se trabalha e uma orgânica articulação com as entidades que os representam coletivamente na cena social.*

O esforço volta-se para realizar *um trabalho que zele pela qualidade dos serviços prestados e pela abrangência no seu acesso*, o que supõe a *difusão de informações* quanto aos direitos sociais e os meios de sua viabilização. Sabe-se que o assistente social dispõe de relativo poder de interferência na formulação e/ou implementação de critérios técnico-sociais que regem o acesso dos usuários aos serviços prestados pelas instituições e organizações sociais públicas e privadas. *Trata-se de envidar esforços para assegurar a universalidade ao acesso e/ou a ampliação de sua abrangência*, resistindo profissionalmente, tanto quanto possível, à imposição de critérios rigorosos de seletividade. Critérios que tendem a excluir parcelas significativas de cidadãos aos direitos e serviços sociais, em nome da "crise fiscal" e do trato "contábil", dos programas e projetos sociais. O domínio de bases analíticas e informativas que permitam uma *leitura do financiamento das políticas sociais e dos orçamentos a elas pertinentes* é um importante recurso técnico para negociar o carreamento de recursos à viabilização de programas e projetos sociais, especialmente considerando o processo de municipalização das políticas públicas.

A afirmação de um *perfil profissional propositivo* requer um profissional de *novo tipo, comprometido com sua atualização permanente*, capaz de sintonizar-se com o ritmo das mudanças que presidem o cenário social contemporâneo em que "tudo que é sólido, desmancha do ar"[168]. Profissional *que também seja um pesquisador*, que invista em sua formação intelectual e cultural e no acompanhamento histórico-conjuntural dos processos sociais para deles extrair potenciais propostas de trabalho — ali presentes como *possibilidades* — transformando-as em *alternativas profissionais*.

---

168. A assertiva, utilizada por Marx, para caracterizar a modernidade, revela-se hoje dotada da maior atualidade. Cf. MARX, K. e ENGELS, F. "O Manifesto Comunista". In: *Textos 3*. São Paulo, Ed. Sociais, 1977, pp. 13-47.

Um horizonte é incorporar a *pesquisa como atividade constitutiva do trabalho profissional, acumulando dados sobre as múltiplas expressões da questão social, campo em que incide o trabalho do assistente social.* É fundamental, ainda, que os projetos de trabalho elaborados estejam calçados em dados e estatísticas disponíveis, munidos de informações atualizadas e fidedignas, que respaldem a capacidade de argumentação e negociação dos profissionais na defesa de suas propostas de trabalho junto às instâncias demandatárias ou competentes. A pesquisa é ainda um recurso importante no acompanhamento da implementação e avaliação de políticas, subsidiando a (re)formulação de propostas de trabalho capazes de ampliar o espaço ocupacional dos profissionais envolvidos. A consolidação acadêmica da área supõe o reforço da produção acadêmica, do investimento na pesquisa, e estímulos à publicação dos resultados alcançados.

As condições e relações sociais que circunscrevem o trabalho do assistente social atribuem à profissão uma *dimensão política* por excelência, que não se confunde com a militância político-partidária. Apóia-se no fato do seu trabalho realizar-se inscrito em relações de poder, inerentes às relações sociais entre classes que estruturam a sociedade capitalista. A face visível dessas relações, para aqueles que as vivem no contraverso do poder, são as desigualdades expressas nas múltiplas formas de exploração, subordinação e exclusão do usufruto das conquistas da civilização por parte de segmentos majoritários da população. O cotidiano do trabalho do assistente social apresenta-se como um campo de expressões concretas das desigualdades referidas, de manifestações de desrespeito aos direitos sociais e humanos, atingindo, inclusive, o direito à vida. Atribuir-lhes visibilidade é um meio de potenciar a dimensão política inerente a esse trabalho especializado, pela maior utilização da mídia para denúncia das desigualdades, desmandos, desrespeito aos direitos humanos e sociais identificados, reforçando a dimensão *pública das ações profissionais.* Soma-se a isso a articulação de profissionais e unidades de ensino por meio de redes de comunicação via Internet, além da utilização de recursos oferecidos pelos canais de TVs Comunitárias e Universitárias. A esses canais de difusão se alia a publicação de estudos, pesquisas e ensaios elaborados sobre situações relevantes detectadas no campo profissional.

A integração com a esfera legislativa, aos níveis federal, estadual e municipal é outra iniciativa importante para subsidiar os parlamentares sobre os processos sociais e para acompanhar projetos de lei em tramitação concernentes ao campo de trabalho do assistente social e ao ensino na área, contribuindo para uma vigilância cívica na defesa dos direitos e interesses da população usuária dos serviços sociais e da categoria dos assistentes sociais.

A articulação com forças progressistas comprometidas com a formulação de projetos societários que impulsionem o desenvolvimento econômico e social da nação, incorporando os interesses das maiorias nas grandes decisões políticas é outra possibilidade que se apresenta no plano político-profissional. Ainda neste plano, o assistente social pode contribuir para o fortalecimento e a divulgação de experiências exitosas na perspectiva de ampliação dos postos de trabalho e de efetivação de direitos sociais, levadas a efeito ao nível de município e outras instâncias.

Outra frente está voltada à consolidação acadêmica da área de Serviço Social na sua globalidade — envolvendo o ensino graduado e pós-graduado —, atribuindo-lhe respeitabilidade junto ao meio acadêmico, às entidades de fomento à pesquisa e aos órgãos responsáveis pela formulação da política de ensino superior. Tem como pré-requisito um auto-reconhecimento, por parte da categoria, de sua capacitação acadêmica, rompendo com uma introjetada subalternidade profissional, herança de suas marcas de origem.

A competência profissional crítica é indissociável da elevação da qualidade do ensino superior na área. Ela fornece bases para a leitura da realidade e o desempenho profissional voltado para a materialização do projeto profissional, que possibilite, concomitantemente, enfrentar, no mercado de trabalho, a concorrência de áreas profissionais afins. A existência de uma "reserva legal" de competências de uma profissão, ainda que necessária, tende, cada vez mais, a mostrar-se insuficiente para o seu reconhecimento e preservação. A "reserva legal" de competências privativas de um profissional passa a ser submetida ao crivo do desempenho, que a confirme no âmbito da concorrência que tem lugar no mercado de trabalho. Trata-se, em outros termos, da tendência identificada na atualidade de "flexibilizar" a regulamentação das profissões, o que exige capacidade para apreender demandas potenciais e antecipar propostas que possibilitem a preservação e ampliação do espaço ocupacional.

Ao mesmo tempo, a formação é enriquecida por meio de uma articulação orgânica da Universidade com as forças representativas da sociedade civil, em especial com entidades sindicais, associações profissionais e organismos representativos dos usuários, como os Conselhos de Direitos Sociais e das Políticas Sociais de Seguridade, reforçando o intercâmbio entre a academia e a sociedade.

A convivência, sem ameaças, com diferentes níveis de profissionalização dos agentes sociais, que hoje atuam no âmbito da questão social, exige reafirmar o *diferencial de qualidade da formação universitária*, o que irá distingui-la dos demais níveis de ensino autorizados legalmente a qualificar a força de trabalho nesse campo. Ao reforço do *voluntariado* para atuar na questão social, hoje constatado, soma-se os *tecnólogos*, oriundos de cursos seqüenciais, autorizados pela Lei de Diretrizes e Bases da Educação Nacional, ao lado de profissionais de nível superior portadores de diferentes padrões de qualificação, da graduação ao pós-doutorado.

Todo esse empreendimento requisita entidades fortes e representativas para coordenar e integrar o trabalho profissional, o ensino e a pesquisa na área. Entidades *pluralistas*, capazes de abraçar, no seu interior, diferentes correntes intelectuais e políticas em disputa no âmbito profissional, sem abrir mão dos compromissos ético-políticos que dão o norte à profissão. Enfim, entidades *legítimas*, fruto do amplo envolvimento da categoria na trajetória de suas lutas e na formulação de respostas técnico-políticas às transformações societárias, contribuindo para o redimensionamento da profissão na contemporaneidade.

III. Demandas e Respostas da Categoria Profissional aos Projetos Societários*

"Eu quase nada sei, mas desconfio de muita coisa".

*Guimarães Rosa***

Saudações aos colegas participantes do VII Congresso Brasileiro de Assistentes Sociais, expressando minha satisfação com a expressiva presença neste evento. São poucas as categorias que, neste quadro de graves tensões econômicas e políticas por que passa o país, ainda dispõem do poder de mobilização aqui demonstrado. Essa participação massiva na reunião maior dos assistentes sociais nos indaga e nos desafia a todos. Creio ser expressão das inquietações que vivemos em nosso cotidiano profissional, bem como da necessidade de unirmos esforços no sentido de pensarmos juntos as condições e possibilidades de nosso fazer profissional. A presença expressiva neste Congresso

---

* Transcrição revista da conferência pronunciada no VII Congresso Brasileiro de Assistentes Sociais — CBAS —, realizado em São Paulo, no Palácio de Convenções do Parque Anhembi, em 26 de maio de 1992. Justifica-se a inclusão deste texto no presente livro em função do *caráter antecipatório das questões abordadas*, que mantêm ainda hoje sua atualidade, embora o evento remonte aos inícios da década de 1990.

** ROSA, J. Guimarães. "Grande Sertão: veredas" In: *João Guimarães Rosa. Ficção Completa*. Vol. II. Rio de Janeiro, Nova Aguilar, 1995, p. 16.

é ainda sinal de que o momento presente nos questiona; de que estamos vivos e atentos aos dilemas de nosso tempo. E de que não nos deixamos minar pelos ceticismos e pelos desencantos, mas apostamos, sim, na construção de novos rumos para a sociedade brasileira na história presente. Assim sendo, sinto-me feliz e honrada por estar aqui para juntos pensarmos o tema central deste Congresso: "a análise crítica das demandas postas para o Serviço Social e as respostas da categoria profissional, dentro dos marcos dos projetos sociopolíticos em confronto na sociedade brasileira contemporânea". Sendo esse tema de enorme abrangência e complexidade, pretendo apenas levantar algumas sugestões para o debate, de modo que possamos pensar juntos a nossa realidade profissional.

Vou centralizar a reflexão no tema proposto — análise crítica das demandas e das respostas profissionais —, procurando, num primeiro momento, explicitar os parâmetros teóricos que demarcam a análise. Apresento *uma das formas possíveis* para a explicação das demandas apresentadas hoje ao Serviço Social, forjadas no quadro recente das relações entre o Estado e a sociedade no país, que adquirem particularidades distintas no Governo Collor. Pretendo, finalmente, analisar algumas respostas profissionais construídas, tanto na moldura do ideário de raiz liberal como nos esforços voltados para uma consolidação democrática, que aponte para a socialização da política e da economia[169], dentro do horizonte da constituição da livre individualidade social.

1. As demandas profissionais no âmbito das relações entre o Estado e a sociedade

O ponto de partida para enfrentar o tema *é o de que a prática profissional não tem o poder miraculoso de revelar-se a si mesma. Ela adquire inteligibilidade e sentido na história da sociedade da qual é parte e expressão*. Assim, desvendar a prática

169. Sobre a socialização do poder político ver: COUTINHO, C. N. "Sobre a 'questão democrática' em Marx e alguns marxistas". In: *A democracia como valor universal e outros ensaios*. Rio de Janeiro, Salamandra, 2ª ed., 1984.

profissional cotidiana supõe inseri-la no quadro das relações sociais fundamentais da sociedade, ou seja, entendê-la no jogo tenso das relações entre as classes sociais, suas frações e das relações destas com o Estado brasileiro.

A segunda premissa que orienta a análise é a *consideração do primado da produção social. O papel fundamental da produção da vida real, da produção dos indivíduos sociais, que têm, no trabalho, a atividade fundante.* Porque é no mundo da produção — e não da distribuição e do consumo — que está a fonte criadora da riqueza social[170] e da constituição dos sujeitos sociais. E diria mais: é na forma como os indivíduos sociais se articulam no âmbito da produção dos meios de vida que é possível constituir-se um tipo histórico de individualidade social[171], tal como se expressa hoje no mundo capitalista. Aí estão, também, inscritos os fundamentos da exclusão social e política e das alienações.

O terceiro pressuposto é *o privilégio da história, por ser ela a fonte de nossos problemas e a chave de suas soluções.* Destarte, para efetuar uma análise crítica das demandas profissionais, há que atribuir densidade histórica à nossa problemática.

Vou centrar a exposição em torno de alguns "temas ocultos" no debate profissional; temas esses que não vêm sendo prioritariamente privilegiados nas análises do Serviço Social.

O primeiro que gostaria de apontar *é que a profissão tem olhado menos para a sociedade e mais para o Estado.* A hipótese é a de que as reflexões sobre o nosso fazer profissional têm priorizado a análise da intervenção do Estado, via políticas sociais públicas, e daí extraído os seus efeitos na sociedade. Sendo a

---

170. MARX, K. *El Capital. Crítica de la Economía Política* (Libro Primeiro: El proceso de producción del capital.). México, Siglo XXI, 15ª ed. 1985. ______. "Introdução à Crítica da Economia Política (1857)". In: *Marx.* (Col. 'Os Pensadores'.) São Paulo, Abril Cultural, 1974. pp. 104-131.

171. Esta é uma noção chave nas análises efetuadas por Marx em seus apontamentos de 1857-1858. Cf. MARX, K. *Elementos Fundamentales para la Crítica de la Economía Política (Grundrisse).* 1857-1858. 2 tomos. México, Siglo XXI, 1980, 11ª ed., 2 tomos.

compreensão das políticas sociais requisito fundamental para a ação profissional, importa lembrar que não é o Estado que explica a sociedade, uma vez que encontram-se na sociedade civil os fundamentos do próprio Estado. Com isso não pretendo negar o papel decisivo que vem desempenhando o Estado no processo de regulação da sociedade civil, especialmente no âmbito da expansão monopolista, em que as funções econômicas e políticas do Estado se encontram estreitamente imbricadas. No entanto, penso ser imprescindível que olhemos para a sociedade, para o movimento das classes sociais, que têm sido relegados a uma posição de relativa secundariedade no debate do Serviço Social.

Uma outra dimensão, a ser considerada na análise das demandas profissionais e do leque de respostas passível de ser a elas atribuída, é *a consideração dos processos de trabalho e do mercado nacional para a força de trabalho.* Assim, por exemplo, como explicar o processo crescente de pauperização das classes subalternizadas, se não passarmos por uma análise das alterações que vêm ocorrendo nos processos de trabalho e das particularidades do mercado de trabalho urbano e rural, nos quais se inserem (ou deles se vêm excluídos) os segmentos populacionais junto aos quais atuamos?

Outra questão "oculta" — decorrente dessa "porta de entrada" privilegiada para a análise da profissão, qual seja, a ação do Estado via políticas sociais — penso ser *a tendência a uma análise politicista das demandas profissionais. Ou seja, uma análise da política que, muitas vezes, se descola das determinações econômicas.* Ao resvalarmos para uma análise politicista dos direitos sociais e das políticas sociais, absolveremos o capital, caindo numa perspectiva, no máximo, distributiva da riqueza social, reconhecendo a sociedade capitalista e suas desigualdades como "naturais". Na análise das demandas profissionais parece-me indispensável, pois, resguardar uma profunda aliança entre a economia e a política.

Finalmente, outro dilema que identifico *é a tendência a considerar a sociedade brasileira numa óptica meramente urbana.* Dificilmente, em nossos debates, os processos sociais agrários aparecem articulados à questão urbana, correndo o perigo de reincidirmos no velho dualismo rural-urbano. A preocupação orienta-se na direção de resguardar as faces agrária e urbana da sociedade brasileira, procurando entender as ações do Estado e do capital tanto no processo de reprodução ampliada do capital, como na captura da propriedade da terra, subordinando-a aos seus fins e gerando a expulsão de trabalhadores, a luta pela terra, o redimensionamento das relações de trabalho, também no mundo rural.

Coerente com tais premissas, partiria de alguns *flashes* do processo de pauperização em nossa sociedade, enraizado na órbita do trabalho. Ora, são as mudanças verificadas no mundo do trabalho que alteram, dimensionam e redimensionam a demanda das políticas sociais que nós, por meio do exercício profissional, implementamos na linha de ponta da prestação dos serviços sociais. Vou ilustrar com alguns dados oficiais, contidos no trabalho de Menezes (1992)[172], extraídos da Pesquisa Nacional por Amostra de Domicílios (PNAD), da Fundação Instituto Brasileiro de Geografia e Estatística — IBGE —, de 1989.[173] Tais dados nos permitem uma primeira aproximação ao universo da pobreza, em que somos chamados a intervir. Os dados do PNAD nos indicam que se consideramos aqueles que recebiam até dois salários mínimos, dentre a população economicamente ativa (PEA), tínhamos 33,3% dessa população ocupada. Se anexarmos a estes 33,3% o contingente daqueles que não têm nenhum rendimento, que é equivalente a quase 40% (33,9%), a cifra do universo da pobreza atingia a assustadora percentagem de 73,2% da população economicamente ativa em 1989. Vejamos outro dado revelador: considerando o total da população ocupada — nela incluindo todas as pessoas que exercem atividades econômicas independente do tipo de cobertura legal —, ele perfaz 60,6 milhões de pessoas.

---

172. Refiro-me à dissertação de mestrado em Serviço Social (UFRJ) de Maria Thereza C. G. de Menezes, apresentada em 1992, e realizada sob minha orientação. O texto, quando da revisão desta conferência, já encontrava-se publicado, sob o título: *Em busca da teoria: políticas de assistência pública*. São Paulo, Cortez/UERJ, 1993.

173. IBGE. *Síntese dos Indicadores Sociais da Pesquisa Básica do PNAD de 1981 a 1989*. Rio de Janeiro, IBGE, 1990.

Desse total, cerca de 40% trabalham sem carteira assinada, isto é, não dispõem de intermediação legal na proteção do trabalho, sendo desprovidos até da "cidadania regulada", nos termos de Santos[174], sujeitas a todo tipo de arbítrio no âmbito das relações de trabalho.

Segundo dados publicados no *Jornal do Brasil* (8/1/91), o trabalhador que recebia salário mínimo, em 1990, comprometia, em média, 92,3% do salário em alimentação, o maior índice até então, desde a criação do salário mínimo na década de 1940.

O que esses dados nos revelam? Em que eles nos desafiam?

Em primeiro lugar, eles representam uma das pontas do *iceberg* do que estou chamando de "modernidade tupiniquim", típica da sociedade brasileira. Como esta "modernidade" se caracteriza?

Por um lado, temos a modernidade econômica para o grande capital, que vem contando com o decisivo apoio do Estado via subsídios fiscais, creditícios e outras formas protecionistas estimuladas com a expansão monopolista, sob a égide do capital financeiro. Ou seja, o Estado a serviço da modernização tecnológica, agrícola e industrial, efetuada pelos grandes grupos econômicos, regulando e subsidiando a acumulação privada. Assim, o Estado vem marcando uma forte presença no apoio às chamadas "classes produtoras", aliada a uma débil participação na reprodução e socialização da força de trabalho.

O outro lado dessa "modernidade", que os dados supra citados nos apontam, é a barbárie na reprodução das condições de vida da população trabalhadora, com a qual nos defrontamos cotidianamente em nosso exercício profissional. É a radicalização da miséria, a impossibilidade de obtenção dos meios de vida por parte dos trabalhadores inteiramente despossuídos das condições necessárias para satisfazer suas necessidades vitais, à medida que se verifica, inclusive, um incremento expressivo do setor informal de trabalho e do desemprego. Hoje vivemos *tanto a luta contra*

174. SANTOS, W. G. *Cidadania e justiça*. Rio de Janeiro, Campus, 1979.

a exploração capitalista, como a luta contra a exclusão permanente ou temporária da órbita da produção.

A isso se alia uma particularidade muito especial na *formação do mercado nacional de trabalho no país: a convivência de formas históricas de trabalho distintas*, calcadas tanto na forma assalariada, à base de relações contratuais quanto de relações de trabalho típicas da produção mercantil simples — presentes na produção familiar agrícola e na produção artesanal —, além de relações de produção ainda marcadas pelo selo da subordinação pessoal. Já verificamos que cerca de 40% da população economicamente ativa não dispõe sequer dos direitos típicos do trabalho formalmente livre na sociedade capitalista, ou seja, dos direitos trabalhistas.

Como explicar essa "modernidade tupiniquim", no quadro da qual é forjada a realidade cotidiana da população, com que nos defrontamos no dia-a-dia do trabalho?

Tendo suas raízes em nossa herança colonial, ela é, também, fruto da história recente do país, em especial, da ditadura militar — com seu favorecimento ao grande capital nativo e imperialista —, e sua crise, tendo desdobramentos na "transição democrática negociada".

Vamos ilustrar esses processos para que possamos ir construindo uma visão mais globalizadora dos fatores intervenientes em nossa demanda profissional. Que mudanças ocorreram na sociedade brasileira recente, que afetam diretamente os segmentos populacionais, alvo de nossa prática profissional? Sem nenhuma pretensão exaustiva, demarcaria três aspectos, exemplificando essas alterações.

Buscando ultrapassar uma visão fragmentada, porquanto exclusivamente urbana — que, freqüentemente, tende a nortear a leitura da sociedade feita por nós, assistentes sociais — há que ressaltar *a decisiva intervenção que o Estado efetuou na agricultura, nos últimos vinte anos, submetendo-a aos interesses do grande capital.* Tal intervenção deu-se seja por meio do estímulo aos grandes projetos agropecuários, financiados, nos anos 1970, a juros negativos; seja via incentivos técnicos, políticos e creditícios que alteraram as relações agricultura/indústria, mediante a formação do complexo agroindustrial. Acelerou-se não só a industrialização de produtos, equipamentos e insumos *para a* agricultura, mas a industrialização *da* agricultura, isto é, o processamento industrial dos produtos dela derivados. O apoio estatal à grande agricultura de exportação foi também estimulado, em detrimento da pequena produção de alimentos[175].

A política estatal provocou, também, profundas alterações no mercado de terras no Brasil, sofrendo esta uma assustadora elevação de preços, passando a ser apropriada prioritariamente como *reserva de valor* e não necessariamente voltada para a produção[176].

Um dos resultados desses processos tem sido a *expropriação dos trabalhadores da terra, redundando tanto na crescente mercantilização da força de trabalho, como na recriação contraditória de formas de trabalho não assalariadas*; formas essas expressas nas figuras do posseiro, do pequeno produtor mercantil simples e até em formas escravas de trabalho na agricultura. A contrapartida é a profunda violência no campo, a intensificação das lutas pela terra, a expulsão de pequenos lavradores, o crescimento das formas de organização dos assalariados rurais. Resultou, ainda, um massivo êxodo rural, ocorrido nos últimos vinte anos — só nos anos 1970 quase 16 milhões de pessoas deixaram o campo em direção às grandes cidades[177], que derivou no inchaço da

---

175. Para uma análise cuidadosa desses processos, que não podem ser aqui detalhados, ver, entre outros: DELGADO, G. C. *Capital financeiro e agricultura no Brasil (1965-1985).* Campinas, Ícone/Unicamp, 1985; SILVA, J. G. (Coord.) *Estrutura agrária e produção de subsistência na agricultura brasileira.* São Paulo, Hucitec, 1978; ______. *Progresso técnico e relações de trabalho na agricultura brasileira.* São Paulo, Hucitec, 1981; MARTINE, G. "A trajetória da modernização agrícola: a quem beneficia?". In: *Lua nova. Revista de Cultura e Política.* São Paulo, CEDEC, mar. 1991, nº 23, pp. 7-38; MARTINE, G. e GARCIA, C. (orgs.). *Os impactos sociais da modernização agrícola.* São Paulo, Caetés, 1987; MULLER, G. *Complexo agro-industrial e modernização agrária.* São Paulo, Hucitec/Educ. 1989.

176. Ver, a respeito: DELGADO, G. C. Op. cit.; SILVA, J. S. *Valor e renda da terra. (O movimento do capital no campo)* São Paulo, Pólis, 1981; MARTINS, J. S. *A militarização da questão agrária no Brasil. (Terra e poder: o problema da terra na crise política).* Petrópolis, Vozes, 1986. ______. *A reforma agrária e os limites da democracia na "Nova República".* São Paulo, Hucitec, 1986.

177. MARTINE, G. "Êxodo rural, concentração urbana e fronteira agrícola". In: MARTINE, G. e COUTINHO R. (Orgs.) *Os Impactos Sociais da Modernização Agrícola.* Op. cit. p. 59.

população dos grandes centros urbanos e, em conseqüência, num incremento crescente da demanda dos serviços sociais públicos, por parte da população pauperizada.

Tais *processos sociais* vêm alterando *os modos de vida das classes subalternas*, ou seja, dos vários segmentos da população usuária de nossos serviços profissionais. Verificam-se mudanças nas formas de vida desses sujeitos sociais, criadas e recriadas no interior desse movimento histórico. São submetidos a desenraizamentos culturais e a novos modos de viver. Tem-se um contingente de força de trabalho em permanente mobilidade: as "hostes errantes", nos termos de Francisco de Oliveira[178]. Conforme recolhi em pesquisa realizada na região açucareira de Piracicaba (SP)[179], esses segmentos de trabalhadores errantes são denominados de "peões de trecho": aqueles que vivem no 'trecho', que não têm lugar, não têm 'parada', por estarem sempre correndo atrás de uma possibilidade de trabalho, onde ela exista. Uma massa de trabalhadores, que representa o enorme crescimento da população sobrante, porque excedente às necessidades médias do capital.

Mas o Estado, em nome do capital, não interveio apenas na agricultura e sim nos vários ramos da produção. Alterou o modo de trabalho e de vida dos trabalhadores urbano-industriais e do setor secundário. Não podemos deixar de acentuar a conglomeração financeiro-empresarial e, a ela acoplada, a modernização tecnológica e organizacional dos processos de trabalho industriais. A título de ilustração, temos o fato de algumas indústrias de ponta, ligadas aos grandes grupos oligopolistas, passarem a introduzir tecnologias flexíveis de base microeletrônica,

---

178. Referindo-se ao Nordeste, na década de 1970, Oliveira afirma: "A estrutura social parece ter sido reinventada pelo mesmo criador de Frankenstein. As classes sociais dominadas são uma espécie de classes inacabadas: sua submissão real e formal ao capital, dado o enorme contingente de reserva, é sempre intermitente, interrompida periodicamente. O posseiro e o meeiro não se proletarizam senão parcialmente; o operário da cidade não é sempre operário. As classes sociais dominadas são 'movimentos', 'massas', menos do que classes". OLIVEIRA, F. "Anos 70: as hostes errantes". *Novos Estudos Cebrap*, vol. I, n. 19, dez. 1981, p. 22.

179. Refiro-me à pesquisa que realizei sobre os migrantes sazonais na indústria de açúcar e álcool, na microrregião açucareira de Piracicaba (SP).

que convivem com um parque industrial em bases mais tradicionais.[180] O trabalho é potenciado e são estabelecidas novas exigências de qualificação, ao mesmo tempo em que se reduz a demanda de trabalhadores, estimulando-se o fenômeno da "terceirização"[181]. Essas alterações tecnológicas e organizacionais da produção representam *novas fontes de demanda profissional*: dinamizam-se e alteram-se a solicitação do trabalho do assistente social nas empresas para atuar nas "relações industriais" e em projetos voltados para as "relações humanas", no interior das indústrias.

Expande-se, ao mesmo tempo, o setor de serviços ou terciário.

Este panorama, aqui apenas esboçado em largos traços, *representa processos históricos por meio dos quais vêm sendo forjadas e alteradas as demandas, por parte da população, de políticas sociais e dos serviços sociais que as materializam*, na implementação dos quais atuam os assistentes sociais.

No início da década de 1990 estamos diante de uma sociedade brasileira com novas feições: com uma distinta conformação das classes sociais, dispondo de formas peculiares de organização dos processos de trabalho, e de uma ampla diferenciação interna das classes subalternas, acompanhada da ampliação significativa da população excedente, alijada do mercado formal de trabalho. A decifração dessa problemática parece-me crucial para que o as-

---

180. São ilustrativos dessas tendências os estudos de CARVALHO, R. Q. *Tecnologia e trabalho industrial. (As implicações sociais da automação microeletrônica na indústria automobilística).* São Paulo, LP&M, 1987; SCHMITZ, H. e CARVALHO, R. Q. (Orgs.) *Automação, competitividade e trabalho: a experiência internacional.* São Paulo, Hucitec, 1988; MARQUES, R. M. *Automação Microeletrônica e o trabalhador.* São Paulo, Bienal, s./d.; NEDER, R. T. *et alii. Automação e movimento sindical no Brasil.* São Paulo, Hucitec, 1988; WOOD, S. "O modelo japonês em debate: pós-fordismo ou japonização do fordismo". In: *Revista Brasileira de Ciências Sociais.* Rio de Janeiro, ANPOCS, ano 6, nº 17, out. 1991 ______. *The Degradation of Work? Skill, diskilling and the labour process.* London, Hutchinson & Co. Ltda., 1982.

181. Fenômeno consistente, como se sabe, na transferência de atividades produtivas do âmbito das grandes empresas para firmas de pequeno e médio porte, que operam como empreiteiras, poupando, ao grande capital, ônus vinculados aos direitos sociais dos trabalhadores.

sistente social consiga compreender o universo da população usuária dos serviços em que atua, rompendo o discurso monolítico sobre "a classe trabalhadora", para apreender as distinções e particularidades de seus vários segmentos.

Aquelas novas feições foram criadas e agravadas nos marcos de uma crise internacional: não só do "socialismo real", mas também do capitalismo mundial. Tem sido esse o terreno germinador das concepções de raiz neoliberal que vêm presidindo as orientações políticas do Estado para com a sociedade, com claras derivações nas formas propostas de enfrentamento da "questão social". Busca-se limitar a ação do Estado e seus gastos para fazer frente às condições sociais de reprodução da força de trabalho, aí revelando-se como "Estado mínimo"; a isso se acopla a defesa da livre economia de mercado e da liberdade individual dos proprietários privados, respeitando-se o princípio da legalidade do estado de direito. Para países como o Brasil, essa problemática se complexifica em função das relações financeiras com o sistema capitalista internacional, de que é sinal o estrangulamento da dívida externa.

A defesa da orientação neoliberal pelo Governo Collor de Mello, sintonizado com as mesmas tendências verificadas em importantes países "centrais", vem implicando em drásticas reduções dos investimentos públicos na área do 'bem-estar social'. Cortam-se gastos sociais e transferem-se serviços para o setor empresarial, condizente com a política mais ampla de privatização, levada a efeito pelo Estado. O "enxugamento" e sucateamento dos serviços públicos têm redundado não apenas na perda de qualidade dos atendimentos, como têm forçado sua progressiva seletividade, o que entra em colisão com uma das principais conquistas obtidas na Carta Constitucional de 1988, relativa à *universalização dos direitos sociais e dos serviços*, que lhes atribuem materialidade. Estamos testemunhando *uma refilantropização no campo da prestação dos serviços assistenciais*, pelo estímulo à participação de entidades privadas, a iniciativas do "voluntariado", fortalecendo o jogo de interesses privados na implementação dos serviços sociais, afetando o seu caráter público.

Esta minimização da ação estatal na garantia das condições básicas de vida do conjunto dos trabalhadores — resguardando-se a contra-face de um estado máximo para o capital, como o já salientado — é campo fértil para disseminação e reatualização de práticas de favor e do arbítrio, que têm, na violência, a sua contrapartida; características estas não estranhas ao perfil histórico particular assumido pelo liberalismo na formação sociopolítica de nosso país.[182]

2. Condições de trabalho e respostas profissionais

Quais as repercussões de tais orientações políticas em nosso cotidiano profissional?

Temos, por um lado, *o crescimento da pressão na demanda por serviços, cada vez maior, por parte da população usuária mediante o aumento de sua pauperização. Esta se choca com a já crônica — e agora agravada — falta de verbas e recursos das instituições prestadoras de serviços sociais públicos*, expressão da redução de gastos sociais recomendada pela política econômica governamental, que erige o mercado como a "mão invisível" que guia a economia. Verifica-se a inviabilização de programas de trabalho, a falência dos serviços públicos nos campos da saúde, educação, habitação etc.

Em conseqüência, *amplia-se*, cada vez mais, *a seletividade dos atendimentos*, fazendo com que a proclamada universalização dos direitos sociais se torne letra morta. O discurso governamental passa a espelhar a "lógica do contador", como ressalta Menezes: embora direitos sejam legalmente contemplados, não havendo recursos, altere-se a lei. É desta forma como vem sendo tratada, no Governo Collor, a questão dos aposentados, da autonomia universitária, dentre muitas outras. A Constituição parece tornar-se "inconstitucional", na óptica do governo, por "inviabilizar o

---

182. Ver: SCHWARTZ, R. *Ao vencedor, as batatas.* São Paulo, Livraria Duas Cidades, 2ª ed. 1981, pp. 23-25; VIANNA, L. W. *Liberalismo e sindicato no Brasil.* Rio de Janeiro, Paz e Terra, 2ª ed. 1978; COSTA, E. V. *Da Monarquia à República. Momentos Decisivos.* São Paulo, Grijalbo, 2ª ed., 1977; MERCADANTE, P. *A Consciência Conservadora no Brasil.* Rio de Janeiro, Saga, 1965.

Estado", o que vem colocando em risco algumas conquistas fundamentais obtidas no campo dos direitos sociais.

Diante dessa crescente restrição da capacidade de atendimento, o assistente social, por estar inserido na ponta final da prestação dos serviços, vê-se, institucionalmente, cada vez mais compelido a exercer a função de um *juiz rigoroso da pobreza*, técnica e burocraticamente conduzida, como uma aparente alternativa à cultura do arbítrio e do favor. Assim, por exemplo, conversando com uma colega que trabalha em uma prefeitura próxima à São Paulo, ela dizia-me que o critério para o fornecimento da cesta básica à população era a condição do desemprego. Porém este cresceu tanto nos últimos períodos e o custo dos alimentos se elevou de tal forma, que hoje existem outros critérios para a seleção do público beneficiado: "dentre os desempregados, os mais pauperizados", o que revela uma pressão cada vez maior sobre os direitos dos trabalhadores. Em algumas outras instituições, os profissionais defrontam-se com o ócio, impedidos de trabalhar diante da inexistência de recursos, o que gera perplexidade e imobilismo.

Este quadro tem sido fonte de angústias e questionamentos sobre o nosso papel profissional, diante da dificuldade de criar, recriar e implementar propostas de trabalho, podendo estimular a burocratização e o vazio profissional. Alguns buscam, como "tábua de salvação", o discurso do mero "compromisso com a população", seja em sua versão mais politizada, seja em sua versão dialógica do respeito ao homem, como o apoio possível, mas incapaz, por si só, de enfrentar as demandas materiais e socioculturais da população trabalhadora.

Porém é essa realidade de precariedade dos serviços públicos que enfrentamos e da qual temos de partir no cotidiano profissional, não podendo deixar que ela nos afixie. Não temos de ser necessariamente levados ao imobilismo, à descrença, à desilusão profissional. Há que superar essa posição fatalista, como também aquelas visões idealizadas que, como costumo dizer, tornam a assistente social (desculpem-me os colegas do sexo masculino, mas a categoria é predominantemente feminina), próxima à figura da "Alice no país das maravilhas": *se* a sociedade fosse igualitária, *se* houvessem recursos abundantes, *se* não existissem relações de poder nas instituições, *se* tivéssemos completa autonomia em nosso campo de trabalho... aí, sim, poderíamos realizar "aquele" Serviço Social com que sonhamos. Nessa perspectiva, a *realidade torna-se o obstáculo, vista como o que impossibilita o trabalho.* Isso porque partimos de uma visão idealizada do real, não correspondente à história presente. Esta é colocada entre parênteses e não decifrada, impossibilitando descobrir, na articulação dos processos econômicos, políticos e culturais que a constituem — isto é, no seu movimento —, os desafios e as possibilidades de trabalho. Por vezes, esquecemos que a mudança desse quadro assinalado não depende apenas de nós, como freqüentemente almejamos de maneira voluntarista.

Mas esse não é o único encaminhamento possível para a prática profissional. Nessa mesma sociedade, com o perfil supra assinalado, existem outras forças sociopolíticas presentes, às quais podemos nos unir, como profissionais e cidadãos. Forças essas que vêm lutando pela defesa dos direitos sociais conquistados e sua ampliação, pela crescente participação dos usuários e das organizações da sociedade civil na gestão dos serviços públicos. Aí sim, defendendo um mínimo de Estado e um máximo de sociedade na gestão da coisa pública. Na defesa da cidadania política, temos as lutas contra a despolitização dos partidos e sindicatos, que passam a ser substituídos por "lobbies", desfigurando as suas funções. A consolidação da cidadania implica a existência de partidos programáticos, de um movimento sindical combativo e organizado, que não se identifica com o sindicalismo "de resultados", aprisionado aos limites corporativos. A defesa da condição profissional implica, hoje, uma luta que a ultrapassa para abarcar o processo de construção de uma vontade coletiva majoritária, capaz de articular múltiplos interesses no âmbito da sociedade civil, que tenham no seu horizonte a progressiva socialização da política, do Estado e da própria economia.

Nós, assistentes sociais, vimos construindo respostas importantes nessa direção, no que toca ao nosso campo de trabalho. Neste Congresso será efetuado um debate sobre a Lei Orgânica da Assistência Social — LOAS —, regulamentando a assistência como um direito constitucional. Dado o vínculo histórico e estrutural de nosso trabalho com a assistência pública, a categoria tem um papel decisivo a desempenhar, no sentido de contribuir para assegurar e ampliar as conquistas já obtidas constitucionalmente, interferindo no seu processo de regulamentação legal. Demonstramos, assim, não estar imobilizados, mas, acreditando, sim, ser possível exercitar nossa cidadania, zelando pelo aprofundamento e consolidação do processo democrático, cujos rumos dependem, decisivamente, das manifestações por parte da sociedade civil.

Penso ser o debate sobre a assistência decisivo, para evitarmos recair em alguns sofismas que vêm perpassando muitas das análises hoje difundidas sobre o tema. O liberalismo não apenas permeia as políticas do Estado; ele, também, atinge o senso comum e os intelectuais. O discurso que trata a assistência como um direito partícipe do processo de constituição da cidadania, enfatizando a sua função redistributiva de renda, tem sido repetido, de forma inconseqüente e superficial, por vezes usado como um passe de mágica, capaz de "livrar" o Serviço Social do estigma da pobreza, atribuindo um verniz mais "moderno" à profissão. Esse discurso, ao abstrair do debate a realidade da vida do público que tem sido alvo das políticas assistenciais — carente de condições mínimas de defesa da própria vida — pode ser fonte de ilusões e de desvios de rota, colocando em cheque as pretensões e resultados anunciados. Pode resultar, como o já apontado, na segmentação entre política e economia, na análise das políticas sociais aprisionadas à esfera da distribuição da riqueza, redundando na naturalização das desigualdades geradas na produção, o que permite que os direitos sejam visualizados apenas na órbita da política. Daí resulta um receituário de medidas assentado na crítica dos desvios institucionais da implementação das políticas de assistência pública. Isto é, *se* a assistência fosse tratada de forma "satisfatória" pelo Estado, por meio de uma gestão racional e eficiente de verbas, poder-se-ia dar conta medianamente da administração da miséria. O ardil está posto: um conjunto de medidas burocrático-administrativas não é capaz de conduzir, por si só, à realização da cidadania e apenas as políticas sociais não são suficientes para efetivá-la.

Esse debate sobre a assistência merece ser aprofundado, de modo que se torne capaz de confluir em propostas não ilusórias, que reconheçam os limites estruturais de qualquer política de assistência em um país com níveis extremamente elevados de concentração de terra e de capital, implicando na exclusão social de amplíssimas parcelas da população, destituídas dos direitos mais elementares de sobrevivência. Propostas aquelas que, considerando os limites mencionados, contribuam para avançar na configuração de uma política de assistência, como um dos campos da seguridade social, ao lado da saúde e da previdência social, assegurando a prestação de serviços à população que contribua para efetivar direitos sociais tão ultrajados na sociedade brasileira.

2ª PARTE

A Formação Profissional na Contemporaneidade

I. A formação profissional na contemporaneidade*

Diz a tarde: "Tenho sede de sombra!
"Diz a lua: "Eu, sede de luzeiros"
....
Eu tenho sede de aromas e sorrisos,
sede de cantares novos
sem luas e sem lírios
e sem amores mortos.

Um cantar de manhã que estremeça
os remansos quietos
do porvir. E encha de esperança
suas ondas e seus lodaçais"

Federico Garcia Lorca[183]

1. Introdução

Tratar os dilemas e perspectivas da formação profissional na contemporaneidade adquire especial relevância neste momento em que nos defrontamos com o desafio de elaborar uma nova proposta de currículo mínimo para o curso de Serviço Social a

* Texto base da conferência pronunciada no Departamento de Serviço Social, da Universidade Federal da Paraíba, em 4 de abril de 1995. A mesma temática foi também tratada em palestra realizada na Oficina Regional de ABESS — Região Leste II — ocorrida no Rio de Janeiro, na Pontifícia Universidade Católica, em 06/04/95 e, posteriormente, no XVIII Encontro Regional de Estudantes de Serviço Social — ERESS — em Fortaleza, em 22/4/95.

183. LORCA, F. G. "Cantos Novos". Livro De Poemas. In: *Obra poética completa*. São Paulo, Martins Fontes, 1996, p. 65.

ser apresentada ao Conselho Federal de Educação — hoje Conselho Nacional de Educação. Implica necessariamente a revisão crítica da trajetória do debate acumulado nos anos 1980, do que Carvalho[184] qualificou de "experiência brasileira de redefinição da formação profissional", incorporando as conquistas e avanços já consolidados, os dilemas aí identificados, como patamar necessário para *re-situar a formação do Assistente Social ante as novas exigências da contemporaneidade brasileira nos anos 1990*. Exigências essas decorrentes das profundas alterações que vêm se verificando no mundo do trabalho, com amplas repercussões na reforma do Estado, nas novas configurações assumidas pela sociedade civil, assim como nas inflexões observadas na esfera da cultura.

A preocupação que move tais reflexões é de construir, no âmbito do Serviço Social, *uma proposta de formação profissional conciliada com os novos tempos, radicalmente comprometida com os valores democráticos e com a prática de construção de uma nova cidadania na vida social, isto é, de um novo ordenamento das relações sociais.*

O tema será abordado em quatro momentos: a) a sua problematização, explicitando alguns elos norteadores da análise; b) a identificação dos desafios históricos que atravessam a formação profissional na contemporaneidade; c) as conquistas e dilemas acumulados na década de 1980; d) as perspectivas que se abrem à reformulação de um projeto de formação profissional na sociedade brasileira.

2. Problematização do tema

A problematização da temática supra-referida pode ser sintetizada nas seguintes indagações: que novos desafios a sociedade brasileira dos anos 90 apresenta à formação do assistente social, tendo como *contraponto* o debate acumulado na década de 1980?

---

184. CARVALHO, A. *Formação profissional do Assistente Social ao nível de graduação — a experiência brasileira*. Natal, Seminário Nacional sobre o Projeto Pedagógico, out. 1988, (mimeo.), p. 1.

Quais as conquistas e os limites aí identificados? Que mudanças de qualidade estão sendo requeridas para o redimensionamento da formação profissional?

Considerar tais questões é de crucial importância para que o *novo currículo não nasça velho*, como uma proposta passadista, defasada da história nesses tempos de crise. E, ainda, que não se configure como mero *aperfeiçoamento* do currículo mínimo atualmente vigente, simples reedição revista e melhorada do passado recente, o que não é mais possível mediante a radicalidade das mudanças observadas no cenário mundial e nacional nas últimas décadas, como será indicado a seguir. O desafio é, pois, garantir um *salto de qualidade* no processo de formação profissional dos assistentes sociais.

Destarte, para se gestar um novo projeto de formação profissional há que estar atento aos "silêncios", aos "vazios" do debate contemporâneo do Serviço Social para *antecipar* problemáticas e propostas, preenchendo lacunas e somando forças para o enfrentamento da voga neoliberal em suas características conservadoras e privatistas, que reduzem o cidadão à figura do consumidor ao erigir o mercado como eixo regulador da vida social, obscurecendo as funções públicas do Estado a favor de sua privatização. Assim, *pensar a formação profissional no presente é, ao mesmo tempo, fazer um balanço do debate recente do Serviço Social*, indicando temas a serem desenvolvidos, pesquisas a serem estimuladas para decifrar as novas demandas que se apresentam ao Serviço Social. E, sobretudo, para que a categoria profissional se arme de elementos teóricos e de informações da realidade capazes de subsidiá-la na formulação de propostas profissionais, isto é, na construção de *programáticas de trabalho*, tanto no campo da formulação de políticas sociais como de sua implementação.

O debate sobre a formação profissional na contemporaneidade brasileira, tendo em vista a formulação de um novo currículo, supõe, pois, um *diálogo crítico* com o processo de construção e implantação de um *projeto de formação profissional coletivamente construído na década anterior*. Projeto este amplamente protagonizado pelas unidades de ensino — por intermédio de professores, alunos e profissionais —, sob a direção da *Associação Brasileira de Ensino em Serviço Social* — que buscou articular as dimensões de *ensino, pesquisa e extensão*, possibilitando a efetiva integração do Serviço Social na dinâmica da vida universitária. Representou, sem sombras de dúvidas, um salto de qualidade na preparação acadêmico-profissional de quadros para o exercício do Serviço Social.[185] Mesmo considerando a riqueza das contribuições acumuladas — nem sempre integralmente incorporadas pela totalidade dos cursos existentes no país —, o debate presente implica necessariamente a *ultrapassagem daquele projeto: em uma relação de continuidade e ruptura.* Relação esta que preserve avanços consolidados, identifique impasses e defasagens diante das mudanças verificadas no mundo do trabalho, nas relações entre Estado e sociedade civil e na esfera da cultura. Mas, também, se desdobre em uma ruptura *necessária* com aquele projeto, de modo que permitia à formação profissional expressar *as novas tendências e condições emergentes no processo social*, subsidiando a construção de respostas profissionais sólidas e antecipatorias ante as particularidades da "questão social" no atual estágio da acumulação capitalista. Este é um dos quesitos para assegurar a *atualidade da profissão*, condição de sua *necessidade social*, ou seja, da continuidade de sua reprodução na esfera do mercado capitalista de trabalho e de alargamento de seu espaço ocupacional.

Uma das condições fundantes para se garantir a adequação da formação profissional à dinâmica de nosso tempo, é *implodir uma visão endógena do Serviço Social e da vida universitária*, prisioneira em seus "muros internos". *Alargar os horizontes, voltados para a história da sociedade brasileira nos quadros do novo reordenamento mundial para aí melhor apreender as particularidades profissionais em suas múltiplas relações e determinações, densas de conteúdo histórico.* Este "salto para fora" dos

---

185. Ver: YAZBEK, M. C. (org.). "Projeto de Investigação: a formação profissional do assistente social". In: *Serviço Social e Sociedade nº 14*. São Paulo, Cortez, abr./1984, pp. 104-143 e coleção *Cadernos ABESS nºs 1 a 7*, publicados pela mesma editora.

limites profissionais e da vida universitária não significa a diluição das condições e relações *específicas* nas quais se molda a formação profissional; ao contrário, é mediação *necessária* para que ela possa adquirir inteligibilidade nos quadros do processo da vida social contemporânea, como totalidade social. Exige apostar assim na *história*, como fonte de nossas indagações e da construção de respostas acadêmicas e ético-profissionais saturadas de possibilidades. O desafio é, portanto, *historicizar o debate*, rompendo as análises teoricamente estéreis, porque descoladas da realidade, assim como as visões intimistas e empiricistas do Serviço Social, que só poderão conduzir a uma versão burocratizada da revisão curricular na dinâmica universitária. Tendo por base tais considerações, a sugestão é a de iluminar, por meio da história contemporânea e de uma teoria social crítica nela vincada, as *particularidades* do Serviço Social como profissão que se realiza e se reproduz no *mercado de trabalho.*

Emerge daí uma outra diretriz, traduzida na necessidade de *articular formação profissional e mercado de trabalho.* Essa não se confunde com a mera adequação da formação às exigências do mercado, numa perspectiva instrumental, subordinando a formação universitária à dinâmica reguladora do mercado, erigido como *fetiche* pelo pensamento liberal, reeditado hoje nas versões neoliberais das políticas oficiais de Estado, preconizadas pelos organismos internacionais. A articulação proposta passa por outras considerações: a exigência de uma formação profissional *sintonizada* com o mercado de trabalho e, ao mesmo tempo, dotada de um *distanciamento crítico* do mesmo. Sintonização que permita detectar as demandas expressas nas órbitas estatal e empresarial — expressão de *tendências dominantes* do processo de acumulação capitalista e das políticas governamentais impulsionadoras de sua realização. Detectar também o que se *esconde por detrás destas tendências: as contradições e impasses pelos quais se realiza*, decorrentes das desigualdades que recria ampliadamente, das lutas entre as classes, das respostas que estão sendo criadas pelos setores explorados e dominados, excluídos dos benefícios do progresso e dos recursos e espaços da "proteção social". Em outros termos: apreender as *contratendências desse processo: ver o reverso da medalha da crise, identificando como tais contratendências se refratam no mercado profissional de trabalho.* Descobrir na vida social as possibilidades parcialmente ocultas, dadas pelas formas de resistência e de defesa da vida, pela pressão social, pela invenção da prática social cotidiana realizada pelos indivíduos sociais, as quais permitem vislumbrar novos rumos sociais e formas de sociabilidade que estão sendo construídos no presente, rompendo possíveis amarras que ameacem esterilizar as ações profissionais.

Ora, a *sintonia* da formação profissional com o mercado de trabalho é condição para se preservar a própria sobrevivência do Serviço Social. Como qualquer profissão, inscrita na divisão social e técnica do trabalho, sua reprodução depende de sua *utilidade social*[186], isto é, de que seja capaz de responder às *necessidades sociais*, que são a fonte de sua demanda. Sendo o assistente social um *trabalhador assalariado, depende da venda de sua força de trabalho especializada no mercado profissional de trabalho. Para que ela tenha valor de troca, expresso monetariamente no seu preço, é necessário que confirme o seu valor de uso no mercado.* Reside aí a necessidade de que a reformulação de um projeto de formação profissional esteja afinada com o novo perfil da demanda profissional no mercado de trabalho, detectando-o e decifrando-o para que se possa qualificar profissionais que, não só confirmem sua necessidade, mas sejam capazes de responder crítica e criativamente aos desafios postos pelas profundas transformações incidentes nas esferas da produção e do Estado, com profundas repercussões na conformação das classes sociais. Impõe-se, portanto, que a revisão curricular esteja atenta às transformações verificadas nos padrões de acumulação capitalista — em especial de produção e gestão da força de trabalho —, nas estratégias de dominação e no universo da cultura.

186. Não estamos preconizando uma versão utilitarista do Serviço Social, mas apenas querendo salientar a importância de que a força de trabalho do Assistente Social preserve o seu valor de uso, condição para que tenha demanda no mercado, o que implica a atualização permanente daquela instituição mediante as exigências sociais.

3. Os desafios na reconstrução do projeto de formação profissional

Que panorama vem alterando o mercado profissional de trabalho? O que de novo nos apresenta os anos 1990, que forjam um patamar distinto para o repensar do currículo?[187]

Presenciamos hoje no mundo contemporâneo uma transformação significativa dos padrões de produção e acumulação capitalista, com profundas alterações na dinâmica internacional do capital e da concorrência intercapitalista, implicando uma reestruturação dos Estados nacionais em suas relações com as classes sociais. Transformações aquelas que vem acompanhadas de uma clara reorientação do *fundo público*[188] a favor dos grandes oligopólios, em detrimento da reprodução da força de trabalho, pela retração dos investimentos estatais nas áreas de seguridade social, da política salarial e de emprego. *Este processo, expresso na reestruturação industrial e das políticas de cunho neo-liberal, matrizadas pela crise do modelo fordista/keynesiano de regulação da economia internacional*, tem apresentado claras refrações nos

---

187. A análise subseqüente se apóia em sugestões extraídas dos seguintes textos: HARVEY, D. *A condição pós-moderna*. São Paulo, Loyola, 1993; BRUNHOFF, S. *A hora do mercado. Crítica do liberalismo*. São Paulo, Unesp, 1991; FERRETI, J. C. *et alii* (orgs.). *Tecnologias, trabalho e educação. Um debate interdisciplinar*. Petrópolis, Vozes, 1994; TAVARES, M. C. e FIORI J. L.. *Desajuste global e modernização conservadora*. São Paulo, Paz e Terra, 1993; DAGNINO, E. (org.). *Anos 90. Política e sociedade no Brasil*. São Paulo, Brasiliense, 1994; OLIVEIRA, F. "O surgimento do anti-valor". In: *Novos Estudos CEBRAP nº 22*. São Paulo, CEBRAP, out. 1988; ______. "A economia política da social democracia". *Revista USP nº 17*. São Paulo, EDUSP, mar/abr. 1993, pp. 136-143; MARTINS, J. S. "Dilemas sobre as classes subalternas na idade da razão". In: *Caminhada no chão da noite. Emancipação política e libertação dos movimentos sociais do campo*. São Paulo, Hucitec, 1989, pp. 97-137.

188. Como sustenta OLIVEIRA, a noção de fundo público não se reduz a recursos estatais para sustentar a acumulação. É o novo excedente social, um *mix* que contém na mesma unidade, no mesmo movimento, a razão do Estado — que é sociopolítica, pública — e a razão dos capitais, que é privada. O fundo público é produzido pelo processo de luta de classes em sua transição para a esfera pública, ainda que seja necessária a continuidade na esfera da produção, no confronto imediato entre patrões e empregados. Conferir: OLIVEIRA, F. Op. cit., 1993.

processos de trabalho, no controle e gestão da força de trabalho, assim como na feição dos mercados de trabalho. É também dentro desse contexto que pode ser compreendido o debate que atravessa a esfera da cultura em torno da *pós-modernidade*, a partir nos anos 1970. Aqui, as transformações observadas na contemporaneidade, gestadas no enfrentamento da crise do próprio processo de acumulação capitalista, serão *indicadas*[189] em sua tripla dimensão: as mundanças observadas *no mundo do trabalho, na esfera do Estado e no campo da cultura*, no intuito de sugerir os novos desafios a serem considerados na formação profissional do assistente social, que aí têm sua raízes.

A crise que se presencia hoje tem suas origens nas transformações operadas na dinâmica internacional do capital nos anos 1965-73, eclodindo, no pós-73, um conjunto de processos que colocam em cheque o modelo fordista de produção[190] e o padrão keynesiano de regulação da economia internacional, com profundas implicações na divisão internacional do trabalho e nas bases da concorrência intercapitalista mundial.[191] Subjacente encontra-se a

---

189. Não se tem a pretensão, nos limites deste texto, de um desenvolvimento aprofundado de tais considerações, mas tão-somente de mapear o terreno de tais mudanças, tendo em vista atribuir inteligibilidade às preocupações concernentes ao debate sobre a formação profissional do assistente social, que são o eixo desta análise.

190. Estamos cientes da polêmica existente em torno do significado que vem sendo atribuído ao fordismo na literatura especializada, ora empregado como sinônimo de taylorismo, de produção em massa, restrito ao processo de trabalho e métodos de gestão, ora como um modo de vida, identificando uma época particular do capitalismo. Não nos compete entrar neste nível do debate conceitual. Ver a respeito: WOOD, S. "O modelo japonês em debate: pós-fordismo ou japonização do fordismo". *Revista Brasileira de Ciências Sociais nº 17.* Rio de Janeiro, ANPOCS, ano 6, out. 1991, pp. 28-43.

191. HARVEY. Op. cit., discutindo a crise do modelo fordista/keynesiano situa suas origens em um conjunto de processos que remontam aos anos 1960, com a recuperação das economias européia e japonesa e a conseqüente saturação dos mercados, enfraquecendo a demanda dos EUA, o que, na época, foi compensado com a guerra do Vietnã; a queda de produção e lucratividade observada nos EUA no pós 66, sanada com inflação acelerada, o que afetou o papel do dólar e a redução do poder da economia norte-americana no sistema financeiro internacional; as políticas de substituição de importações implantadas no "3º mundo" que, aliadas aos movimentos das multinacionais para o estrangeiro, derivaram em uma nova onda de industrialização

queda de rentabilidade do grande capital, expressão empírica da tendência da queda da taxa de lucros, o que se encontra, segundo Marx, na origem das crises inerentes ao capitalismo, uma vez que essas não se reduzem a meros desequilíbrios de curto prazo.[192]

As dificuldades de conter as contradições inerentes ao capitalismo são, nos termos de Harvey, apreendidas, na superfície, nos questionamentos à *rigidez* do capital fixo, dos mercados, do controle do trabalho, dos investimentos do Estado, esses denunciados pela crise fiscal e de legitimação do Estado. Explicitando: a redução dos índices de produtividade e rentabilidade do grande capital acompanhada da capacidade ociosa das grandes corporações com excedente inutilizável decorrente das restrições à produção implicaram, por sua vez, na redução dos fundos fiscais necessários à sustentação do chamado "Estado providência", encarregado de implementar ações sociais que remediassem a exclusão social, pela oferta de bens coletivos nas áreas de saúde, educação, seguridade etc. — condição da própria legitimação do Estado[193]. Esta, por sua vez, dependia da contínua elevação da produtividade do trabalho, como fonte geradora de fundos fiscais. Fundos estes necessários à sustentação de uma esfera pública em que o *fundo público* torna-se *pressuposto tanto para o financiamento do capital* — via recursos para a ciência e tecnologia, juros subsidiados para os setores de ponta da economia, financiamento da agricultura, mercado de capitais etc. — *como da força de trabalho* — através

---

fordista competitiva. Em síntese, a recessão de 1973, junto com o choque do petróleo, a estagnação da produção, resultando na ociosidade das plantas fabris, a alta inflação dos preços, colocam em movimento um *conjunto de processos que solaparam o padrão fordista/keynesiano regulador da economia internacional.*

192. Cf. BRUNHOFF. Op. cit., pp 43-4. A análise clássica encontra-se em MARX, K. *El Capital. Crítica de la Economía Política. El proceso global de la producción capitalista.* Espanha, Siglo XXI, 7ª ed., 1984, tomo III, seção I.

193. "A legitimação do poder de Estado dependia cada vez mais da capacidade de levar os benefícios do fordismo a todos e de encontrar meios de oferecer assistência médica, habitação e serviços educacionais em larga escala, mas de modo humano e atencioso. *A condição de fornecimento de bens coletivos dependia da contínua aceleração da produtividade do trabalho no setor corporativo.* Só assim o estado keynesiano de bem-estar social poderia ser fiscalmente viável". HARVEY, op. cit., p. 133.

da educação gratuita e obrigatória, previdência social, seguro desemprego, medicina socializada etc. Como sustenta Oliveira[194], o sistema capitalista *já não sobrevive sem fundos públicos.*

A busca de reversão dos efeitos desse conjunto de processos conduz, no enfrentamento da crise, a um período de racionalização da produção industrial, de sua reestruturação e de intensificação do controle do trabalho, questionando a produção em massa para o consumo de massa — dada pelo padrão fordista —, por meio de mudanças tecnológicas, da introdução de novas linhas de produtos, de mercados, da mobilidade geográfica do capital para áreas de mais fácil controle da força de trabalho, de fusões de capital e medidas voltadas para acelerar a sua rotatividade. Processos esses condensados sob título da "acumulação flexível", a qual apóia-se:

> (...) na flexibilidade dos processos de trabalho, do mercado de trabalho dos produtos e padrões de consumo. Caracteriza-se pelo surgimento de setores de produção inteiramente novos, novas maneiras de fornecimento de serviços financeiros, novos mercados e, sobretudo, taxas altamente intensificadas de inovação comercial, tecnológica e organizacional. A acumulação flexível envolve rápidas mudanças dos padrões de desenvolvimento desigual, tanto entre setores, como entre regiões, criando, por exemplo, um vasto movimento no emprego no chamado "setor de serviços', bem como conjuntos industriais completamente novos em regiões até então subdesenvolvidas[195].

As *estratégias defensivas* das grandes empresas no enfrentamento da crise conduzem, assim, a uma alteração das bases tecnológicas e das formas de gestão e controle da força de trabalho. Consistem em produzir com maior eficiência e menor custo, isto é, em elevação dos níveis de *produtividade* em aperfeiçoar a *qualidade* dos produtos, tendo em vista a concorrência internacional — materializada em programas de "qualidade total" —, o que vem sendo re-traduzido para os trabalhadores como "qualidade de vida".

---

194. OLIVEIRA, F. Op. cit., 1988.

195. HARVEY, D. Op. cit., p. 140.

Estabelece-se um processo de *horizontalização* das grandes empresas, cujo modelo é a "indústria enxuta", que cria, em torno de si, uma rede de pequenas e médias empresas fornecedoras de peças, insumos e serviços. Transforma-se grandes empresas em simples "montadoras", dando origem ao fenômeno da *terceirização*[196]. Este vem implicando na expulsão da mão-de-obra, especialmente a não qualificada, com a conseqüente *precarização das relações de trabalho*: a crescente perda dos direitos sociais, o aumento do trabalho temporário, os altos índices de desemprego estrutural, observando-se o crescimento das chamadas "taxas naturais de desemprego". O aumento da superpopulação relativa, expulsa do mercado formal de trabalho, cria, ao mesmo tempo, uma *exclusão integrativa, isto é, de*:

> (...) excedentes populacionais úteis, cuja utilidade está na exclusão do trabalhador do processo de trabalho e sua inclusão no processo de valorização (do capital) por meio de *formas indiretas* de subordinação do trabalho ao capital. E, ainda por meio da subordinação real do trabalho, mas por via de relações clandestinas".[197]

A diversidade das formas de integração da superpopulação relativa ao circuito da reprodução capitalista faz-se por meio da criação/recriação de relações não assalariadas, estimulando a produção, pelo capital, de relações não capitalistas de produção[198]. Destarte, revigora-se o trabalho familiar e artesanal, estimulando as economias informais e subterrâneas, com elevadas taxas de extração de trabalho excedente.

A isso se acresce a rápida *destruição/reconstrução de habilidades, com marcantes mudanças nos requisitos de demanda*

---

196. TAPIA, J. "Corporativismo societal no Brasil". In: DAGNINO, E. (org.) Op. cit., 1994.

197. MARTINS, J. S. "Dilemas das classes subalternas na idade da razão". In: *Caminhada no chão da noite*. Op. cit., p. 99. O autor detecta estar aí o núcleo da concepção do subalterno: subalternidade esta que expressa não só a exploração, mas também a dominação e exclusão econômica e política.

198. Conferir; MARTINS, J. S. "A produção capitalista de relações de produção não capitalistas de produção: o regime de colonato nas fazendas de café". In: *O cativeiro da terra*. São Paulo, Ciências Humanas, 1979, pp. 7-94.

da força de trabalho[199], geralmente acompanhadas do rebaixamento dos salários reais. Multiplicam-se e diversificam-se as tarefas requeridas de um mesmo trabalhador — instaura-se a *polivalência* — implicando a intensificação do trabalho, sem alteração de salários. Transformam-se, em conseqüência, as formas de gestão da força de trabalho, com a defesa da "autonomia" dos trabalhadores na execução das tarefas, o estímulo à "participação", o trabalho em equipe e a conseqüente mobilização da adesão às metas da produção e qualidade, acentuando a competitividade entre os trabalhadores.[200] Por outro lado, introduz-se a "jornada de trabalho modular"[201], exigindo-se que o trabalhador cumpra uma jornada de trabalho flexível, definida consoante as exigências da empresa, de acordo com as oscilações da produção: nos momentos de pico, as jornadas são alargadas e reduzidas nos períodos de queda da produção, o que implica *a total disponibilização do tempo de vida dos trabalhadores como tempo de trabalho, a ser mobilizado de acordo com necessidades que lhes são alheias.*

Importa salientar que as formas e o conteúdo da flexibilização em cada país encontram-se *dependentes das opções políticas e sociais, forjadas pelas lutas de classes. Não são imunes às lutas dos trabalhadores e do conjunto da sociedade civil — levadas a efeito seja no chão das fábricas, no seu enfrentamento com o Estado, através de seus organismos sindicais e partidários —, isto é, das lutas pela preservação de conquistas já acumuladas e por sua ampliação.* Entretanto, o processo de reestruturação industrial vem também afetando a *capacidade combativa do movimento sindical*, ao transformar objetivamente a luta de classes. Tem sido acompanhada de uma perda, por parte de certos sindicatos fortes, de sua capacidade de negociação, de alterações de sua base material, decorrentes da re-alocação geográfica das

---

199. Ver: WOOD, S. (org.) *The degradation of word?* London, Hutchinson, 1982, especialmente a introdução, onde se encontra delineado o debate com Braverman.

200. Ver RAMALHO, J. R. "Controle, conflito e consentimento na teoria do processo de trabalho: um balanço do debate". In: *BIB nº 32. Boletim Informativo e Bibliográfico de Ciências Sociais.* Rio de Janeiro, ANPOCS/Relume-Dumará, 2º semestre de 1991, pp. 31-48; FERRETI, C. J. *et alii.* Op. cit.

201. Cf. TAPIA, J. Op. cit., 1994.

indústrias para regiões carentes de tradição industrial e de luta sindical; das dificuldades organizativas oriundas da diversificação nas relações de trabalho em uma mesma fábrica ou ramo de produção; do crescimento do trabalho em tempo parcial, temporário ou sub-contratado; da redução da oferta de empregos e do crescimento da mão-de-obra excedente; dos estímulos à competitividade entre os trabalhadores, dentre vários outros fatores.

Em síntese, *o novo estágio do processo de desenvolvimento capitalista, cujas tendências parecem ser irreversíveis* — aqui apenas esboçado em largos traços —, tem reforçado a *fragmentação social, aumentando a diferenciação das classes, ampliando as desigualdades sociais, alterando radicalmente o mercado de trabalho*. Dá lugar a uma "nova pobreza", um excedente de força de trabalho que não tem preço, porque não tem mais lugar no processo de produção. A luta de classes é assim transformada: formas anteriores de organização do mundo do trabalho são solapadas, enquanto novas formas estão sendo criadas.

Na sociedade brasileira, enclaves de modernidade convivem com a recriação de formas antigas de produção, marcadas pela barbárie, traduzidas em formas de trabalho escravo, na violência das lutas pela terra, em relações de trabalho presididas pela dependência pessoal e pelo arbítrio, em formas de exploração extensivas da força de trabalho de adultos — homens e mulheres —, jovens e crianças, com longas jornadas, trabalho noturno, remunerações que não atingem o salário mínimo oficialmente estabelecido. Lembra-nos a referência de Marx sobre a Alemanha de seu tempo, comparando-a à situação inglesa:

> Tortura-nos — assim como em todo o resto do continente da Europa ocidental — não só o desenvolvimento capitalista, mas também a carência desse desenvolvimento. *Além das misérias modernas, oprime-nos toda uma série de misérias herdadas*, decorrentes de continuarem vegetando modos de produção arcaicos e ultrapassados, com seu séquito de relações sociais e políticas anacrônicas. Somos atormentados não só pelos vivos, como também pelos mortos. *Le mort saisit le vif.*[202]

202. MARX, K. "Prefácio da Primeira Edição". In: *O Capital. Crítica da Economia Política. O processo de produção do capital.* Tomo I. São Paulo, Nova Cultural, 1985, p. 12.

O processo de transformações, que vem ocorrendo no "*mundo do trabalho" altera substancialmente a demanda de qualificação de profissionais de Serviço Social*, tornando necessário que adquiram uma *centralidade no processo de formação profissional*, porque têm uma centralidade na contemporaneidade da vida social. Exige que a formação profissional possibilite aos assistentes sociais compreender criticamente as tendências do atual estágio da expansão capitalista e suas repercussões na alteração das funções tradicionalmente atribuídas à profissão e no tipo de capacitação requerida pela "modernização" da produção e pelas novas formas de gestão da força de trabalho; que dê conta dos processos que estão produzindo alterações nas condições de vida e de trabalho da população que é alvo dos serviços profissionais, assim como das novas demandas dos empregadores na esfera empresarial.

O *segundo eixo* de mudanças já apontado, refere-se às transformações que vêm operando na *esfera do Estado e das políticas sociais públicas*, ajustando as diretrizes e ações governamentais para o enfrentamento da crise dentro dos padrões neoliberais, condizentes com as recomendações dos organismos internacionais, em especial do Fundo Monetário Internacional.[203] As diretrizes voltadas para a *privatização, a descentralização, a desregulamentação do mercado, a redução de gastos fiscais* e a conseqüente *retração dos direitos sociais*; os estímulos ao desenvolvimento com forte presença do *capital estrangeiro, como condição do* Estado *assumir uma política ortodoxa de estabilidade econômica, restauradora das taxas de lucro*, têm sido consideradas requisitos para a "superação da crise". A crise econômica se confunde com a "crise do Estado de Bem-Estar Social" nos países cêntricos, isto é, com um padrão de financiamento público da economia capitalista, que teve lugar no pós-guerra, expressão das políticas keynesianas anticíclicas. Coube ao Estado resguardar, ao mesmo tempo, o crescimento e expansão do capital, e a expansão dos direitos sociais e o reconhecimento de padrões mínimos de

---

203. Como este aspecto vem sendo foco de um tratamento mais cuidadoso no debate contemporâneo do Serviço Social não será, nesta oportunidade, objeto de maiores desdobramentos.

condições de vida para o conjunto da sociedade, favorecendo a ampliação do consumo. Em outros termos, o Estado passou a articular as contradições oriundas das necessidades da acumulação e as necessidades de reprodução do conjunto da população, sustentando sua própria legitimidade. A ampliação do consumo e a expansão dos direitos sociais eram, por sua vez, parte da sustentação do próprio padrão de acumulação, hoje em crise, o que vem implicando também uma "reforma do Estado". O discurso oficial tende a aprendê-lo como uma instância mitificada na sua autonomia — visto como depositário "das culpas e responsabilidades" da crise[204]. O resultado tem sido, no âmbito das políticas sociais, a destruição e a desorganização das instituições e serviços públicos, fruto do direcionamento do fundo público para o financiamento do capital em detrimento da reprodução da força de trabalho, transferindo os mecanismos de proteção do Estado aos oligopólios. O cidadão é reduzido à condição de consumidor e o fetichismo do mercado — isto é do dinheiro e da mercadoria — parece adquirir a sua plenitude.

Como sustenta Chaui, o discurso neoliberal cai como uma luva na tradição política brasileira, reatualizando, com os preceitos de privatização do Estado, nossa tradição autoritária excludente, expressa no que qualifica de "autoritarismo social": uma sociedade hierarquizada em que as relações sociais são regidas ora pela *cumplicidade* — quando os sujeitos se reconhecem como iguais —, ora pelo *mando e obediência*, no lugar da igualdade dos direitos, da igualdade jurídica dos cidadãos[205]. Assim, a privatização à brasileira representa a transferência de proteção aos oligopólios, dentro de um projeto de *encolhimento dos espaços públicos e alargamento dos espaços privados*, em que a classe dominante faz do Estado o seu instrumento econômico privado, destinado a manter seus privilégios. O discurso neoliberal tem, pois, *a espantosa façanha de atribuir título de modernidade ao que é mais atrasado na sociedade brasileira — e daí seu caráter*

---

204. Cf. GRASSI, E. *et alii*. "Neoliberalismo conservador y Estado asistencialista". In: *Políticas sociales, crisis y ajuste estrutural*. Buenos Aires, Espacio, 1994.

205. CHAUI, M. *Raízes teológicas do populismo no Brasil: teocracia dos dominantes, messianismo dos dominados*. In: DAGNINO, E. (org.) Op. cit., 1994.

claramente conservador e antidemocrático: fazer do interesse privado a medida de todas as coisas, obstruindo a dimensão ética da vida social pela recusa da responsabilidade e obrigação social.[206]

Este processo de privatização das políticas públicas vem adquirindo uma nítida ofensiva no campo da assistência social, com a inserção de grandes empresas oligopolistas na esfera da "filantropia social". Aliado a isso, presencia-se o interesse em se qualificar administradores de empresas para a gestão de recursos públicos e privados no campo da "filantropia do capital", por meio de cursos de especialização mantidos por escolas de ponta, no país e no exterior. O mergulho em uma linguagem passadista aponta, entretanto, o *renascimento da filantropia sob novas bases*, assumida pelo capital por meio de sua máscara humanitária, acompanhada de fortes apelos à "solidariedade social[207]. Renascimento da filantropia sob *novas* bases, porque não mais românticas, uma vez que não nega, mas ao contrário reafirma, o sentido *histórico* do capital de desenvolver as forças produtivas, as necessidades e capacidades de trabalho dos homens, tendo em

---

206. TELLES, V. "Sociedade civil e construção de espaços públicos". In: DAGNINO, E. (org.) Op. cit., 1994, p. 97.

207. Lembra-nos a passagem da *Miséria da Filosofia* que, já no século XIX, sustentava: "A escola *humanitária* toma a peito o lado mau das relações de produção atuais. Ela procura, para desencargo da consciência, amenizar, ainda que minimamente, os contrastes reais: deplora sinceramente a infelicidade do proletariado, a concorrência desenfreada dos burgueses entre si; aconselha os operários a sobriedade, o trabalho consciencioso e a limitação dos filhos; recomenda aos burgueses dedicarem-se à produção com entusiasmo refreado... A escola *filantrópica* é a escola humanitária aperfeiçoada. Ela reage às necessidades do antagonismo; quer tornar burgueses todos os homens e quer realizar a teoria na medida em que esta se distingue da prática e não contém nenhum antagonismo. É supérfluo dizer, que, na teoria, é fácil de abstrair as contradições que, na realidade, se encontram a cada instante. Esta teoria corresponderia, pois, à realidade idealizada. Assim os filantropos querem *conservar as categorias que expressam as relações burguesas, sem o antagonismo que as constitui e que é inseparável delas*. Imaginam combater seriamente a prática burguesa, mas são mais burgueses que os outros". MARX, K. *Miséria da Filosofia*. São Paulo. Livraria Ciências Humanas, 1982, p. 118. A análise da crítica romântica à sociedade capitalista foi por mim retomada em outra ocasião: IAMAMOTO, M. V. "*O debate contemporâneo da reconceituação do Serviço Social: ampliação e aprofundamento do marxismo*", constante no presente livro.

vista a produção do trabalho excedente. Encobre, entretanto, o "outro lado" indissociável desse desenvolvimento, na sua forma capitalista: o crescimento ampliado da pauperização, da barbárie social.

Na esfera do mercado profissional de trabalho do assistente social as refrações desse processo indicam uma *tendência ao redimensionamento de seu perfil.* Esta não parece indicar, como sustenta Serra[208], uma "crise de materialidade do Serviço Social", mas sim *que base material e organizacional do exercício profissional*, dependente das organizações públicas e privadas atuantes no campo das política sociais, *está sofrendo uma mudança de forma.* Mudança esta decorrente das orientações privatistas da esfera estatal, casadas às novas formas de gestão e controle da força de trabalho, requeridas pelas mudanças tecnológicas e da organização do trabalho no processo produtivo. Por um lado, uma diversificação das organizações demandantes do trabalho profissional: o crescimento das 'organizações não governamentais' — ONGs —, as parcerias do Estado com as tradicionais entidades filantrópicas e com as empresas, o "enxugamento" da prestação de serviços sociais efetuados diretamente por organismos públicos estatais. Por outro lado, tem-se a re-alocação das demandas de trabalho do assistente social no mundo empresarial para a esfera das 'relações de trabalho', alargando a tradicional inserção restrita à esfera dos 'benefícios assistenciais'. Observa-se, assim, uma transformação do *tipo de atividades que foram tradicionalmente atribuídas ao assistente social*, exigindo-lhe, por exemplo, cada vez mais sua inserção em equipes interdisciplinares, o seu desempenho no âmbito de *formulação de políticas públicas*, impulsionadas pelo seu processo de municipalização; o trato com o mundo da informática, a intimidade com as novas técnicas e discursos gerenciais, entre muitos outros aspectos, *o que muitas vezes tem sido lido, enviesadamente, como* "desprofissionalização", "perda de espaços", "restrição de suas possibilidades ocupacionais". Tal discurso revela, sim, as dificuldades de se apreender as

---

208. SERRA, R. "A crise da materialidade do Serviço Social." *Serviço Social e Sociedade nº 41.* São Paulo, Cortez, abr./1993, pp. 147-162.

alterações históricas que processos sociais macroscópicos vêm gerando no campo profissional. Alterações essas que têm de ser "agarradas" — decifradas e antecipadas — pelas agências de formação, como requisito para se qualificar profissionais afinados criticamente com a contemporaneidade e que nela tenham lugar, reforçando o já afirmado anteriormente.

Um *terceiro eixo de mudanças*, que se pretende apenas assinalar, incide sobre o *campo cultural*, condensado no debate em torno da *pós-modernidade*. A linguagem da mercadoria invade a ciência e a cultura, na apologia unilateral do "efêmero", do "descontínuo", do "caótico", do "ruído"[209], assinalando a profunda desconfiança e a recusa aos discursos universais e totalizantes, em favor da fragmentação e de indeterminação. Coloca-se em cheque a tensão presente na noção de modernidade, tal como qualificada por Baudelaire: a tensão da unidade entre o efêmero, o fugidio, o contingente — uma metade da arte — e o eterno e imutável, a sua outra metade[210]. É também nesse universo que tem lugar a retumbante recusa, pelas ciências sociais contemporâneas da obra de Marx, das dimensões de *historicidade, ontologia e totalidade* que a caracterizam, figurando como um dos principais pólos de interlocução da denominada "crise dos paradigmas".

4. Conquistas e dilemas no projeto profissional nos anos 1980

Considerando o debate sobre a formação profissional dos anos 1980, que conquistas necessitam ser preservadas e que dilemas foram apontados?

Um dos eixos do debate incidiu sobre os *fundamentos do processo formativo*. Viemos afirmando, ao longo de mais de uma década, a necessidade de direcionar a formação profissional para

---

209. Ver, por exemplo, a polêmica reconstituída por PESSIS PASTERNAK, G. (Org.) no livro: *Do caos à inteligência artificial: quando os cientistas se interrogam*. São Paulo, UNESP, 1993; também: BALLANDIER, J. *Desórdre. Éloge du mouvement*. Paris, Fayard, 1988.

210. Cf. HARVEY, D. "Modernidade e modernismo". In: Op. cit., 1993.

a criação de um *perfil profissional* dotado de uma *competência teórico-crítica*, com uma aproximação consistente às principais matrizes do pensamento social na modernidade e suas expressões teórico-práticas no Serviço Social. Os rumos assumidos pelo amplo debate efetuado na década de 1980 apontaram, ainda, para o *privilégio* — ainda que a não exclusividade — *de uma teoria social crítica, desveladora dos fundamentos da produção e reprodução da "questão social"*. Perfil este que se complementa com uma *competência técnico-política*, que permita, no campo da pesquisa e da ação, a construção de respostas profissionais dotadas de *eficácia* e capazes de *congregar forças sociais em torno de rumos ético-políticos voltados para uma defesa radical da democracia*. Portanto, de um perfil profissional *comprometido com valores ético-humanistas*: com *os valores de liberdade, igualdade e justiça, como pressupostos e condição para a autoconstrução de sujeitos individuais e coletivos, criadores da história*[211]. No plano da prática sociopolítica, este compromisso vem se desdobrando na defesa de uma prática profissional envolvida com a construção da uma *nova cidadania coletiva, capaz de abranger as dimensões econômicas políticas e culturais da vida dos produtores de riqueza, do conjunto das classes subalternas*.

Foi esse universo que presidiu a construção do novo Código de Ética Profissional ora em vigor[212], como vem, também, alicerçando o direcionamento do processo de formação profissional dos assistentes sociais.

---

211. Ver: UFRJ. *Currículo Pleno da Escola de Serviço Social*. Rio de Janeiro, Escola de Serviço Social, dez. de 1993 (mimeo).

212. Cf., por exemplo: BARROCO, M. L. "Bases filosóficas para uma reflexão sobre ética e Serviço Social". *Serviço Social e Sociedade nº 39*. São Paulo, Cortez, ago. 1992, pp. 80-90; ______. "Informe: O novo código de ética profissional do assistente social". *Serviço Social e Sociedade nº 41*. São Paulo, Cortez, abr. 1993, pp. 158-162; KOIKE, M. M. S. "Notas sobre Ética profissional da Assistente Social". *Serviço Social e Sociedade nº 43*, São Paulo, Cortez, dez. 1993, pp. 142-154; SALLES, M. A. "O lugar da moral e do indivíduo na tradição marxista". *Em pauta. Cadernos da Faculdade de Serviço Social da UERJ, nº 2*. Rio de Janeiro, UERJ, 1993, pp. 8-20; FORTI, V. L. "Considerações sobre ética e identidade". *Serviço Social e sociedade nº 39*. Op. cit, pp. 126-135; LIMA, M. H. "Ética e política no Serviço Social: um tema e um problema". *Serviço Social e Sociedade nº 45*. São Paulo, Cortez, ago. 1994, pp. 108-128.

É na perspectiva apontada que tem tido lugar o debate em torno da *direção social da formação profissional*[213], dando conta de um *processo de luta pela hegemonia, necessariamente inconcluso, porque permanente.* Luta esta travada no universo acadêmico-profissional do Serviço Social, tanto em torno dos compromissos ético-políticos que veicula, como de paradigmas teórico-metodológicos de análise da realidade e norteadores da ação profissional.

Debates versando sobre o *pluralismo e ecletismo*[214] encontram-se instaurados na arena profissional. O tônus da polêmica tem sido marcado pela tradição histórico-crítica instaurada por Marx e sua interlocução contemporânea com as Ciências Humanas e Sociais, *traduzida na "crise dos paradigmas"*[215] e em suas

---

213. Ver: CARVALHO, A. *"Pós-graduação: uma relação necessária na formação profissional"*. Fortaleza, UFCE, s./d., (mimeo); ______. "Experiência brasileira de redefinição da formação profissional". Op. cit.; ______. "Formação profissional como temática de estudo: perspectivas e indicações para o trabalho de pesquisa". Brasília, II Encontro Nacional de Pesquisadores, 1990 (mimeo.); CARVALHO, A. M. e PIO, C. "O processo de avaliação da formação profissional do Assistente Social". Relatório da Oficina Regional de ABESS — Nordeste. Fortaleza, ABESS, agosto de 1994 (mimeo). Ver, ainda, os relatórios das demais oficinas regionais de ABESS, de 1994. Também consultar: BEHRING, E. R. e ALENCAR, M. M. T. "Marxismo e direção social do curso: uma contribuição ao debate". In: *Em pauta nº 1. Cadernos da Faculdade de Serviço Social da UERJ.* Rio de Janeiro, UERJ, 1993. Estimulando a polêmica, tem-se a contribuição de GOMES, F., ABREU, M. M. e FARIAS, N. R. G. "Direção social da formação profissional e crise de conjuntura". São Luis, UFMa, 1994, (mimeo).

214. Ver: COUTINHO, C N. "Pluralismo: dimensões teóricas e políticas". In: V. V. A. A. *Ensino no Serviço Social: pluralismo e formação profissional. Cadernos ABESS nº 4.* São Paulo, Cortez, maio de 1994, pp. 5-17; SIMIONATO, I. "A concepção de hegemonia em Gramsci". *Serviço Social e Sociedade nº 43.* São Paulo, Cortez, dez./1993, pp. 108-124.

215. Sobre a polêmica e suas expressões no debate profissional, consultar: V. V. A. A. *Cadernos ABESS nº 5.* "A produção do conhecimento e o Serviço Social". São Paulo, Cortez, maio 1992; TONET, "Pluralismo metodológico: um falso caminho". *Serviço Social e Sociedade nº 48.* São Paulo, Cortez, ago./1995, pp. 35-57; ______. "A crise das Ciências Sociais". *Serviço Social e Sociedade nº 41.* São Paulo, Cortez, abr./1993, pp. 103-117; NETTO, J. P. "Crise do socialismo, teoria marxiana e alternativa comunista". *Serviço Social e Sociedade nº 37.* São Paulo, Cortez, dez./1991, pp. 2-45; LOPES, J. B. "Pós-modernidade: superação da modernidade ou reação conservadora?" *Serviço Social e Sociedade nº 42.* São Paulo, Cortez, ago. 1993, pp. 78-104.

refrações nas análises concernentes ao Serviço Social, ante os questionamentos postos aos fundamentos da modernidade. Carvalho[216] vem sustentando a necessidade de uma "interlocução de paradigmas" no debate contemporâneo do Serviço Social, de modo que a profissão não se alheie das múltiplas tendências teóricas que hoje atravessam a produção das ciências sociais, tais como os paradigmas da subjetividade, a hermenêutica etc. As indagações que vêm emergindo nas discussões apontam para a questão fulcral de como manter um debate teoricamente plural no Serviço Social, sem resvalar para os efeitos danosos derivados do ecletismo teórico. Encaminhá-la, implica explicitar a compreensão que se tem da perspectiva teórico-metodológica marxiana, como baliza para elucidar o diálogo possível com as contribuições no campo do conhecimento, produzidas a partir de outras matrizes ou paradigmas analíticos, que enriquecem o acervo científico.

Partindo de um ponto de vista de que a obra marxiana é fundada numa *ontologia*[217], densa de conteúdo histórico- por tratar da constituição do ser social nos marcos do capitalismo e das formas de sociabilidade que lhe são peculiares —, entende-se caber à *teoria* captar a *lógica mesma que preside o movimento de produção, desenvolvimento e crise dessa sociedade, isto é, suas próprias leis tendenciais*[218], *re-traduzindo, no campo do pensamento, as legalidades que presidem aquele movimento.* Assim, a articulação entre *conhecimento e história é indissociável em sua perspectiva teórico-metodológica, presidida pelo ponto de vista da totalidade*[219]: *não da totalidade da razão autonomizada,*

---

216. CARVALHO, A. "A produção de conhecimentos e o Serviço Social". Op. cit.

217. Cf. LUKÁCS, G. *Ontologia do ser social. Os princípios ontológicos fundamentais de Marx.* São Paulo, Ciências Humanas, 1979.

218. MARX, K. Prefácio à 1ª edição. *O Capital. Crítica da economia política.* Vol. I, Op. cit., p. 12.

219. MARCUSE, H. *Razão e revolução.* Rio de Janeiro, Paz e Terra, 2ª ed., 1978; MARX, K. "Introdução à crítica da economia política (857). In: *Marx.* São Paulo, Abril Cultural. (Col. "Os pensadores"), 1974; LUKÁCS, G. "O que é o Marxismo Ortodoxo?" In: *História e consciência de classe.* Porto, Publicações Escorpião, 1974, pp. 15-40. COUTINHO, C. N. "Gramsci e as Ciências Sociais". In: *Marxismo e Política. A dualidade dos poderes e outros ensaios.* São Paulo, Cortez, 1994.

mas sim das classes sociais, da produção social em suas múltiplas relações e determinações. Entendida esta como *produção da vida material* — daí o destaque para o momento econômico — *como produção das relações sociais* — porque o capital não é uma coisa, mas uma relação social de produção que se expressa por meio de coisas e que tem, como verso da relação, o trabalho na forma assalariada, fonte de produção do excedente; *como produção de idéias, de formas de representação artísticas, religiosas, jurídicas, políticas etc., por meio das quais se toma consciência das alterações produzidas na dinâmica da vida social*[220]. A concepção marxiana apóia-se na teoria do *valor trabalho*, afirmando o primado da *produção* dos indivíduos sociais, pelas suas objetivações, das quais o *trabalho* é privilegiado como forma de objetivação humana, de prática. Outra dimensão, a ela inerente, é a *perspectiva crítico-revolucionária*, isto é, a apreensão do homem como ser *prático-social, em que os produtores da riqueza — cuja fonte está na força de trabalho em ação, e, portanto, no trabalho — têm centralidade na prática da vida social e, por isto, na sua re-construção teórica*[221]. Destarte, incorpora o *ponto de vista do trabalho na apreciação crítica da sociedade e na prospectiva de construção de um modo de vida e de trabalho*, voltado para a superação da alienação que caracteriza a sociedade capitalista — e, portanto, a sua ultrapassagem. Possibilidade de ultrapassagem esta que se encontra assentada na complexificação histórica de seu próprio desenvolvimento, enraizado na contradição fundamental que a move: o caráter cada vez mais social da produção, tencionado pela apropriação privada de seus resultados, o que tem como contraface o *crescimento da distância entre o desenvolvimento da riqueza social* — impulsionada pela expansão das forças produtivas do trabalho social — *e o empobrecimento do homem individual*, alijado de usufruir os benefícios resultantes do desenvolvimento histórico, do domínio das forças da natureza

---

220. MARX, K. Prefácio à "Contribuição à crítica da economia política". In: MARX, K. e Engels. F. *Textos 3*. São Paulo, Ed. Sociais, 1977, pp. 300-303.

221. Cf., por exemplo: MARX, K e Engels. F. *A Ideologia Alemã. Feuerbach*. São Paulo, Ed. Grijalbo, 1977; MARX, K. *Miséria da Filosofia*. São Paulo, Ciências Humanas, 1982, pp. 158-160; MARX, K. e ENGELS. F. "Manifesto do Partido Comunista". In: *Textos 3*. Op. cit., pp. 13-47.

propiciadas pelo progresso. Aí encontra-se a raiz do fenômeno da alienação: a defasagem entre o crescimento humano genérico e o dos indivíduos sociais[222], condicionada por estas relações sociais, construídas pela prática histórica dos homens (e, não fruto de uma desenvolvimento *natural)*, que presidem a sociedade burguesa. Aquela possibilidade aventada depende da *iniciativa prática dos sujeitos sociais*, de sua decisão de construir a história de acordo com seus projetos, dentro de circunstâncias dadas socialmente. O horizonte é, portanto, a afirmação do homem na sua genericidade, na sua humanidade: a livre constituição de indivíduos sociais, isto é, livremente associados na produção e apropriação da riqueza social como patrimônio comum[223].

Tais considerações supra-efetuadas — ainda que de forma concisa, permitem indicar por que a concepção marxiana não se enquadra no campo de uma *mera epistemologia*[224] — um paradigma teórico-metodológico a mais das Ciências Sociais, dependente da escolha arbitrária e aleatória dos pesquisadores, que pudesse ser mesclado complementarmente a paradigmas outros, assentados em concepções distintas de conhecimento científico e de suas conexões com a história, e em compromissos ético-políticos diversos.

A posição anteriormente explicitada *não significa, entretanto, o fechamento dos pesquisadores às contribuições oriundas de outras vertentes teóricas.* Ao contrário, implica o embate e o debate com as mesmas: incorporando sugestões de análise acerca de novos temas emergentes na prática social, de novas descobertas científicas efetuadas realizando concomitantemente sua *crítica*[225],

---

222. Cf. ROSDOLSKY, R. *Genesis y Estructura de El Capital de Karl Marx.* México, Siglo XXI, 3ª ed., 1986; MARKUS, G. *Teoria do conhecimento no jovem Marx.* Rio de Janeiro, Paz e Terra, 1974.

223. MARX, K. *O Capital. Crítica da economia política.* 3 tomos. Op. cit.; ______. *Elementos fundamentales para la crítica de la economía política. Grundrisse. (1857-1858).* 2 vols. México, Siglo XXI, 7ª ed., 1978.

224. Para uma apreciação mais desenvolvida da questão, vide TONET, I. Op. cit., 1995.

225. Ver, especialmente, os rascunhos de *O Capital*, editados como: MARX, K. *Elementos Fundamentales para la Crítica de la Economia Política. Grundrisse (1857-1858).* Op. cit.; ______. Teorias sobre la Plus Valia. Tomo IV de *El Capital.* 3 vols. México, Fondo de Cultura Econômica, 1980.

de modo que atribuia unidade teórico-metodológica às análises efetuadas. Recupera-se, dessa maneira, o modo de proceder o debate teórico que pautou a monumental pesquisa de Marx no seu tempo, dialogando criticamente com a economia clássica e vulgar, com a filosofia clássica alemã e com o socialismo utópico. Diálogo este orientado no sentido de apropriar-se de contribuições ali contidas, de desenvolver sugestões propostas, explicitando os impasses teóricos identificados. Mais do que isso: dando transparência aos compromissos sócio-históricos subjacentes, isto é, seu caráter de classe e desenvolvendo as investigações no sentido da *ultrapassagem* daquelas fontes. Assim caracterizado, tal procedimento não parece identificar-se com a nomeada "interlocução de paradigmas", mais próxima do ecletismo teórico.

Nas considerações supra, salienta-se o caráter acumulativo e coletivo do conhecimento, impondo-se o debate necessário com o acervo científico disponível. Por outro lado, *a íntima conexão entre conhecimento e tempo histórico —*, a *fidelidade à história requerida ao conhecimento — impõe sua permanente atualização.* Tratada na ótica do pesquisador, implica numa posição ativa e vigilante, para captar os processos sociais, re-traduzindo-os em formulações analíticas que os desvendem, mais além das aparências fenomênicas com que se expressam.

Outro tema, emergente nos anos 1980, foi o da *história, teoria e metodologia no Serviço Social*[226], *um dos eixos necessários da formação profissional*, que permanece como questão a merecer aprofundamentos, incorporando o acúmulo já obtido ao longo da década passada. Na perspectiva aqui adotada, o tema diz respeito à explicação do Serviço Social — de seu processo de constituição e desenvolvimento — *no quadro das relações entre Estado e sociedade, em suas relações com o mundo do trabalho, com a trama do poder e com o universo da cultura.* O balizamento central está dado pela *história das sociedades nacionais.* Terreno

226. Em outra oportunidade, esboçei minha compreensão sobre a articulação dessas três dimensões na análise do Serviço Social. Ver: IAMAMOTO, M. V. *"O processo de implantação do currículo pleno: reflexões sobre o eixo fundamentos teórico-metodológicos e históricos do Serviço Social".* Rio de Janeiro, UFRJ/Depto. de Fundamentos do Serviço Social, 1994. (mimeo.)

este que condiciona tanto as respostas no campo da produção acadêmica e da prática profissional, como o desenvolvimento das fontes teóricas de que o Serviço Social tem sido caudatário. A *história social vista* como componente determinante da elucidação da trajetória do Serviço Social, em suas expressões práticas e teóricas (não se restringindo a leitura da história como história *do* Serviço Social). Busca-se, pois, construir uma abordagem do Serviço Social na óptica da totalidade: em suas múltiplas relações com esfera da produção/reprodução da vida social, com as instâncias de poder e com as representações culturais — científicas e ético-políticas —, que influenciaram e incidiram nas sistematizações da prática e ações profissionais, ao longo do tempo. Tal enfoque vem redundando em experiências de estruturação de disciplinas, que se esforçam por integrar, organicamente, os fundamentos históricos, teóricos e metodológicos do Serviço Social. Isso vem exigindo, como contrapartida, um amplo investimento de pesquisa, por parte dos docentes, no intuito de construir uma *crítica teórica, historicamente balizada* do processo de constituição e desenvolvimento teórico-prático da profissão. As formas adotadas para a sua operacionalização na estrutura curricular estão a exigir um atento acompanhamento acadêmico.

Um outro *nódulo problemático* tem sido a *distância constatada entre o tratamento teórico-sistemático das matrizes teórico-metodológicas e a quotidianidade da prática profissional.* Salienta-se a necessidade de trabalhar o *campo das mediações*[227], que possibilitem transitar de níveis elevados de abstração para as singularidades do fazer profissional, o que vem reclamando desenvolvimentos mais amplos. O dilema metodológico é o de detectar as dimensões de *universalidade, particularidade e singularidade na análise dos fenômenos presentes no contexto da prática profissional.*

---

227. Ver: MARTINELLI, M. L. "Notas sobre mediações: alguns elementos para a sistematização da reflexão sobre o tema." *Serviço Social e Sociedade nº 43.* São Paulo, Cortez, dez. 1993, pp. 136-141; PONTES, R. N. "A propósito da categoria da mediação". *Serviço Social e Sociedade nº 31.* São Paulo, Cortez, dez. 1989, pp. 5-25; ______. *Mediação e Serviço Social.* São Paulo, Cortez, Belém, PA: UNAMA, 1995.

Intimamente conectada à problemática anterior, encontra-se *no âmbito do ensino, o vazio* sobre as *estratégias, táticas e o arsenal de instrumentalização para o agir profissional*[228], *reiteradamente denunciado pela categoria profissional.* Nesse sentido há que se salvaguardar a produção de Faleiros sobre o Serviço Social[229], um dos autores que mais vem insistindo e investindo em tal aspecto[230]. As dificuldades para o encaminhamento daqueles "vazios" vêm redundando tanto no renascimento do velho mito do tecnicismo, como na dificuldade objetiva de se operar, no campo da ação, as intencionalidades e projetos veiculados pelo discurso profissional.

As últimas dificuldades apontadas encontram-se diretamente conectadas a uma outra *problemática chave que as engloba: o tratamento da prática profissional do assistente social*[231], que não galgou o mesmo estatuto de prioridade na pauta do debate dos anos 1980, carecendo de investimentos no campo da produção acadêmica e da pesquisa. Assim, alguns dos nós górdios da

---

228. GUERRA, Y. *A instrumentalidade do Serviço Social.* São Paulo, Cortez, 1995.

229. Ver: FALEIROS, V. P. *Saber profissional e poder institucional.* São Paulo, Cortez, 1982.

230. A sensibilidade para essa questão apontada é tal que pode conduzir a posições no mínimo discutíveis, tal como a sustentada por FALEIROS que propõe a *substituição* do ensino da metodologia a partir de paradigmas por estratégias e táticas da ação profissional. Segundo o autor, a abordagem não deveria ser por paradigmas, mas por *situações sociais à luz dos paradigmas.* No meu entender *não se tratam de níveis excludentes no ensino da metodologia, mas sim complementares, uma vez que a viabilização da proposta do autor exige, obviamente, como pressuposto o domínio das matrizes teórico-metodológicas como condição de se efetuar a 'análise concreta de situações histórico-concretas'.* A exclusão do trato da metodologia do eixo paradigmático poderá conduzir aos riscos do pragmatismo, que apresenta, no Serviço Social, solos férteis para o seu desenvolvimento. Entretanto, existem inúmeros pontos de aproximação entre as posições por mim sustentadas neste texto e as preocupações sobre o novo currículo levantadas por Faleiros. Ver: FALEIROS, V. P. "A reforma curricular de 1988 no ensino de graduação de Serviço Social da UNB. *Serviço Social e Sociedade nº 47.* São Paulo, Cortez, 1995, pp. 17-25.

231. Ver: IAMAMOTO, M. V. *"Repensando o ensino da prática". Renovação e conservadorismo no Serviço Social.* São Paulo, Cortez, 1992, pp. 193-208. MARTINELLI, M. L. "O ensino teórico-prático do Serviço Social: demandas e alternativas". *Serviço Social e Sociedade nº 45.* São Paulo, Cortez, abr. 1994, pp. 61-76.

formação profissional estão nas *políticas de estágio/pesquisa*, no "*ensino da prática*", *no precário desenvolvimento de relações acadêmicas entre os centros de formação e as instituições do mercado de trabalho*, que oferecem campos de treinamento profissional, na rede de *intercâmbios entre Universidade e o meio profissional.* A atualidade desse desafio é inconteste.

Tais dilemas, reconhecidos como representativos por parte das unidades de ensino, têm seu encaminhamento tributário de *dois aspectos fulcrais.*

Em *primeiro lugar*, a necessidade de se atribuir maior rigor e consistência à apropriação das matrizes teórico-metodológicas incidentes no campo da formação, especialmente por parte do quadro docente, *transitando da mera reprodução dos conceitos à apreensão da lógica de construção das explicações da vida social*; condição para que possam iluminar as análises das situações cotidianas enfrentadas pelos assistentes sociais em sua prática profissional. Isto implica, entretanto, outro requisito: *um atento acompanhamento do movimento histórico presente*[232], *carreando informações que subsidiem as análises sobre as problemáticas em que incidem a prática profissional.* Esta preocupação merece destaque, pois é preocupante a tônica predominantemente imprimida aos resultados avaliativos da formação profissional[233]: seu *cerceamento às questões "internas" da formação profissional, embora as análises de conjuntura não estejam ausentes. Todavia ingressam, quase sempre, como "pano de fundo" seguidas de um "salto mortal" para os problemas da formação. Estes são focalizados no interior dos limites do universo do Serviço Social e, no máximo, da Universidade —, desconectados da dinâmica das transformações estruturais e conjunturais, especialmente no que*

232. Caso contrário, corremos o risco de fazer ressurgir a velha armadilha, já conhecida desde o movimento de reconceituação, ao se ver prisioneiro das vulgarizações marxistas: a segmentação entre lógica e história, traduzida, naquele momento, na desconexão entre o chamado "materialismo dialético", que informava as discussões, por vezes estéreis, no campo da metodologia, e o dito "materialismo histórico", redundando nos metodologismos.

233. Refiro-me aos relatórios produzidos pelas Oficinas Regionais de ABESS, preparatórias à Oficina Nacional, realizada no Rio de Janeiro, em maio de 1995, tendo em vista a elaboração de uma proposta de currículo mínimo.

tange às suas expressões nos níveis regionais e municipais (geralmente ausentes nas reflexões, ou em seus registros). Observa-se, portanto, *um paralelismo entre o debate da formação e a sociedade nos anos 1990, em que as transformações que nela se operam não adquirem visibilidade como elementos constitutivos do balanço da formação profissional.* Parecem não ter lugar, no aludido balanço, questões já salientadas, tais como: as particularidades da produção da pobreza e da exclusão social vigentes; as alterações no mundo do trabalho e o crescimento da superpopulação relativa; as estratégias mobilizadas pelo público alvo do Serviço Social — em seus diversos segmentos —, para a preservação de sua vida ante o avassalador crescimento do subemprego e do desemprego; suas lutas sociais e o drama da violência, cotidianamente enfrentado em suas diversas formas; os efeitos das orientações de cunho neoliberal na implementação das políticas sociais, na dinâmica da vida das instituições sociais — dentre as quais a Universidade —, nas demandas e nas práticas profissionais, entre inúmeros outros aspectos.

Em *segundo lugar*, o encaminhamento daqueles dilemas referentes à prática profissional requer a criteriosa *pesquisa acerca das problemáticas sobre as quais incide o exercício profissional e dos processos que as produzem*, como condição para se preencher aquele campo de mediações entre as matrizes teórico-metodológicas e a cotidianidade da prática do assistente social. As mediações são descobertas na pesquisa da realidade, no conhecimento das *situações particulares com que se defronta o Assistente Social* — por exemplo, a violência do trabalho infantil, as condições de vida das crianças e adolescentes excluídos socialmente, as relações de trabalho clandestinas que estão sendo hoje recriadas no campo e na cidade etc. Compreender tais situações é também apropriar-se dos *processos sociais macroscópicos que as geram e as recriam e, ao mesmo tempo, de como são experimentadas e vivenciadas pelos sujeitos nelas envolvidos*[234]. *Localizam-se aí*

---

234. Ver: COSTA, E. V. "Estrutura *versus* experiência. Novas tendências da história do movimento operário e das classes trabalhadoras na América Latina: o que se perde e o que se ganha". In: *BIB-ANPOCS nº 29*. Rio de Janeiro, Vértice, 1990, pp. 3-16.

fontes para a formulação de propostas de ação, de programáticas de trabalho, alimentando um fazer profissional criativo e inventivo.

5. O projeto de formação profissional na contemporaneidade: exigências e perspectivas

As considerações anteriores apontam para a *necessidade de re-construir o projeto de formação profissional do Assistente Social, demarcado transversalmente pelos dilemas da contemporaneidade da sociedade brasileira nos anos 1990, nos quadros da nova ordem mundial neste fim de século*[235]. E dar conta dessa exigência requer a radical conciliação do projeto formativo com a história: com as tendências contraditórias, de curto e largo prazo, que dela emanam. Apropriá-las, atribuindo à formação profissional densidade de informações relativas à sociedade brasileira, é requisito preliminar para que se possa dar *concretude à direção social*, que se pretende imprimir àquela reconstrução do projeto, capaz de *atualizar-se nos vários momentos conjunturais*. Mais ainda: uma qualidade de formação que, sendo *culta e atenta ao nosso tempo*, seja capaz de *antecipar problemáticas* concernentes à prática profissional e de *fomentar a formulação de propostas profissionais, que vislumbrem alternativas de políticas calcadas no protagonismo dos sujeitos sociais*, porque atenta à vida presente e a seus desdobramentos. Um projeto de formação profissional que aposte nas *lutas sociais*, na capacidade dos agentes históricos de construírem novos padrões de sociabilidade para a vida social. Construção esta que é processual, que está *sendo realizada* na cotidianidade da prática social, cabendo aos agentes profissionais detectá-las e delas partilhar, contribuindo, como cidadãos e profissionais, para o seu desenvolvimento.

---

235. Ainda que reconhecendo a importância da análise da Universidade Brasileira no contexto das mudanças referidas, este texto não pretende dar conta da questão, deixando-a para a contribuição de outros interlocutores. Gostaria de afirmar, entretanto, que para se pensar a construção de um novo projeto de formação profissional é *decisivo* enfrentar a problemática do contexto universitário.

O desafio é pois: como pensar uma formação profissional voltada para o processo de criação *do novo* na sociedade brasileira? Quais as possibilidades reais, *abertas no reverso da crise*, isto é, pelas próprias contradições que são com ela potenciadas, que se encontram escondidas no discurso oficial que as encobre? Possibilidades essas que revelam *horizontes* para a formulação de contrapropostas profissionais no enfrentamento da "questão social', solidárias com o modo de vida e de trabalho que a vivenciam, não só como *vítimas* da exploração e da exclusão social, mas como *sujeitos* que lutam, por isto, pela preservação e/ou reconquista de sua humanidade, pela construção, na prática da vida social cotidiana, de seu direito de ter direitos de homens e de cidadãos.

Apreender este *processo social na sua contraditoriedade* é requisito para se construir um projeto de formação profissional que reafirme o *estatuto profissional do Serviço Social*, na medida em que este esteja comprometido com a formulação de *programáticas*: de propostas de ação no campo da implementação e da formulação de políticas sociais públicas e privadas, da dinâmica do mundo do trabalho e de seu mercado, atento ao universo da cultura universal, mas também à visão de mundo dos subalternos, decifrando seus códigos, suas maneiras particulares de expressão de sua vida social em formas culturais. Programáticas que também se embasem no deciframento daquilo que Gramsci chamava de "bom senso", do sentido de classe, imiscuído no senso comum, desenvolvendo-o na direção do deciframento do presente na direção da construção prática de uma nova qualidade de vida em sociedade.

O potencial para a elaboração de contrapropostas no universo profissional encontra-se tributária de que a formação profissional esteja com os olhos voltados para a *sociedade civil* — em suas relações com o Estado —, para os *indivíduos sociais*, em sua presença na arena social e política, para os modos de vida e de trabalho de que são portadores e que, também, recriam com a sua inventividade social: com seus sonhos e projetos socialmente partilhados.

Nos anos 1980, o Serviço Social realizou um enorme avanço na análise das políticas sociais públicas e abriu o debate sobre as políticas sociais empresariais, inscritas no mundo do trabalho. Porém, não efetuou, com a mesma ofensiva, a apropriação das alterações históricas que vêm ocorrendo nos quadros da sociedade, das mudanças no perfil das classes sociais em sua heterogeneidade, em sua inserção à produção/reprodução do processo social. A atenção para as políticas de Estado redundou em uma *certa secundarização da análise dos sujeitos sociais, da dinâmica da sociedade civil, e, em especial, da compreensão dos segmentos sociais que são o público alvo das ações profissionais*, mais além da proximidade cotidiana que se tem com o mesmo, de modo que retraduza esta convivência em explicações de sua existência[236].

Assim, uma das exigências que se vislumbra na reconstrução do projeto de formação profissional é estimular a aproximação dos assistentes sociais às condições de vida das classes subalternas e de suas formas de luta e de organização. Captar as formas de explicitação social, cultural e política de seus interesses e necessidades, criadas no enfrentamento coletivo e individual de situações de vida, de experiências vivenciadas. Interesses que não se manifestam apenas em suas organizações político-partidárias, articuladas à construção do poder de classes, mas também nas lutas organizativas por melhorias parciais de vida (no cotidiano das fábricas, dos campos, nos demais locais de trabalho, nos bairros etc.), assim como no conjunto de suas expressões associativas e culturais cotidianas que denotam o seus modos de viver e de pensar. Detectar aí suas aspirações, os núcleos de contestação e resistência que vêm sendo criados — muitas vezes situados no "simples" patamar de defesa da vida — e amadurecidos sob múltiplas formas, estimulando as lutas, a imaginação e a invenção da vida em sociedade: o processo de constituição de sujeitos sociais coletivos, na e a partir da historicidade da vida cotidiana.

---

236. Esta questão encontra-se mais aprofundada em: IAMAMOTO, M. V. *O debate contemporâneo da reconceituação: ampliação e aprofundamento do marxismo.* Op. cit., 1992.

Isso implica a ruptura com o papel *tutelar*, por vezes escondido em um discurso de sua negação — que demarca as ações burocratizadas, tecnicistas e tradicionais do assistente social, em que o profissional dispõe de uma relação de estranhamento com a população usuária dos serviços prestados, porque é de fato um "estranho"[237] em seu universo.

No rumo das reflexões aqui pontuadas, Telles vem trazendo uma rica contribuição, no sentido de pensar os direitos sociais tendo como *foco* a organização da sociedade civil, atenta às possibilidades da cidadania se enraizar em práticas sociais: os direitos sociais não apenas como normatividade legal — fundamental na garantia da cidadania e da democracia —, mas como,

> (...) *práticas, discursos e valores que afetam o modo como as desigualdades e diferenças são configuradas no espaço público, como interesses se expressam e conflitos se realizam.* No ângulo da dinâmica societária, *os direitos dizem respeito, antes de mais nada, ao modo como as relações se estruturam.* Seria possível dizer que, na medida em que são reconhecidos, os direitos estabelecem *uma forma de sociabilidade regida pelo reconhecimento do outro como sujeito de interesses válido, valores pertinentes e demandas legítimas.* Para colocar em termos mais precisos, os direitos operam como *princípios reguladores de práticas sociais*, definindo regras de reciprocidades esperadas na vida em sociedade, através da atribuição mutuamente acordada (e negociada) das obrigações e responsabilidades, garantias e prerrogativas de cada um. Como forma de sociabilidade e regras de reciprocidade, os direitos constróem vínculos propriamente civis entre indivíduos, grupos e classes[238].

Nesta perspectiva, implicam a construção de uma *cultura pública democrática*, em que — ainda segundo a autora — os dramas da existência sejam problematizados como exigências de equidade e justiça e a dimensão ética vá se construindo como uma *moralidade pública*, pela convivência democrática. Na sociedade brasileira, marcada por suas heranças do passado — uma sociedade que se construiu ao revés do imaginário igualitário da modernidade, como o já salientado —, a descoberta dos direitos

---

237. MARTINS, J. S. *A chegada do estranho*. São Paulo, Hucitec, 1993.

238. TELLES, V. S. Op. cit., 1994, pp. 91-2.

convive com a sua recusa, com a violência cotidiana perpassando as relações sociais, repondo privilégios e novas discriminações, conformando hoje, o que alguns qualificam de "apartação social". É, portanto, na dinâmica tensa dos conflitos que se encontram as fontes e se ancoram as possibilidades e esperanças de uma prática de cidadania, que generalize os direitos existentes, criando outros novos na luta social. É aí também que se redefinem as relações entre Estado e sociedade, no movimento de produção da vida social.

É neste sentido que a formação profissional deve viabilizar condições para que os novos assistentes sociais sejam sensíveis e solidários ao processo de criação de uma *nova cidadania*[239], como *estratégia política de gestão de uma cultura pública democrática*, contrapondo-se ao culto ao individualismo, à linguagem do mercado, ao "ethos" da pós-modernidade. Cidadania voltada para a incorporação política progressiva dos setores excluídos de direitos na prática social, ainda que tidos como necessários e válidos para a produção da riqueza social, como riqueza para outros. Cidadania dos produtores, que impulsione a criação de novas formas de sociabilidade, assentadas na relação entre Estado e a sociedade civil e não apenas nas relações entre o Estado e indivíduo isolado, ultrapassando os marcos da ideologia liberal.

Este processo encontra campo na busca de conversão dos espaços de trabalho, inscritos no campo das políticas sociais, em *espaços, de fato, públicos*, ampliando-se as possibilidades de sua apropriação pela sociedade civil. Alargar os canais de interferência da população na gestão da coisa pública, contrarrestando as tendências de privatização das relações sociais, persistentes na história política brasileira, que vem se pautando, como afirma Oliveira, no "máximo de Estado para o mínimo de coisa pública, ou no máximo de aparência de Estado para o máximo de privatização social"[240].

---

239. DAGNINO, E. "Os movimentos sociais e a emergência de uma nova cidadania". In: DAGNINO. E. (org.) Op. cit., 1994, pp. 103-118.

240. OLIVEIRA, F. "Da dádiva aos direitos: a dialética da cidadania". In: *Revista Brasileira de Ciências Sociais nº 25*. São Paulo, ANPOCS, julho de 1994, p. 43.

O Serviço Social, em sua prática, dispõe de condições potencialmente privilegiadas, pela proximidade que tem ao dia a dia das classes subalternas, de recriar aquela prática profissional nos rumos aventados, exigindo que a formação universitária possa dotar os assistentes sociais de subsídios teóricos, éticos e políticos que lhe permitam — se assim o desejarem — contribuir, de mãos dadas, para o trajeto histórico em rumo aos novos tempos.

II. O debate contemporâneo da reconceituação do Serviço Social: ampliação e aprofundamento do marxismo*

À memória do Mestre
José Albertino R. Rodrigues

"Para ser grande, sê inteiro: nada
Teu exagera ou exclui.
Sê todo em cada coisa. Põe quanto és
No mínimo que fazes.
Assim em cada lago a lua toda
Brilha, porque alta vive".

*Fernando Pessoa***

1. Introdução

O objetivo central do presente capítulo é *apreender as particularidades históricas e teóricas do debate brasileiro do Serviço Social na última década, no âmbito do legado marxista*, tendo como *contraponto* o movimento de reconceituação, tal como

---

* Texto base da conferência exigida para o *Concurso Público de Professor Titular do Departamento de Fundamentos do Serviço* Social da Escola de Serviço Social da Universidade Federal do Rio de Janeiro — UFRJ, submetida à argüição da banca examinadora, composta pelos Professores Doutores: Emir Sader (USP), Maria Carmelita Yazbek (PUC-SP) e Seno Cornely (PUC-RS), Luiz Alfredo Garcia Rosa (UFRJ) e Madel Therezinha Luz (UFRJ). Rio de Janeiro, 12 de novembro de 1992.

** PESSOA, F. "Odes de Ricardo Reis, 414, de 14/02/1933." In: *Fernando Pessoa. Obra Poética.* (Volume único). Rio de Janeiro, Nova Aguilar, 1983, p. 223.

se manifestou no meio profissional latino-americano nos anos 1965-75, em especial nos países hispânicos. Nesse sentido, pretende efetuar uma *breve caracterização do legado da reconceituação*, tendo em vista uma análise do debate brasileiro, *identificando suas temáticas polarizadoras e seus fundamentos históricos e teóricos*. Objetiva, assim, um *balanço crítico* da produção acumulada, seus avanços e omissões, apontando pistas para os seus desdobramentos.

A premissa desta análise é a de que *as particularidades da polêmica profissional*[241], na década de 1980, são tributárias da complexificação histórica do Estado e da sociedade no Brasil, verificada com a expansão monopolista, a partir das novas condições econômico-políticas criadas com a ditadura militar e sua crise. Aí reside o *solo histórico*, o "terreno vivo"[242] no qual se tornou possível e se impôs como socialmente necessária uma *renovação do Serviço Social*[243], *abrangente* e *plural*, expressa tanto nos campos da pesquisa e do ensino, da organização político-corporativa dos assistentes sociais, como no mercado profissional de trabalho.

Por meio de sua renovação, o Serviço Social buscava *assegurar sua própria contemporaneidade*, afigurando-se aquela como o caminho possível para a sua reprodução e expansão: para a sua reconciliação com o tempo presente.

---

241. Sobre a categoria da particularidade ver: MARX, K. "Introdução à Crítica da Economia Política. In: *Marx.* São Paulo, Abril Cultural, (Col. "Os Pensadores"), 1974, pp. 107-138; G. LUKÁCS. "O particular à luz do materialismo histórico". In: *Introdução à estética marxista.* Rio de Janeiro, Civilização Brasileira, 1978, p. 73-122.

242. Sobre as bases históricas da produção do conhecimento ver as análises de MARX, K. e ENGELS, F. sobre a economia política na Inglaterra e na Alemanha. MARX, K. "Posfácio à segunda edição". In: *O Capital. Crítica da economia política.* São Paulo, Nova Cultural, 1985, vol. I, pp. 15-21; ENGELS, F. "A contribuição à crítica da economia política de K. Marx". In: *Textos 3.* São Paulo, Ed. Sociais, 1977, vol. I, pp. 304-312.

243. A renovação profissional tal como a compreendemos aqui encontra-se em IAMAMOTO, M. V., *Renovação e conservadorismo no Serviço Social*, São Paulo, 1992; NETTO, J. P. "A Renovação do Serviço Social sob a autocracia burguesa". In: *Ditadura e Serviço Social.* São Paulo, Cortez, 1990, pp. 115-308.

A profissão é aqui compreendida como um *produto histórico*, e, como tal, adquire sentido e inteligibilidade na história da sociedade da qual é parte e expressão. O Serviço Social afirma-se como uma especialização do trabalho coletivo, inscrito na divisão sociotécnica de trabalho, ao se constituir em expressão de necessidades históricas, derivadas da prática das classes sociais no ato de produzir seus meios de vida e de trabalho de forma socialmente determinada. Assim seu *significado social* depende da dinâmica das relações entre as classes e dessas com o Estado nas sociedades nacionais em quadros conjunturais específicos, no enfrentamento da "questão social"[244]. É na implementação de políticas sociais, e, em menor medida, na sua formulação e planejamento, que ingressa o Serviço Social. Destarte, diante de alterações sociais substantivas — tais como as que atravessaram o Estado e a sociedade civil no país nas duas últimas décadas — a profissão viu-se obrigada a se redefinir, pois, como a sociedade burguesa, também ela não se conforma como um "cristal sólido, mas como um organismo capaz de mudar e que está em constante mudança"[245], nos termos de Marx.

Reafirma-se, portanto, a premissa de que *a história é a fonte de nossos problemas e a chave de suas soluções*. Dessa maneira, a *ruptura com o profissionalismo estreito*, a implosão do "estritamente profissional", *a abertura para mais longe* — para o *amplo horizonte do movimento da sociedade — é que torna possível iluminar as próprias particularidades do Serviço Social, apreendendo-o na trama de relações que explicam sua gênese, seu desenvolvimento, seus limites e possibilidades*; trama

---

244. "A 'questão social' não é senão as expressões do processo de formação e desenvolvimento da classe operária e seu ingresso no cenário político da sociedade, exigindo o seu reconhecimento como classe por parte do empresariado e do Estado. É a manifestação no cotidiano da vida social, da contradição entre o proletariado e a burguesia". IAMAMOTO, M. V., e CARVALHO, R. de. *Relações Sociais e Serviço Social no Brasil*. São Paulo, Cortez, 1982; em termos de CERQUEIRA FILHO, C.: "por 'questão social', no sentido universal do termo, queremos significar o conjunto de problemas políticos, sociais e econômicos que o surgimento da classe operária impôs no curso da constituição da sociedade capitalista. Assim a 'questão social' está fundamentalmente vinculada ao conflito entre capital e trabalho". FILHO, G. C. A "*questão social*" no Brasil. Rio de Janeiro, Civilização Brasileira, 1982.

245. MARX, K., Prefácio à primeira edição". In: Op. cit., 1985, p. 14.

essa que condiciona o *âmbito de alternativas* que se apresentam aos sujeitos profissionais em cada momento conjuntural. Em outros termos: se a profissão é *socialmente determinada por circunstâncias sociais objetivas*, as quais conferem uma direção social predominante à prática profissional — condicionando ou mesmo ultrapassando a vontade e consciência de seus agentes individuais —, ela *é também produto da atividade dos sujeitos que a constroem coletivamente, em condições sociais dadas*[246]. Portanto, se os processos históricos impõem limites e descortinam potenciais alternativas à prática profissional, essas não se traduzem imediata e mecanicamente na órbita profissional. Encontram-se sujeitas a inúmeras mediações, que têm de ser apropriadas e elaboradas pelos agentes profissionais — seja no nível da produção intelectual, seja no das estratégias de ação — de modo que se moldem como respostas teóricas e técnico-políticas às demandas emergentes naquele campo de possibilidades.

No período em questão — década de 1980 —, herdeira da ditadura militar e de seu projeto de modernização conservadora, a categoria dos assistentes sociais emerge na cena social no processo de transição democrática com um *novo perfil profissional e acadêmico*. Novo elenco de problemáticas passou a constar da pauta do debate, submetidas a tratamento teórico-metodológicos e prático-político distintos.

Essa reflexão incide, portanto, sobre uma *parcela* de produção acadêmico-profissional[247] que, inspirada na tradição marxista, vem

---

246. "O que importa é que o conjunto da reflexão marxiana é denominado pela idéia que, no social, se dá uma articulação entre o mundo da causalidade e da teleologia, ou seja, entre o fato de que as ações humanas são determinadas por condições externas aos indivíduos singulares e o fato de que, ao mesmo tempo, o social é constituído por projetos que os homens tentam implementar na vida social. A ontologia marxista dirá que o ser social é formado por determinismo e liberdade. Ou em termos mais modernos, utilizados pelas ciências sociais contemporâneas, que a sociedade é formada simultaneamente por momentos de estrutura e momentos de ação. COUTINHO, C. N. "Gramsci e as Ciências Sociais". In: *Serviço Social e Sociedade, n. 34*, São Paulo, Cortez, ano XI, dez./1990, p. 27.

247. Netto, analisando a renovação do Serviço Social sob a autocracia burguesa, aponta como suas principais tendências: a perspectiva modernizadora, a reatualização do conservadorismo e a intenção de ruptura. Cf. NETTO, J. P. Op. cit., 1991.

contribuindo para imprimir uma *feição essencialmente crítica*[248] *ao Serviço Social*, tanto na conformação da explicação *histórica da profissão quanto na interlocução com a herança intelectual incorporada em sua trajetória*. Desdobra-se em uma *crítica marxista ao próprio marxismo tal como esse foi incorporado pela literatura especializada*, notadamente pelo movimento de reconceituação latino-americano da década de 1970, transformando-se em autocrítica da história das formulações teóricas oriundas das primeiras aproximações do Serviço Social ao marxismo[249].

2. O legado da reconceituação

O movimento de reconceituação, tal como se expressou em sua tônica dominante na América Latina, representou um *marco decisivo no desencadeamento do processo de revisão crítica do Serviço Social* no continente. O exame da *primeira aproximação do Serviço Social latino-americano à tradição marxista* se impõe como um *contraponto necessário* à análise do debate brasileiro contemporâneo. O propósito é tão-somente *situar* aquele movimento na sua gênese, tendo em vista analisar posteriormente o tipo de relação com ele estabelecida pela produção brasileira do Serviço Social nos anos 1980.

Preliminarmente, deve ser salientado que o movimento de reconceituação do Serviço Social — emergindo na metade dos anos 1960 e prolongando-se por uma década — foi, na sua especificidade, um *fenômeno tipicamente latino-americano*. Dominado pela contestação ao tradicionalismo profissional[250], implicou

---

248. A noção de *crítica* assumida está conformada, na sua forma clássica, na análise marxiana da crítica à economia política e à filosofia clássica alemã.

249. Anderson discutindo a noção de teoria crítica, no sentido codificado por Horkheimer, da Escola de Frankfurt, em 1937, sustenta que: "o novo tipo de crítica representado pelo princípio do materialismo é que ele incluiu indivisível e ininterruptamente a autocrítica. Isto é, o marxismo é uma teoria da história que, ao mesmo tempo, reivindica proporcionar uma história da teoria", ou seja, um *marxismo do marxismo*. *A crise da crise do marxismo*. ANDERSON, P. São Paulo, Brasiliense, 1985, 2ª ed., pp. 13-14.

250. NETTO, em texto de 1981, sumariza a noção de "Serviço Social tradicional", confrontando-a com o Serviço Social Clássico, tal como foi formulado pelos pioneiros,

um *questionamento global da profissão*: de seus fundamentos ídeo-teóricos, de sua raízes sociopolíticas, da direção social da prática profissional e de seu *modus operandi*[251].

Tal questionamento se gesta no contexto das profundas mudanças que se operavam no nível continental, presididas pela forte efervescência das lutas sociais, demarcadas por um ciclo expansionista do capitalismo no cenário mundial. Esse quadro histórico não fertilizou somente o Serviço Social: no seu conjunto, as ciências sociais se indagam quanto aos seus parâmetros teórico-explicativos e ao seu papel; ampliam e renovam sua pauta temática, em resposta aos novos desafios históricos emergentes no continente[252]. Em outros termos: o pensamento social latino-americano busca reconciliar-se com sua própria história, questionando as teorias exógenas e subordinando sua validação à capa-

---

constituindo as fontes do Serviço Social. "Por Serviço Social 'tradicional' deve-se entender a prática empirista, reiterativa e burocratizada que os agentes realizavam e realizam efetivamente na América Latina. Evidentemente há um nexo entre ambos: estão parametrados por uma ética liberal-burguesa e sua teleologia consiste na correção — de um ponto de vista claramente funcionalista — de resultados sociais considerados negativos ou indesejáveis, com um substrato idealista e/ou mecanicista da dinâmica social, sempre pressupondo a ordenação capitalista como um dado factual ineliminável. NETTO, J. P. "La critica conservadora a la reconceptualización". *Acción Crítica, n. 9.* Lima, CELATS/ALAETS, junio/1981, p. 44.

251. São denunciados, entre outros aspectos, os objetivos profissionais voltados para a integração e adaptação social e o tipo de fundamentação teórica que os informa: o estrutural-funcionalismo e o neotomismo. Questionam-se os vínculos confessionais da profissão, avançando no seu processo de secularização; indaga-se sobre a significação do Serviço Social na sociedade. Recusa-se o caráter paliativo, burocratizado e inespecífico da prática profissional e fundamentalmente o seu alheamento das questões sociais e históricas da América Latina. Os "modelos de intervenção" importados são submetidos ao crivo da crítica, que aponta a inadequação e inoperância do arsenal operativo voltada para uma atuação microscópica ante os "problemas sociais", metamorfoseados em problemas dos indivíduos isolados, tidos como fundamentos de uma ordem social naturalizada.

252. A título ilustrativo, conferir, por exemplo: IANNI, O. *Sociologia da sociologia latino-americana.* Rio de Janeiro, Civilização Brasileira, 1975; CARDOSO, F. H. *Mudanças sociais na América Latina.* São Paulo, Difel, 1969; CARDOSO, F. H. e FALETTO, E. *Dependência e desenvolvimento na América Latina.* Rio de Janeiro, Zahar, 1970; FERNANDES, F. *A sociologia no Brasil.* Petrópolis, Vozes, 1977; ______. *Capitalismo e classes sociais na América Latina.* Rio de Janeiro, Zahar, 1973; ______. *Sociedade de classes e subdesenvolvimento.* 3ª ed., Rio de Janeiro, Zahar, 1975.

cidade que apresentem de explicar e iluminar os caminhos particulares trilhados pelo desenvolvimento na América Latina em suas relações com os centros avançados do capitalismo.

Os impulsos renovadores chegam à Igreja Católica, à Universidade com marcante presença do movimento estudantil, às manifestações artísticas e culturais, à arena político-partidária[253].

O Serviço Social latino-americano é sensibilizado pelos desafios da prática social. Sua resposta mais significativa se consubstancia na mais ampla revisão já ocorrida na trajetória dessa profissão, que tem aproximadamente seis décadas de existência. Essa resposta é o movimento de reconceituação. Esse perfilou-se, desde o seu nascedouro, como um movimento de *denúncia — de autocrítica e de questionamentos societários — que tinha como contraface um processo seletivo de busca da construção de um novo Serviço Social latino-americano*, saturado de historicidade, que apostasse na criação de novas formas de sociabilidade a partir do próprio protagonismo dos sujeitos coletivos.

Embora tenha sido esta a tônica *predominante* no embate com o tradicionalismo profissional, aquele movimento não foi nem unitário nem homogêneo. Ao contrário: tanto em função de suas *gêneses sociais* diferenciadas — determinadas por contextos sociopolíticos e econômicos distintos — quanto em razão da *vinculação intelectual e política por parte de seus protagonistas a matrizes teóricas e societárias também diversas*, o movimento de reconceituação se molda como uma *unidade repleta de diversidades*. Essas se manifestam não só na *forma de construção das críticas e propostas*, mas também no *conteúdo atribuído ao "novo" no Serviço Social latino-americano*[254].

---

253. Para uma análise do Serviço Social nesse contexto ver: D. PALMA. *La Reconceptualización: una búsqueda en America Latina*. Buenos Aires, ECRO/Série CELATS nº 2, 1977; QUIROZ, M. T. "El movimiento de Reconceptualización en America Latina". In: Vv. Aa. *Desafio al Servicio Social*. Buenos Aires, Humanitas, 1975.

254. Não se tem a pretensão de efetuar, nesse espaço, uma reconstrução histórica do movimento de reconceituação, tema amplamente trabalhado na literatura especializada no continente. Análises criteriosas, sob diferentes ângulos, encontram-se em:

No entanto, podem-se identificar alguns *patamares básicos* que tecem os contornos do debate na maioria dos países de língua espanhola, que nele tiveram uma posição de destaque nos anos 1965-75[255]. Patamares esses que, ao mesmo tempo, distanciam

---

ALAYON, N. *et alii. Desafio al Servicio Social.* Buenos Aires, Humanitas, 1976; PALMA, D. *Reconceptualización: una búsqueda en América Latina.* Op. cit., MARTINEZ, J. M. "Proceso histórico y trabajo social en América Latina". *Acción Critica nº 2*, CELATS/ALAETS, jul. 1997, pp. 6-14; LIMA, L. e RODRIGUEZ, R. "Metodologismo: estallido de una época". *Acción Critica nº 2*, op. cit., pp. 15-41; LIMA, L. "Marchas y contramarchas del Trabajo Social: repasando la reconceptualización". *Acción Critica nº 6.* Lima. CELATS/ALAETS, dec. 1979, pp. 25-31; NETTO, J. P. "La critica conservadora a la reconceptualización". Op. cit.; PARODI, J. "El significado del trabajo social en el capitalismo y la reconceptualización". *Acción Critica nº 4.* Lima. CELATS, 1981, pp. 33-43; FALEIROS, V. P. *Trabajo Social: ideología y método.* Buenos Aires, Ecro, 1972; ______. *Metodologia e Ideologia do Trabalho Social.* São Paulo, Cortez, 1981; ______. "Confrontos teóricos do movimento de reconceituação do Serviço Social na América Latina". *Serviço Social e Sociedade nº 24*, São Paulo, Cortez, ano VIII, ago. 1987; FALEIROS, V. P. *et alii. Que es trabajo social?*, Lima, CELATS, 1972; JUNQUEIRA, H. I. "Quase duas décadas de reconceituação do Serviço Social: uma abordagem crítica". *Serviço Social e Sociedade, nº 4.* São Paulo, Cortez, ano II, dez. 1980, pp. 5-30; ALMEIDA, A. A. "O movimento de reconceituação no Brasil: perspectiva ou consciência?" *Debates Sociais, nº 21.* Rio de Janeiro, CBCISS, 1975; LOPES, J. B. *Objeto e especificidade do Serviço Social.* São Paulo, Cortez e Moraes, 1979; AGUIAR, M. M. *Reconceituação do Serviço Social: formulações diagnósticas.* São Paulo, Cortez, 1981: SILVA, M. G. *Ideologias e Serviço Social: reconceituação latino-americana.* São Paulo, Cortez, 1982; ANDER-EGG, E. *El Servicio Social en la encrucijada.* México, Umets, 1971; KISNERMAN, N. *Sete Estudos sobre o Serviço Social.* São Paulo, Cortez e Moraes, 1978; KRUSE, H. *Introducción a la teoría científica del Servicio Social.* Buenos Aires, ECRO/ISI, 1972; CARVALHO, A. M. *A questão da transformação e o trabalho social.* São Paulo, Cortez, 1983.

255. Para uma análise das raízes históricas distintas da trajetória da reconceituação no Brasil e nos países hispânicos ver: NETTO, J. P. "La Crisis del Proceso de Reconceptualización del Servicio Social". In: ALAYON, N. Op. cit., p. 85-105; "No Uruguai, uma larga tradição de efetivo liberalismo propiciava uma vida universitária notadamente ágil, e o aparato estatal, profundamente desgastado, era obrigado a tolerar o florescimento de tensões sociais em toda a sua violência. Na Argentina, as ditaduras militares se isolavam progressivamente ante a mais ampla mobilização de massas. A forte repressão não foi capaz de impedir a determinação dos diversos setores sociais que, a médio prazo, lograram restaurar no país a perspectiva da democracia. Quanto ao Chile, transitando da Democracia Cristã à Unidade Popular, experimentava uma via democrática das mais ousadas, com a consciência nacional assumindo a gravidade das lutas de classe e o árduo trajeto para a soberania. Ali,

nitidamente esses países dos rumos hegemônicos imprimidos ao debate brasileiro, como será destacado adiante.

Nos eixos de preocupações fundamentais, salientam-se, em primeiro lugar, o reconhecimento e a busca de compreensão dos *rumos peculiares do desenvolvimento latino-americano em sua relação de dependência com os países "cêntricos"*, para a contextualização histórica da ação profissional, o que redundou em uma incorporação das produções acadêmicas no vasto campo das ciências econômicas, sociais e políticas. Em segundo lugar, verificam-se os esforços empreendidos para a reconstrução do próprio Serviço Social: da *criação de um projeto profissional abrangente* e atento às características latino-americanas, em contraposição ao tradicionalismo[256], envolvendo critérios teórico-metodológicos e prático-interventivos. Em terceiro lugar, uma *explícita politização da ação profissional*, solidária com a "libertação dos oprimidos" e comprometida com a "transformação social", conforme a linguagem usual da época. Em quarto lugar, a necessidade de se atribuir um "estatuto científico" ao Serviço Social lança-o no campo dos embates *epistemológicos*, *metodológicos* e das *ideologias*[257]. Finalmente as preocupações anteriores se canalizam para a *reestruturação da formação profissional*, articulando ensino, pesquisa e prática profissional, exigindo da Universidade o exercício da crítica, do debate, da produção criadora de conhecimentos no estreitamento de seus vínculos com a sociedade.

---

como talvez nunca em nossa história latino-americana, o pensamento universitário se converteu em crítica da sociedade" (p. 90). O Brasil desempenhou, ao lado da Argentina, Chile e Uruguai, um papel de destaque na articulação das inquietudes profissionais do continente. Sedia, em Porto Alegre, em 1965, o I Seminário Regional Latino-Americano de Serviço Social tido, por muitos analistas, como o marco inicial do movimento de reconceituação no continente. Ver: CORNELY, S. "Algunas ideas preliminares sobre la reconceptualización del Servicio Social en el Brasil". In: ALAYON, N., *et alii*. Op. cit., 1976, pp. 65-54.

256. O Centro Latinoamericano de Trabajo Social, (CELATS), organismo de cooperação técnica internacional, e a Associação Latino-Americana de Escolas de Serviço Social (ALAESS) exerceram um papel decisivo no desenvolvimento de um novo projeto profissional latino-americano, impulsionando intercâmbios, produzindo pesquisas e difundindo a polêmica do Serviço Social no continente.

257. Um amplo balanço dessa questão encontra-se em LIMA, L. e R. Rodriguez. Op. cit., 1977.

Embora o movimento de reconceituação tenha se gestado no bojo da política desenvolvimentista e sido tributário de seus parâmetros teórico-analíticos, já no despontar da década de 1970 passaram a marcar presença no cenário profissional análises e propostas com nítida inspiração marxista, abrindo uma fratura com suas próprias produções iniciais[258].

O que importa ressaltar — para os fins da presente análise — é que se a descoberta do marxismo pelo Serviço Social latino-americano contribuiu decisivamente para um *processo de ruptura teórica e prática com a tradição profissional*, as formas pelas quais se deu aquela aproximação do Serviço Social com o amplo e heterogêneo universo marxista foram também responsáveis por inúmeros equívocos e impasses de ordem teórica, política e profissional cujas refrações até hoje se fazem presentes.

O encontro do Serviço Social com a perspectiva crítico-dialética deu-se por meio do *filtro da prática político-partidária*[259]. Por meio dela muitas inquietudes foram *transferidas da militância política para a prática profissional*, estabelecendo-se freqüentemente uma relação de identidade entre ambas, deixando de lado suas diferenças e, assim, impossibilitando a análise criteriosa de suas mútuas relações.

Essa primeira forma de aproximação redundou no chamamento dos profissionais ao *compromisso político*, o que sugeria a necessidade de se dispor de um ponto de vista de classe na análise da sociedade e do papel da profissão nessa sociedade. Esse ângulo de visão, alimentado apenas pela prática e pela vontade política, mostrava-se, em si, insuficiente para desvelar tanto a herança intelectual do Serviço Social como sua prática no jogo das relações de poder econômico e nas relações do Estado com o movimento das classes sociais. Tal exigência não depende apenas de uma *ação político-moral*, mas supõe uma *consciência teórica* capaz de possibilitar a explicação do processo

---

258. Nesse sentido, foi ilustrativo o Seminário de Ambato (Equador), promovido com o apoio do Instituto de Solidariedad Internacional (ISI), em 1971.

259. No caso brasileiro, o mais amplo estudo a respeito é de RODRIGUES DA SILVA, L. M. M. *Aproximação do Serviço Social à tradição marxista: caminhos e descaminhos*. São Paulo, PUC-SP, 2 vols. 1991.

social e o desvelamento das possibilidades de ação nele contidas. Ora, se a consciência teórica tem suas *raízes* nas relações econômicas e nas lutas de classes historicamente determinadas, ela não surge espontaneamente de tais relações e lutas. Exige, para a sua construção, uma *interlocução crítica com o conhecimento científico acumulado*[260], um trabalho rigoroso de elaboração intelectual, o que, na reconceituação, não foi possível acumular a contento.

Outra característica desse encontro do Serviço Social com a tradição marxista decorre dos *condutos teóricos* pelos quais se processou tal aproximação. Ela não foi orientada para as fontes clássicas e contemporâneas, abordadas com uma explícita preocupação teórico-crítica. Deu-se predominantemente por manuais de divulgação do "marxismo oficial". Aliou-se a isso a contribuição de autores "descobertos" pela militância política, como Lênin, Trotsky, Mao, Guevara — cujas produções foram seletivamente apropriadas, numa óptica utilitária, em função de exigências prático-imediatas, prescindindo-se de qualquer avaliação crítica. A esse universo teórico eclético, soma-se, ainda, pela via predominantemente acadêmica, rudimentos do estruturalismo marxista de Althusser, em especial suas análises dos "aparelhos ideológicos do Estado" e seu debate sobre a "prática teórica".[261]

Apreciando tais caminhos teóricos, que moldaram o acercamento da Reconceituação aos múltiplos "marxismos", constata-se que o personagem mais ausente é o próprio Marx. Em outras palavras: *foi a aproximação a um marxismo sem Marx.* O resultado foi um universo teórico presidido por fortes *traços ecléticos*, dando lugar a uma "invasão, às ocultas, do positivismo no discurso do marxista do Serviço Social[262]. Traço eclético potenciado por uma herança intelectual e política de salientes raízes conservadoras

---

260. LENIN, V. I. "A espontaneidade das massas e a consciência da social democracia". In: *O que fazer?* Lisboa, Estampa, 1974.

261. ALTHUSSER, L. *A favor da Marx*. 2ª ed., Rio de Janeiro, Zahar, 1979; _____. *Ideologias e aparelhos ideológicos do Estado*. Lisboa, Presença/Martins Fontes, 1970.

262. QUIROGA, L. *Uma invasão às ocultas: Reduções positivistas no marxismo e suas manifestações no ensino de metodologia do Serviço Social*. São Paulo, Cortez, 1989.

e positivistas, da qual o Serviço Social é caudatário o contra a qual se insurgia o movimento de reconceituação.

Esse *ecletismo*, expressando-se como conciliação no plano das idéias[263], aliava-se a um tipo de *chamamento à militância* que diluía as bases propriamente profissionais, típicas da inscrição do Serviço Social na divisão sociotécnica do trabalho. Tais características marcaram as formas iniciais da aproximação do Serviço Social latino-americano ao marxismo.

Destarte, as formas específicas pelas quais se deu o referido encontro fizeram com que se estabelecesse uma *tensão entre os propósitos políticos anunciados e os recursos teórico-metodológicos acionados para iluminá-los*; entre *pretensões político-profissionais progressistas e os resultados efetivamente obtidos. Com isso o discurso que se pretendia marxista passou a conviver com uma bagagem teórica eclética, que não era capaz de operar a efetivação das intenções declaradas, fazendo com que a ruptura anunciada não fosse integralmente realizada*. Verifica-se, por exemplo, no trato do materialismo histórico e dialético, uma clara separação — que chega ao nível de excludência — entre as dimensões lógicas e históricas do método, verificando-se uma "suspensão" da dialética do conhecimento, desconectada da história. A categoria do *trabalho*, ontologicamente determinante na obra de Marx, está inteiramente ausente e é desconhecida nas análises da prática social e da relação teoria e prática, tão em voga naquele momento. Assim, as categorias deixam de "expressar formas de ser, determinações da existência",[264] desligando-se do movimento da sociedade que deveriam expressar, passando a ser criações aleatórias do pensamento. Esse deslocamento das dimensões lógicas e históricas fere no "coração" o método marxiano. Como sustenta Engels "o método lógico não é senão o método histórico despojado apenas de suas contingências perturbadoras. Ali onde começa a história deve começar a cadeia do pensamento

---

263. COUTINHO, C. N. "Cultura e Democracia no Brasil". In: *A Democracia como valor universal e outros ensaios*. 2ª ed., Rio de Janeiro, Salamandra, 1984, pp. 121-161.

264. MARX, K. "Introdução à Crítica da Economia Política". Op. cit. 1974.

e o desenvolvimento ulterior desse não será mais que a imagem reflexa, em forma abstrata e teoricamente conseqüente, da trajetória histórica; uma imagem reflexa corrigida, mas corrigida de acordo com as leis que fornecem a própria trajetória histórica".[265]

Daí decorrem entre muitos limites o *fetiche dos metodologismos* a que o debate da reconceituação se viu submetido e as reduções do método a pautas e procedimentos de intervenção; o *reforço das tendências empiricistas* e, portanto, classificatórias da vida social, que não tendem a estimular a abstração como recurso heurístico fundamental para desvendar os processos sociais; as *apreciações moralizadoras sobre o ordenamento social burguês*; o *a-historicismo*, traduzido nas tênues bases históricas das análises profissionais.

O movimento de reconceituação se viu, portanto, prisioneiro de uma antiga contradição, já denunciada por Lukács: a coexistência de: "uma ética de esquerda e uma epistemologia de direita", nos termos do autor.[266] Subjacente encontra-se ainda a ilusão de que a consciência teórica resultaria direta e unilateralmente da luta de classes, movida pela vontade política. Origina-se daí um duplo dilema até hoje presente na prática profissional: *o fatalismo e o messianismo, ambos cativos de uma análise da prática social esvaziada de historicidade.* O fatalismo, inspirado em interpretações que naturalizam a vida social, apreendida à margem da subjetividade humana, redundando em uma visão perversa da profissão concebida como totalmente atrelada às malhas de um poder tido como monolítico, resultando disso a impotência e a subjugação do profissional ao instituído. Por outro lado, o messianismo utópico privilegiando os propósitos do profissional individual, num voluntarismo, não permite o desvendamento do movimento social e das determinações que a prática profissional incorpora nesse movimento, ressuscitando inspirações idealistas que reclamam a determinação da vida social pela consciência.[267]

---

265. ENGELS, F. Op. cit., 1977, p. 310.

266. LUKÁCS, G. *La Theórie du Roman*. Genebra, Gonthier, 1963, p. 18.

267. Para um detalhamento dessa análise ver: IAMAMOTO, M. V. "Prática Social: a ultrapassagem do fatalismo e do messianismo na prática profissional". In: Op. cit., 1992.

Esse quadro de influências apresenta-se como amplamente favorável à *cooptação dos intelectuais que se pretendiam críticos.* Esse processo, como sustenta Coutinho, não obriga o intelectual a apologias ideológicas diretas do existente, convivendo com um campo de escolhas aparentemente amplo, "mas cujos limites são determinados pelo compromisso tácito de não pôr em discussão os fundamentos daquele poder e cuja sombra (o intelectual cooptado) é livre para cultivar a própria 'intimidade'". Segundo o autor, a cooptação pode conviver, inclusive, com um "inconformismo declarado, com um mal-estar subjetivamente sincero diante da situação dominante ... O intelectual cooptado pode experimentar seu isolamento como uma danação da qual não pode se libertar".[268]

Esses são *alguns* dos traços — sem pretensão exaustiva — do legado da reconceituação latino-americana. O debate que ocorria no Brasil, na mesma época, não foi alheio àquelas inquietudes; no entanto, suas expressões são isoladas, o que não compromete sua significação. Na medida em que se encontram na contramão da "ideologia oficial" têm sua difusão comprometida, além de se plasmarem como uma expressão política e profissionalmente minoritária no interior da categoria dos assistentes sociais. Alinhando-se claramente nos rumos do debate nos demais países do continente, no qual exerceu inclusive um papel de referência, merece menção a experiência da Escola de Serviço Social da então Universidade Católica de Minas Gerais no campo da prática e da formação profissional.[269] No entanto, o eixo do debate

---

268. COUTINHO, C. N. "Cultura e democracia no Brasil". In: *Democracia como valor universal e outros ensaios*, 1984, p. 136.

269. Para uma análise global de experiência do grupo de Belo Horizonte, ver os seguintes documentos elaborados entre 1971 e 1974: *A prática como fonte de teoria* (1971); *Uma proposta de reestruturação da formação profissional*, publicado em *Vv.Aa.*; *Compendio sobre la reestruturación de la carrera del Trabajo Social*, Buenos Aires, Ecro, 1973; *Análise histórica da orientação metodológica da Escola de Serviço Social da Universidade Católica de Minas Gerais e Teoria, Prática, Serviço Social*, estas últimas recolhidas por SANTOS, L. L. *Textos de Serviço Social.* São Paulo, Cortez, 1982. Na perspectiva de uma leitura crítica da experiência, ver: LIMA, L. L. e RODRIGUEZ, R. "Metodologismo: estallido de uma época", op. cit.; NETTO, J. P. *Ditadura e Serviço Social no Brasil pós-64*, op. cit.; RODRIGUES

brasileiro, até meados do anos 1970, diferencia-se radicalmente das temáticas polarizadoras da reconceituação na maioria dos países latino-americanos. Dessa forma, o enfrentamento com a herança da reconceituação vai dar-se tardiamente no Brasil, no bojo da crise da ditadura, quando o próprio revigoramento da sociedade civil faz com que se rompam as amarras do silêncio e do alheamento político forçado a que foi submetida a maioria da população no cenário ditatorial.

Esse panorama contribui para que, no Brasil, diferentemente da tônica predominante nos demais países, o embate com o Serviço Social tradicional se revertesse em uma *modernização* da profissão que *atualiza a sua herança conservadora.* Verificou-se uma mudança no discurso, nos métodos de ação e nos rumos da prática profissional, no sentido de obter um *reforço de sua legitimidade junto às instâncias demandantes da profissão*, em especial o Estado e as grandes empresas, *adequando o Serviço Social à ideologia dos governantes.* Tais mudanças se traduzem em uma *tecnificação pragmatista* do Serviço Social. Diante do clima repressivo, os assistentes sociais refugiam-se cada vez mais em uma discussão "interna" sobre elementos que, por si, supostamente lhe confeririam um perfil peculiar — objetos, objetivos, métodos e procedimentos de intervenção caindo nas amarras do fetiche do metodologismo. Suas construções teóricas são tomadas do estrutural funcionalismo e do discurso do positivismo.[270] As preocupações voltam-se para o aperfeiçoamento do instrumental técnico-operativo, expresso pela sofisticação dos modelos de diagnóstico e planejamento, na busca de uma eficiência que se pretendia asséptica, nos marcos de uma crescente burocratização das atividades. Como já disse uma analista: "impossibilitado de

---

DA SILVA, L. M. M. *Aproximação do Serviço Social à tradição marxista.* Op. cit.; BARBOSA, M. M. *Objetivos profissionais e objetivos institucionais na trajetória de Serviço Social: Belo Horizonte*, 1960-1974. São Paulo, PUC-SP, 1989. (mimeo.)

270. Esta tendência do debate foi hegemoneizada pelo CBCISS — Centro Brasileiro de Cooperação e Intercâmbio de Serviços Sociais, tendo-se expressado de maneira nítida no conhecido "Documento de Teresópolis". O intelectual mais representativo dessa tendência modernizadora é L. DANTAS. Para uma análise criteriosa da mesma, ver: NETTO, J. P.: "Teresópolis: a cristalização da perspectiva modernizadora". In: *Ditadura e Serviço Social.* Op. cit., pp. 177-201.

questionar-se socialmente, o Serviço Social se questiona metodologicamente".[271] Num contexto de intensa pauperização derivada das políticas concentracionistas de renda e capital, que resultam em uma queda brutal do poder aquisitivo dos salários, as necessidades materiais tendem a ser espiritualizadas, transformadas em *dificuldades subjetivas do indivíduo* para a adaptação social. Assim, questões de economia política transmutam em "problemas assistenciais" e os direitos sociais conquistados na luta social são metamorfoseados em "benefícios", vistos como expressões de carências, de dificuldades internas à personalidade do trabalhador.

São esses os rumos predominantes, até meados da década de 1970, da renovação do Serviço Social brasileiro, nos quadros da ditadura militar, *que o distancia da polêmica político-profissional que polariza o Serviço Social no resto do continente.* Essa polêmica só adquire espaço social e político para se difundir maciçamente no país com a crise da ditadura.

Porém, o aprofundamento da expansão monopolista, com as alterações que provocou no processo de produção (desenvolvendo-o tecnologicamente e alterando os processos de trabalho), na reorganização do aparelho de Estado com irradiações no conjunto dos aparelhos de hegemonia da sociedade civil (em especial a Universidade), criou as condições históricas que tornaram possível a gestação, no interior do período ditatorial, dos *pilares de novo perfil da categoria profissional.* Consolida-se um mercado efetivamente nacional de trabalho para os Assistentes Sociais, amplia-se o contingente numérico dos profissionais e das unidades de ensino públicas e privadas.[272] Realiza-se a real inserção do Serviço Social nos quadros universitários, submetendo-se às exigências de ensino, da pesquisa e da extensão. Instala-se a pós-graduação "stricto sensu" nesta área profissional[273], criando as bases para nutrir a

---

271. NETTO, J. P. "La crisis del proceso de reconceptualización del Servicio Social". In: N. ALAYON *et alii.* Op. cit., 1976.

272. A análise do novo perfil da categoria profissional encontra-se documentado, à base de dados, em NETTO, J. P. "A Renovação do Serviço Social sob a autocracia burguesa". In: *Ditadura e Serviço Social.* Op. cit., pp. 115-130.

273. "O processo de institucionalização do ensino de pós-graduação na área data de inícios de 1970 (1972) quando são criados os dois programas pioneiros no

produção científica e criar um mercado editorial até então praticamente inexistente. Renovam-se e qualificam-se os quadros docentes: novos e jovens professores ingressam no circuito universitário, trazendo em suas histórias de vida a experiência da participação política e da crítica social. Expande-se a interlocução do Serviço Social com as ciências afins, galgando progressivamente, apesar de inúmeras dificuldades, a condição de parceiro válido no diálogo acadêmico, mais tarde reconhecido pelas entidades oficiais de fomento científico.

Enfim, foi no interior de um Estado, a serviço do grande capital, que lançou profundas amarras sobre a sociedade civil, tolhendo o exercício da cidadania, embora alimentando uma luta de classes contida nos subterrâneos da arena político-institucional — que foram *criadas as condições para a maturação* acadêmico-profissional do Serviço Social. Essas irão fluir e desenvolver-se no alvorecer da luta pela democratização da sociedade e do Estado, junto com o conjunto dos sujeitos coletivos que florescem no cenário social brasileiro.

Essa trajetória faz com que, *na crise da ditadura, o Serviço Social, viva um descompasso*: se por um lado *dispõe das condições materiais prático-profissionais e de suporte acadêmico para dar o salto necessário no sentido de responder ao avanço das lutas pelos direitos sociais e pela ampliação da cidadania — lutas estas postas pela emergência dos movimentos sociais e sindicais no embate com o patronato e o Estado* —; por outro lado, *carecia de massa crítica acumulada para embasar* uma auto-renovação naqueles rumos. Este descompasso fez com que se produzisse um *reencontro do Serviço Social brasileiro com as*

---

eixo Rio de Janeiro/São Paulo, em universidades católicas (PUC-RS e PUC-SP). A essas iniciativas segue-se, em 1976, o primeiro programa de pós-graduação *stricto sensu* em uma universidade federal, sediado na UFRJ. É ainda no final dos anos 1970, que se observa uma descentralização do ensino pós-graduado, tanto para o sul do país — com a abertura de um programa em Serviço Social na PUC-RS, em 1977 — como para o Nordeste, pela Universidade da Paraíba, em 1977 e de Pernambuco em 1979". IAMAMOTO, M. V.; KARSH, U. M. S. e ARAÚJO, J. M. de. "Relatório avaliativo da área de pós-graduação em Serviço Social (período 1987/1989)". *Serviço Social e Sociedade, nº 38*. São Paulo, Cortez, ano XIII, abr. 1992, p. 143.

inquietudes profissionais e políticas do movimento de *reconceituação.* Viabiliza, *concomitantemente, a redescoberta das iniciativas críticas presentes na história recente.*

No entanto, se era possível resgatar os rumos do debate latino-americano da década de 1970, *já não era mais possível sua mera reprodução.* A sociedade brasileira e, nela, a profissão haviam amadurecido historicamente. Assim as formas como foram construídas as críticas e propostas naquele momento anterior, mostravam-se insuficientes para o avanço do debate; repô-las apenas potenciaria os seus equívocos.

Dessa maneira, não restou outro caminho — para a dinamização de uma análise crítica do Serviço Social — senão o mergulho na pesquisa histórica, aliada a uma crítica teórica rigorosa do ideário profissional: um esforço de articulação entre a *crítica do conhecimento, a história e a profissão, que passa a nortear* o debate brasileiro no âmbito da tradição marxista. Sua relação com o legado do movimento de reconceituação foi de *continuidade e ruptura*, que se desdobrou na *superação da reconceituação.* A linha de *continuidade* manifestou-se na retomada de um *espírito essencialmente crítico* no trato com o conservadorismo profissional e no *resgate da inspiração marxista* para a *interpretação da sociedade e da profissão.* Aponta para a construção de um novo Serviço Social que contemple os interesses sociais daqueles que, criando a riqueza social, dela não se apropriam — o conjunto dos trabalhadores — no horizonte da ultrapassagem do próprio ordenamento capitalista.

A *ruptura* foi *sendo contruída no processo mesmo de aprofundamento das premissas e propósitos do movimento* de reconceituação. Seu *desenvolvimento crítico*, adensado pelas *inéditas condições histórico-profissionais* presentes na *sociedade brasileira*, criou as *condições* daquela ultrapassagem. Os *pontos* de ruptura podem ser localizados em dois grandes âmbitos: *na crítica marxista do próprio marxismo e dos fundamentos do conservadorismo* assim como no redimensionamento das *interpretações históricas da profissão*, como será tratado a seguir.

3. O debate brasileiro contemporâneo e a tradição marxista

3.1. Da crítica romântica à crítica teórica radical da sociedade capitalista

O Serviço Social no Brasil nasce e se desenvolve nos marcos do *pensamento conservador*[274], como um estilo de pensar e de agir na sociedade capitalista, no bojo de um movimento *reformista conservador*[275]. Articula elementos cognitivos e valorativos diversos em um arranjo teórico-doutrinário particular, presidido pela *doutrina social da Igreja* e os desdobramentos do *neotomismo*, pelo *moderno conservadorismo europeu* e a *sociologia funcionalista*, especialmente em suas versões mais empiricistas norte-americanas. Esse *arranjo teórico doutrinário*, matizado em sua evolução por influências específicas, é o *fio que percorre toda a trajetória do conservadorismo profissional*, estreitamente imbricada ao *bloco sócio-histórico que dá sustentação política* ao Serviço Social na sociedade brasileira. Esse fio conservador *coesiona* tanto as *bases de interpretação* da sociedade, o *campo dos valores norteadores da ação profissional*, assim como o *aperfeiçoamento de seus*

---

274. "Os românticos pertencem à nossa época, na qual a burguesia se encontra em oposição ao proletariado, na qual a miséria se engendra tão abundante como a riqueza". MARX, K. *Miséria de Filosofia*. São Paulo, Livraria Ciências Humanas, 1982, p. 118. Cf. NISBET, R. *La formación del Pensamiento Sociologico*. Buenos Aires, Amorrortu Ed., vol. I, 1969; ______. "Conservadorismo e Sociológia". In: MARTINS, J. S. (org.). *Introdução Crítica à Sociologia Rural*. São Paulo, Hucitec, 1980, pp. 62-67; MANNHEIM, K. *Ensayos de Sociologia y Psicologia Aplicada*. México, Fondo de Cultura Económica, 1963, cap. II: "El Pensamiento Conservador", pp. 84-183: MARX, K. e ENGELS, F. "O Manifesto do Partido Comunista". In: MARX, K. e ENGELS, F. Op. cit., pp. 21-51; MARX, K. *Elementos Fundamentales para la Critica de la Economia Politica* (Grundrisse) 1857-1858, 7ª ed., México, Siglo XXI, 2 vols., 1978; ROSDOLSKY, R. *Génesis y Estructura de El Capital de Karl Marx*. 3ª ed., México, Siglo XXI, parte IV. Já analisei, em outro local, as antinomias do conservadorismo. Ver: IAMAMOTO, M. V. "A herança do Serviço Social e sua atualização". In: *Renovação e Conservadorismo no Serviço Social*. Op. cit.

275. "O reformismo conservador consiste na substituição dos fatores individuais por outros fatores individuais (melhoras); o reformismo progressista tende a reprimir um fato indesejável, reformando todo o mundo circundante que torna possível sua existência. Assim, pois, o reformismo progressista tende a atacar o sistema no seu conjunto, enquanto o reformismo conservador ataca detalhes particulares". MANNHEIM, K. Op. cit., 1963, p. 116.

procedimentos operativos. Permite à profissão ir evoluindo e atualizando seus fundamentos científicos e técnico-interventivos, sem questionamentos que atinjam os pilares da ordem burguesa. Enquanto esta é *naturalizada*, no campo dos *valores* preservam-se as suas raízes na filosofia metafísica, alimentando um programa de ação de cunho reformista conservador, voltado para *reformas parciais* no nível dos indivíduos, grupos e "comunidades", na defesa da pessoa *humana*, do seu *desenvolvimento integral* e do *bem comum*[276].

O conjunto dessas influências leva o Serviço Social a pautar-se por uma *crítica romântica à sociedade capitalista*[277], uma *coordenação de ordem moral ao mundo burguês*, incapaz tanto de compreender o *caráter histórico-progressivo* da ordem estabelecida quanto de criticá-la em suas bases históricas, porque estas são soterradas pela análise. Esta crítica expressa-se com limpidez no discurso dos primórdios da profissão do país, como um *componente anti-capitalista romântico*[278], presente na aprecia-

---

276. Sobre a presença do neotomismo no universo de valores no Serviço Social, cf. AGUIAR, G. *Serviço Social e Filosofia. Das origens a Araxá*. São Paulo, Cortez, 1982; YAZBEK, M. C. *Estudo da evolução histórica da escola de Serviço Social de São Paulo no período 1936-1945*. São Paulo, PUC-SP, 1977; LIMA, A. A. *A fundação das duas primeiras escolas de Serviço Social no Brasil*. São Paulo, PUC-SP, 1977 (mimeo.); CARVALHO, R. "Modernos Agentes da Justiça e da Caridade". In: *Serviço Social e Sociedade, nº 2*, São Paulo, Cortez, 1982; IAMAMOTO, M. V. e CARVALHO, R. *Relações Sociais e Serviço Social no Brasil*. Op. cit.

277. "O que Marx reprovava nos românticos não eram só suas "lágrimas sentimentais" ... mas sim que "os românticos eram totalmente incapazes de compreender o "andar da história moderna", isto é, a necessidade e o *caráter histórico progressivo* da ordem social que criticavam, limitando-se, em lugar disso, a uma condenação do tipo moral". ROSDOLSKY, R. Op. cit., 1986, p. 466. O autor continua explicitando que: "É, pois, seu caráter universal, seu impulso para uma constante expansão das forças produtivas materiais, o que distingue fundamentalmente a produção capitalista de todos os modos de produção anteriores ... '*o grande sentido histórico do capital*' consiste precisamente em criar este trabalho *excedente*, trabalho supérfluo do ponto de vista do mero valor de uso, da mera subsistência; e cumpre essa missão desenvolvendo em uma medida sem precedentes as *forças produtivas sociais* por uma parte, *e as necessidades e capacidades de trabalho dos homens*, por outra". Idem, p. 467. Cf. MARX, K. *Elementos Fundamentales para la Critica de la Economia Politica* (1857-1858). Op. cit., pp. 266-267 e 361-362.

278. LÖWY, M. *Para uma sociologia dos intelectuais revolucionários*. São Paulo, Livraria Ciências Humanas, 1979.

ção da sociedade industrial emergente, estreitamente conectado aos laços que o Serviço Social mantém com os representantes da oligarquia fundiária, que viabilizaram o seu aparecimento nos inícios da virada da década de 1930.

Nesse ideário, recorrendo às palavras de Marx e Engels, "se mesclavam jeremíades e libelos, ecos do passado e ameaças do futuro. Se por vezes a crítica amarga, mordaz e espirituosa feria a burguesia no coração, sua impotência absoluta de compreender a marcha da história moderna terminava sempre num efeito cômico. À guisa de bandeira, estes senhores arvoravam a sacola do mendigo a fim de atrair o povo"[279].

À medida que o Serviço Social passa a ser absorvido pelo Estado e pelos interesses dos segmentos industriais da burguesia que vão adquirindo dominância no bloco do poder, o caráter anticapitalista daquela crítica vai se diluindo, passado-se a apregoar uma sociedade moderna, mas sem as lutas e ameaças que dela decorrem frontalmente, preservando-se pois o tônus romântico da crítica. O Serviço Social adere à sociedade industrial, mas dela procurando eliminar "os perigos que a revolucionam e a dissolvem", passando a aderir a propostas de "reformas administrativas realizadas sob a base das relações de produção burguesas, e que, portanto, não afetam as relações entre o capital e o trabalho assalariado, servindo, no melhor dos casos, para diminuir os gastos da burguesia com o seu domínio e simplificar o trabalho administrativo do Estado ...". Resumindo numa frase: "os burgueses são burgueses no interesse da classe operária"[280].

Assim, o Serviço Social orientando-se por princípios *humanitários*,[281] acentua o lado mau das relações sociais capitalistas,

---

279. MARX, K. e ENGELS, F. *Manifesto do Partido Comunista*. Op. cit., p. 38.

280. Idem, p. 43.

281. "A escola *humanitária* toma a peito o lado mau das relações de produção atuais. Ela procura, para desencargo da consciência, amenizar, ainda que minimamente, os contrastes reais: deplora sinceramente a infelicidade do proletariado, a concorrência desenfreada dos burgueses entre si; aconselha aos operários a sobriedade, o trabalho consciencioso e a limitação dos filhos; recomenda aos burgueses dedicarem-se à produção com entusiasmo refreado" ... A escola *filantrópica* é a escola humanitária

dando-as por supostas, procurando, para alívio da consciência dos profissionais, "amenizar, ainda que minimamente, os contrastes reais", pela reforma moral dos indivíduos, aderindo à "filantropia do Estado". Subjaz a essa estratégia de ação uma visão da sociedade regida por *leis invariáveis*, independentes da influência do tempo — "houve história, mas já não mais há"[282]; leis inevitáveis, assemelhadas àquelas que regem os fenômenos da natureza, como as leis físicas, conforme preconizava Comte. Assim naturalizada a sociedade só resta uma avaliação *moral* dos males sociais. O positivismo tende, pela sua natureza, a consolidar a ordem pública, pelo desenvolvimento de uma *sábia resignação*,[283] ante as conseqüências das desigualdades sociais, apreendidas como fenômenos inevitáveis. O Serviço Social defende-se dessa resignação, encobrindo-a por meio de uma visão do homem, norteadora das ações dos profissionais, pautada pelos princípios filosóficos neotomistas, na defesa de uma natureza humana abstrata: a *pessoa humana*, dotada de *dignidade, sociabilidade e perfectibilidade*, postulados essenciais do Serviço Social (tais como sustentados no "Documento de Araxá, em 1967"[284]). Preserva-se, no campo dos valores, a liberdade dos sujeitos individuais, descolados da história.

---

aperfeiçoada. Ela reage à necessidade do antagonismo; quer tornar burgueses todos os homens e quer realizar a teoria na medida em que esta se distingue da prática e não contém nenhum antagonismo. É supérfluo dizer que, na teoria, é fácil abstrair as contradições que, na realidade, se encontram a cada instante. Esta teoria corresponderia, pois, à realidade idealizada. Assim, os filantropos querem conservar as *categorias que expressam as relações burguesas, sem o antagonismo que as constituiu e que é inseparável delas.* Imaginam combater seriamente a prática burguesa e são mais burgueses que os outros". MARX, K. *Miséria da Filosofia*. Op. cit., p. 118.

282. MARX, K. Idem, p. 115.

283. Cf. MARCUSE, H. *Razão e Revolução*. Rio de Janeiro, Paz e Terra, 1978, cap. II. "Os Fundamentos do Positivismo e o Advento da Sociologia", pp. 295-354; LOWY, L. M. *Ideologias e Ciência Social*. São Paulo, Cortez, 1985; ______. *As aventuras de Karl Marx contra o Barão de Munchhausen*. São Paulo, Busca Vida, 1987.

284. Dentre os postulados *éticos* e *metafísicos* para a ação do Serviço Social destacam-se: "a) *postulado da dignidade da pessoa humana*: que se entende como uma concepção do ser humano numa posição de eminência ontológica na ordem universal e ao qual todas as coisas devem estar referidas; b) *postulado da sociabilidade essencial da pessoa humana*: que é o reconhecimento da dimensão intrínseca à natureza e, em decorrência do que se afirma o direito da pessoa humana a encontrar,

Essa herança conservadora não se *choca com a crescente racionalização dos métodos e procedimentos de intervenção*, atribuindo-lhes um verniz científico e asséptico, à base das premissas metodológicas funcionalistas das Ciências Sociais.

Assim, este arranjo teórico-doutrinário, que dá o tom do conservadorismo profissional, põe no *campo da análise o determinismo a-histórico na análise da estrutura da sociedade*, enquanto o *campo da ação* do sujeito é alimentado *por valores que buscam resguardar os princípios de uma liberdade abstrata do indivíduo*[285]. *Por meio dessas mediações teórico-valorativas específicas o tradicionalismo profissional* instaura as *antonomias entre estrutura e sujeito, determinismo e liberdade, como determinações unilaterais e polarizações excludentes, sobrepostas paralelamente umas às outras.*

Essas *mesmas antinomias* reaparecem, sob roupagens novas e "progressistas", no marxismo da reconceituação. Embora contraposto ao conservadorismo profissional, mantém com ele, por meio das referidas antinomias, uma linha de *continuidade.* É esse elo que faz com que a reconceituação não ultrapasse o estágio de uma *busca de ruptura* com o passado profissional. Tal fenômeno encontra-se diretamente dependente das *formas específicas* pelas quais se deu a aproximação do Serviço Social à tradição marxista, como o já referido: no *campo da ação* por meio do militantismo político-partidário e no campo da teoria pela vulgarização marxista e de rudimentos do estruturalismo marxista althusseriano, numa

---

na sociedade, as condições de sua auto-realização; c) *postulado da perfectibilidade humana*: compreende-se como o reconhecimento de que o homem é, na ordem ontológica, um ser que se auto-realiza no plano da historicidade humana, em decorrência de que se admite a capacidade e potencialidades naturais dos indivíduos, grupos e comunidades e populações para progredirem e se autopromoverem. "Documento de Araxá". *Debates Sociais nº 4*, Rio de Janeiro, CBCISS, ano III, mai./67, p. 9.

285. "Para uma sociedade de produtores de mercadorias, cuja relação social geral de produção consiste em relacionar-se com seus produtos como mercadorias, portanto como valores, e nessa forma reificada relacionar mutuamente seus trabalhos privados como trabalho humano igual, *o cristianismo, com seu culto* do homem abstrato, é a forma de religião mais adequada, notadamente em seu desenvolvimento burguês o protestantismo, o deísmo etc." MARX, K. *O Capital. Crítica da Economia Política.* Op. cit., p. 95.

relação utilitária e pragmática com o conhecimento, tendo em vista a ação profissional imediata. Assim, a apreensão da sociedade é presidida por uma interpretação fatorialista e evolucionista do processo de mudança histórica, submetendo-se o Serviço Social — pela mediação das fontes a que recorre — ao fetichismo que apreende as forças produtivas como coisas, cujo progresso implicaria um antagonismo mecânico com as relações de produção, como se fosse auto-regulado por leis supra-históricas. Aquele antagonismo conduziria automaticamente a transformação da sociedade capitalista, mais além e independente da ação e da vontade dos sujeitos sociais. Assim, subestima-se o papel dos sujeitos na construção dos processos sociais, superestimando-se o papel das estruturas, como força exterior que esmaga os homens nela inscritos[286]. Ancora-se aí, inclusive, a visão da inevitabilidade de uma ruptura implosiva e insurrecional da ordem capitalista, como fortes ingredientes "mágicos", tal como presente na literatura da reconceituação, para a qual deveriam ser canalizados os objetivos profissionais.

A essa "moldagem" do processo de mudança estrutural da sociedade acrescenta-se, num *paralelismo*, uma visão profundamente *voluntarista* da prática político-profissional no campo da ação dos sujeitos individuais, que superestima o papel da ação humana, das forças subjetivas em confronto pelo domínio dos processos sociais. À visão naturalizada do processo social se soma uma visão subjetivizada do indivíduo isolado, superestimando a força da intencionalidade e da vontade política no processo de mudança histórica. A junção de um marxismo positivizado e de uma ação política idealizada são as novas capas de um velho e sempre mesmo problema que perpassa a trajetória do Serviço Social, *segmentando o campo cognitivo do campo dos valores implicados na ação profissional, redundando em uma atualização,*

286. Não é de se estranhar, pois, a incorporação, nesse universo de análise, de ecos da proposta althusseriana em que a obra de Marx é reinterpretada como "anti-humanismo teórico", numa visão do marxismo, onde os sujeitos foram abolidos, exceto como efeitos ilusórios das estruturas ideológicas. ANDERSON, P. *A crise da crise do Marxismo*. Op. cit.; cf. também: THOMPSON, E. P. *Miséria da Teoria*, Rio de Janeiro, Zahar, 1981; COUTINHO, C. N. *O estruturalismo e a Miséria da Razão*, Rio de Janeiro, Paz e Terra, 1972.

às avessas, dos dilemas postos pela herança conservadora do Serviço Social.

Como sustenta Coutinho, a

> perspectiva marxista se empenha em ... captar simultaneamente estrutura e ação, indicando, por *detrás* da estrutura, a ação que é a sua *gênese*, e, de certo modo, seu *telos* e, ao mesmo tempo, mostrando a estrutura que condiciona e limita as ações. Esse duplo movimento faz parte da *essência da reflexão* ontológica marxista e, portanto, está na base da crítica que o marxismo empreende às ciências sociais particulares[287].

Construindo a noção de *prática social* ou "práxis"[288], *carregada de historicidade*, a análise marxiana não apenas ladeia ou rejeita as antonomias filosóficas do materialismo e do idealismo, mas enfrenta-as criticamente ultrapassando-as, dialética e historicamente: *pensamento e realidade, liberdade e determinismo, sujeito e objeto.*

A historicidade atribuída à noção de *prática social* sintetiza tanto a superação do idealismo filosófico como dos determinismos naturais no trato com o social, expressando a *crítica teórica radical de Marx*[289]: trata-se da "prática da sociedade baseada na

---

287. COUTINHO, C. N. "Gramsci e as Ciências Sociais". Op. cit., p. 27; ______. *Gramsci. Um estudo sobre seu pensamento político*. Rio de Janeiro, Campus, 1989.

288. "As duas interpretações do mundo, o materialismo e o idealismo, são superadas pela *práxis* revolucionária. Elas perdem, em primeiro lugar, sua oposição e, por conseqüência, perdem a sua existência. A *especificidade* do marxismo, seu caráter revolucionário (isto é, seu caráter de classe), não resulta, pois, de uma tomada de posição materialista, mas de seu *caráter prático* que supera a especulação, a filosofia, superando tanto o materialismo como o idealismo" ... "O marxismo (que teoricamente esclarece a situação da classe operária e lhe fornece uma consciência de classe elevada ao nível da consciência teórica) não é uma filosofia materialista, porque já não é uma filosofia. Não é mais nem idealista, nem materialista, porque é fundamentalmente *histórica*. Ela explicita a historicidade do conhecimento; revela a historicidade do ser humano, a formação econômico-social". LEFÈBVRE, H. "A práxis". In: *Sociologia de Marx*. São Paulo, Forense, 2ª ed., 1974, p. 25 (grifos nossos).

289. O sentido da crítica teórica radical de Marx é assim explicitada por Engels, referindo-se à escola hegeliana e, em especial, a Feuerbach: "para liquidar uma filosofia não basta dizer que é falsa, nem apenas omiti-la. Era necessário superá-la,

grande indústria, que permite tomar consciência da prática humana em geral"[290].

Marx reconhece uma só ciência, a da *história*[291], que engloba tanto a natureza como o mundo dos homens. *Historicidade* aqui compreendida como o *inteiro vir-a-ser do ser humano: sua produção*, no sentido mais amplo da palavra, por ele mesmo, em sua atividade prática.

A produção dos indivíduos sociais[292] se dá por meio do *trabalho*, a partir da natureza e das necessidades. Numa relação conflituosa com a natureza — de unidade e de luta — pelo trabalho modifica a natureza que o circunda e apropria-se de seu próprio ser natural, em relação com outros homens. Relações essas historicamente determinadas, criadas no ato da produção, que permitem, ao mesmo tempo, estabelecer uma relação com o patrimônio social passado, resultado de gerações precedentes, expresso no trabalho morto contido nos meios materiais de produção. Esses são vivificados e atualizados pela capacidade de trabalho — pela força presente na corporiedade física e mental do trabalhador — como meio subjetivo da produção.

Assim, o homem *produz-se como ser sócio-histórico:* "indivíduos produzindo em sociedade, portanto a produção de indivíduos socialmente determinada"[293], ao produzirem os meios de

---

de acordo com seus próprios postulados, isto é, diluindo criticamente sua forma, mas conservando o novo conteúdo adquirido por ela". ENGELS, F. "Ludwig Feuerbach e o fim da filosofia clássica alemã". In: MARX, K. e ENGELS, F. *Textos 1*. Op. cit., p. 88.

290. LEFÈBVRE, H. *Sociologia de Marx*. Op. cit. p. 25.

291. Cf. MARX K. e ENGELS, F. *A Ideologia Alemã*, vol. I, Lisboa, Presença/Livraria Martins Fontes, 1980, pp. 11-102.

292. MARX, K. *Introdução à Crítica da Economia Política* (1857). Op. cit. Aliás, a produção dos indivíduos sociais é o eixo dos *Grundrisse*.

293. Idem. Sobre a noção de indivíduo em Marx, conferir entre outros: SCHAFF, A. "A concepção marxista do indivíduo". In: *Marxismo e Indivíduo*, Rio de Janeiro, Civilização Brasileira, 1967, pp. 53-112; SÈVE, L. *O marxismo e a teoria da personalidade*. Lisboa, Livros Horizonte, 1978, 3 vols.; HELLER, A. *O Quotidiano e a História*. Rio de Janeiro, Paz e Terra, 1972; ______. *Sociologia de la vida cotidiana*. Barcelona, Península, 1977. MARKUS, G. *Teoria do conhecimento no jovem Marx*. Rio de Janeiro, Paz e Terra, 1974; OLIVEIRA, P. e BERNARD, D. (orgs.). *Elementos para uma teoria marxista da subjetividade*. São Paulo, Vértice, 1989.

trabalho, as relações sociais, ao criarem necessidades e os modos de satisfazê-las. O homem objetiva-se nas obras e nos produtos.

O *fundamento* da prática social é, pois, o *trabalho social*: atividade criadora, produtiva por excelência, condição da existência do homem e das formas de sociedade, mediatizando o intercâmbio entre o homem e natureza e os outros homens, por meio do qual realiza seus próprios fins. O trabalho, portanto, conduz a mudanças não só no objeto (natureza), mas no sujeito (homem). Sob o ângulo material é produção de objetos aptos a serem utilizados pelo homem. Sob o ângulo subjetivo, é processo de criação e de acumulação de novas capacidades e qualidades humanas e de necessidades[294].

Na sociedade capitalista, porém, à medida que o homem objetiva-se pelo trabalho — exteriorizando suas forças genéricas em relação aos outros homens — ela não só se cria, como se *perde, aliena-se*: o *conteúdo* do trabalho adquire *formas* — a forma mercantil desdobrando-se no dinheiro e nas relações contratuais — que fazem com que o produto se autonomize como coisa abstrata que domina o próprio produtor. Dissimula as relações reais presentes na produção, na distribuição, troca e consumo e suas inter-relações. É o *fetiche da forma mercantil* — reposto sob novas determinações nas formas que o capital assume (juros e lucro), a propriedade territorial (renda) e o trabalho assalariado (salário) — que adquire a *fixidez de formas naturais, coisificadas*, obscurecendo as relações entre os indivíduos produtores, mistificando a vida social na sociedade do capital[295].

Mediados pela *divisão social do trabalho e pela propriedade privada*, os produtos e obras dos homens ao assumirem a forma de mercadorias aparecem como "objetos endemoniados, ricos em sutilezas metafísicas e manhas teleológicas"[296], que "parecem adquirir vida própria, dançando por sua própria iniciativa". Metamorfoseam-se em *coisas sociais*, objetos fisicamente metafísicos,

---

294. Cf. MARKUS, G. "As obras juvenis de Marx e as Ciências Sociais Contemporâneas". In: *Teoria do conhecimento no jovem Marx*. Op. cit., pp. 74-112.

295. Cf. MARX, K. *O Capital*. Op. cit., especialmente Tomo I, cap. I, "A Mercadoria".

296. MARX, K. *O Capital*. Op. cit., p. 70.

em cujas relações a forma vela, em vez de revelar, o *caráter social dos trabalhos privados*, e, portanto, as *relações entre os produtores por meio de seus produtos*[297].

A forma se *autonomiza* encobrindo sua essência e o segredo de sua gênese para os homens que nela vivem, ou seja, o fato de serem produzidas pelos homens por meio de suas relações expressando sua substância comum: o trabalho social abstrato, como trabalho social médio. E mais do que isso: os produtos se assenhoram do produtor, o trabalho morto do trabalho vivo, subordinando a atividade humana a coisas alheias. O indivíduo social torna-se incapaz de apropriar-se das próprias objetivações (materiais e espirituais) que ele mesmo criou como parte do trabalhador coletivo (da humanidade socializada). Estabelece-se, assim, uma discrepância entre "a riqueza genérica social do homem e sua existência individual[298], configurando-se o fenômeno típico da *alienação*[299] que só será eliminado quando o forem os fatores histórico-sociais que a condicionam.

Assim sendo, a prática social não se revela na sua *imediaticidade*. O ser social relaciona-se por intermédio de *mediações* que inter-relacionam forma e conteúdo[300], impondo-se desvendar as formas fenomênicas como formas *necessárias*, gestadas na sociedade capitalista, para apreender o núcleo da prática social.

Deriva daí a exigência metodológica de apreender a formação econômico-social (capitalista) na sua *totalidade concreta*, como reprodução, no pensamento, da realidade apreendida em suas múltiplas determinações, como unidade de diversidade[301]. Apreen-

---

297. Idem, p. 71.

298. COUTINHO, C. N. Prefácio à "Teoria do conhecimento no jovem Marx". Op. cit., p. 13.

299. Cf. MARX, K. "Manuscritos econômico-filosóficos de 1844". In: MARX, K. e ENGELS, F. *Manuscritos econômicos vários*. Barcelona, Grijalbo, 1975; MARX, K. *Elementos fundamentales para la critica de la economia politica*. Op. cit.; MARX, K. e ENGELS, F. *Ideologia Alemã*. Op. cit.

300. LUKÁCS, G. *História e consciência de classe*. Op. cit.

301. Cf. MARX, K. "Introdução à crítica de economia política (1857)". Op. cit.

dê-la como totalidade em seu inerente antagonismo entre forças produtivas e relações sociais de produção. Importa ter presente que, na concepção de Marx, as *relações sociais constituem a essência humana*[302] *e o núcleo da totalidade social*: sua estrutura, intermediando as forças produtivas, a divisão do trabalho e as "superestruturas": instituições e ideologias. Núcleo da totalidade no presente e no vir a ser, que abre as possibilidades para a ação do sujeito revolucionário como unidade de transformação do homem e das circunstâncias"[303] (prática-crítica), na reconstituição do indivíduo sob novas bases: a constituição do que Marx denomina de "livre individualidade social", libertando o homem das travas da alienação. Afirma-se pois, o caráter essencialmente revolucionário da teoria marxiana[304].

A noção de práxis, tal como construída por Marx, exclui qualquer dicotomização entre estrutura e ação, entre sujeito e objeto. Implode as análises de cunho economicistas, que superestimam o papel das condições exteriores sobre os sujeitos sociais e que redundam em apreciações fatalistas sobre o processo histórico, minimizando o fato de que o social é construído por projetos que os homens coletivamente buscam implementar na vida social. A noção de práxis implode também as análises de cunho volun-

---

302. Cf. K. MARX, *Teses sobre Feuerbach*. Op. cit.

303. Idem.

304. Essa idéia encontra-se formulada de diferentes maneiras tanto em *O Capital* como nos *Grundrisse*. Por exemplo, no capítulo sobre a mercadoria, Marx refere-se aos "homens livremente socializados": "A figura do processo social de vida, isto é, de processo de produção material, apenas se desprenderá do véu místico nebuloso quando, como *produto dos homens livremente socializados*, ela fica sob seu controle consciente e planejado" (p. 76).

Nos "*Elementos Fundamentais* ...", por diversas vezes explícita a noção, como por exemplo: "em sua aspiração incessante pela forma universal de riqueza o capital impulsiona mais trabalho para além dos limites de sua necessidade material e cria elementos materiais para o desenvolvimento da *rica individualidade, tão multilateral na sua produção como no seu consumo* e cujo trabalho por fim já não se apresenta como trabalho, mas como *desenvolvimento pleno da própria atividade*, na qual desapareceu a necessidade natural na forma direta, porque uma necessidade produzida historicamente substituiu a necessidade natural ... (p. 267) ... "a livre individualidade, fundada no desenvolvimento universal dos indivíduos e de subordinação da produção coletiva, social, como patrimônio social, ... (p. 85). MARX, K. *Elementos Fundamentales* ... . Op. cit.

taristas, que, ao realçarem a vontade e a consciência dos indivíduos isolados, desconectam-nas dos determinantes histórico-sociais, que as ultrapassam, condicionando suas escolhas e os resultados das ações. Ora, se os objetivos visados no nível individual são produto da vontade, não o são os *resultados* que dela decorrem, que passam pelos múltiplos vínculos sociais no âmbito dos quais se realiza a ação: "A história é o resultado dessas inúmeras vontades projetadas em diferentes direções e sua múltipla influência sobre o mundo exterior. Também tem importância o que os múltiplos indivíduos desejam. A vontade move-se pelo impulso da reflexão e da paixão. Mas as *alavancas* que determinam a reflexão e a paixão são muito diferentes[305], "devendo ser descobertas as forças propulsoras que agem por detrás desses objetivos: as causas históricas que, nos homens, se transformam em objetivos".

Esse eixo, aliado à *consideração das particularidades históricas* da sociedade brasileira, ilumina também a releitura do debate marxista no Serviço Social nos anos 1980, entendendo a profissão como produto da sociedade e dos agentes sociais que a ela se dedicam.

3.2 O debate brasileiro contemporâneo

É fato inconteste[306] a *proeminência que as interpretações de cunho histórico-crítico do Serviço Social vão assumindo pro-*

---

305. ENGELS, F. "Ludwig Feuerbach e o fim da filosofia clássica alemã". In: MARX, K. e ENGELS, F. Op. cit.

306. "Após profundas críticas à influência do positivismo e do funcionalismo no Serviço Social, que gerou um quadro dicotomizado entre teoria e prática, sujeito e objeto, transformando o assistente social em um profissional asséptico de intervenção, desvinculada da investigação, *o marxismo passa a assumir a perspectiva hegemônica no quadro teórico-metodológico* do Serviço Social. Isso vem se dando, com maior evidência, no nível da produção científica, de um novo projeto de prática e de formação profissional". Em nota contida no texto, a autora retifica: "não resta dúvida que esse avanço da profissão vem se fazendo ainda de modo restrito ao nível da prática profissional. SILVA E SILVA, O. M. "A crise dos projetos de transformação social e a prática profissional do Serviço Social". Vv. Aa. Cadernos de Teses. 7º Congresso Brasileiro de Assistentes Sociais. São Paulo, maio de 1992, pp. 155-172. Na mesma direção sustenta Netto: "Com efeito, tudo sugere que, no debate contemporâneo do Serviço Social no Brasil, as correntes marxistas configuram um campo

gressivamente no debate brasileiro a partir dos quadros da crise da ditadura[307], contribuindo decisivamente na luta pela ampliação das bases sociais de legitimação do Serviço Social para além do Estado e do patronato, de modo que incorpore o público alvo das ações profissionais: os diferentes segmentos dos trabalhadores.

Aquela posição de destaque encontra-se enraizada no estreitamento dos vínculos políticos e teóricos que vem se operando na órbita do Serviço Social com os movimentos e lutas sociais das classes subalternas, em seu processo de constituição como sujeitos sociais coletivos[308]. Em outros termos: é a *própria luta* pela conquista e aprofundamento da democratização da vida social

---

teórico-ideológico que polariza as discussões e propostas mais expressivas". NETTO. J. P.: "Notas sobre o marxismo e o Serviço Social, suas relações no Brasil e à questão do seu ensino". In: Vv. Aa. *Ensino em Serviço Social: pluralismo e formação profissional. Cadernos ABESS, nº 4.* São Paulo, Cortez, maio de 1991, p. 77.

307. Um marco simbólico, reconhecido como ponto de inflexão na reorientação da direção social do debate no Brasil foi o III Congresso Brasileiro de Assistentes Sociais, realizado em São Paulo, no Centro de Convenções do Anhembi, em 1979. Neste, "a organização oficial do Congresso, estabelecida pelo CFAS (Conselho Federal de Assistentes Sociais), foi reestruturada pela assembléia geral, em que predominava a ação das associações profissionais (APAS). Nessa reestruturação a Comissão de honra, constituída por ministros de Estado, foi substituída por "trabalhadores brasileiros" e, na sessão de encerramento, em vez de ministros, falaram líderes operários metalúrgicos e dos movimentos populares "pela anistia", "contra o custo de vida". FALEIROS, V. P. "Reconceituação: ação política e teoria dialética". In: *Metodologia e ideologia do trabalho social.* São Paulo, Cortez, 1981, p. 119. Campos, reconstituindo a história do referido Congresso, explicita na mesma linha de análise: "a proposta de modificação do Congresso, trazida pelas entidades organizadas da categoria e engrossada pela maioria dos congressistas espelhava a posição dos profissionais que consideravam imprescindível aliar o exercício profissional à luta dos trabalhadores e do povo brasileiro pela conquista de espaços de liberdade e melhoria das condições de vida numa época de arrocho salarial e repressão política. Posição de fortalecimento simultânea das entidades da categoria dos assistentes sociais — trabalhadores — e de outras categorias da classe trabalhadora". CAMPOS, M. S. "Os desafios dos congressos brasileiros de assistentes sociais: a propósito do III e do VII". Vv. Aa. *Caderno de Teses. 7º Congresso Brasileiro de Assistentes Sociais.* São Paulo, maio de 1992, p. 181.

308. Sobre o contexto da crise da ditadura e a "Nova República" ver: KRISCHKE, P. J. (org.). *Brasil: do milagre à abertura.* São Paulo, Cortez, 1982. SANDRONI, P. (org.). *Constituinte, economia e política da Nova República.* São Paulo, Cortez/Educ, 1986; KOUTZI, F. *Nova República. Um Balanço.* São Paulo, L & PM, 1986; SINGER, P. e BRANDT, V. C. (orgs.). *São Paulo: o povo em movimento.* Petrópolis,

— do Estado e da sociedade no país, no horizonte da socialização da política e da economia[309], que gesta o alicerce sociopolítico o qual vem permitindo tanto o deslocamento das interpretações modernizantes e integradoras, de cunho estrutural funcionalista, da cena principal do debate brasileiro, como a crescente liderança intelectual e política que as análises de inspiração marxista, na sua diferencialidade, passam a adquirir no palco do debate do Serviço Social.

O crescente *protagonismo acadêmico e político* desenvolvido por uma *vasta rede de entidades representativas dos assistentes sociais*, criada ao longo dos anos 1980[310], é outro fator que não pode ser descurado. Espaços foram abertos pelas direções das

---

Vozes, 1980; KUCINSKI, B. *Abertura, a história de uma crise.* São Paulo, Brasil Debates, 1982; ALMEIDA, M. H. e SORJ, B. (orgs.). *Sociedade e Política no Brasil pós-64.* São Paulo, Brasiliense, 1983; MARTINS, J. S. *A reforma agrária e os limites da democracia na Nova República.* São Paulo, Hucitec, 1986; SADER, E. *Quando novos personagens entram em cena.* Rio de Janeiro, Paz e Terra, 1988; SADER, E. (org.). *Movimentos sociais na transição democrática.* São Paulo, Cortez, 1982; ALVES, M. H. M. *Estado e oposição no Brasil (1964-1984).* Petrópolis, Vozes, 1984; REIS, F. W. e O'DONNEL, G. (orgs.). *A Democracia no Brasil: dilemas e perspectivas.* Rio de Janeiro, Vértice, 1988.

309. NETTO, J. P. *Democracia e transição socialista.* Belo Horizonte, Oficina de Livros, 1990.

310. Constituiu-se, no decorrer dos anos 1980, uma efetiva *rede nacional* de entidades sindicais dos assistentes sociais, articulada pela Comissão Executiva Nacional de Entidades Sindicais — CENEAS, que deu origem, posteriormente, à Associação Nacional de Assistentes Sociais — ANAS. Ver a respeito: ABRAMIDES, M. B. e CABRAL, M. S. *Organização sindical dos assistentes sociais ao nível nacional.* São Paulo, Sindicato dos Assistentes Sociais do Estado de São Paulo, 1987; ABRAMIDES, M. B. C. "A ANAS e sua relação com o projeto profissional alternativo no Serviço Social no Brasil: contribuição ao debate". *Serviço Social e Sociedade nº 30,* São Paulo, Cortez, ano X, abril de 1989; DELGADO, M. B. "A organização política dos assistentes sociais". *Serviço Social e Sociedade nº 5.* São Paulo, Cortez, ano II, março de 1981. Por outro lado, *a Associação Brasileira de Ensino em Serviço Social — ABESS,* com aprovação pelo Conselho Federal de Educação de sua proposta para o currículo mínimo para os cursos de Serviço Social de 1979, desdobra-se em uma intensa atividade voltada para a análise da formação profissional e suas perspectivas, criando as bases para implantação do currículo e seu posterior acompanhamento, por meio de pesquisas e da realização de inúmeros encontros de âmbito nacional e regionais. Em 1987, cria o seu organismo acadêmico: o *Centro de Documentação e Pesquisa em Política Social e Serviço Social — CEDEPSS.* Este busca fomentar e articular as pesquisas e publicações na área,

entidades — assumidas por quadros jovens, inquietos intelectualmente e politicamente progressistas — nos seus fóruns específicos para as interpretações tributárias da teoria crítico-dialética, favorecendo a sua difusão.

A *polêmica* no Serviço Social é, pois, estimulada, favorecendo o ativo diálogo com pesquisadores de outras áreas conexas. Os muros circunscritos aos limites profissionais são rompidos, redundando em um enriquecimento da massa crítica acumulada no circuito do Serviço Social. A polêmica plural expande-se ao interior da tradição marxista nessa área profissional, o que sintomatiza a sua maturação teórico-metodológica.

Poder-se-ia sugerir que é no seu *marcado caráter crítico* — seja em sua interação com os movimentos e forças sociais que operam na sociedade brasileira presente, seja em sua interlocução com as vertentes não-marxistas e marxistas — tais como consubstanciadas na literatura profissional especializada — que se *localiza a fonte de sua vitalização. Dito de outra forma: a vertente marxista no Serviço Social* teve seu espaço de difusão ampliado e sua legitimidade reforçada à medida que, no seu processo de maturação intelectual, foi se munindo teórica e metodologicamente de elementos analíticos que lhe permitiram um diálogo íntimo com as fontes inspiradoras do conhecimento. Busca elucidar seus vínculos sócio-históricos, localizando as perspectivas e os pontos de vista de classes por meio dos quais são construídos os discursos e as práticas, Enfim, efetua uma crítica "por dentro" das elaborações e propostas apresentadas, crítica

---

criando inclusive um periódico regular: os *Cadernos ABESS. O Conselho Federal de Assistentes Sociais — CFAS* e os *Conselhos Regionais — CRAS*, alteram o seu perfil político-profissional no período considerado, alinhando-se no perfil dominante que dá a tônica do debate profissional. Ver a respeito: CARVALHO, A. M. *et alii.* "Projeto de investigação: a formação profissional do assistente social no Brasil", *Serviço Social e Sociedade, nº 14.* São Paulo, Cortez, ano V, abril de 1984; CARVALHO, A. M. "O projeto de formação profissional do assistente social na conjuntura brasileira". *Cadernos ABESS, nº 1,* São Paulo, Cortez, 1986; ABESS. "Avaliação da formação profissional do assistente social brasileiro pós novo curriculum: avanços e desafios". Vv. Aa. *Ensino em Serviço Social: Pluralismo e formação profissional. Cadernos ABESS, nº 4.* São Paulo, Cortez, maio de 1991.

essa mais soldada à realidade da prática social e profissional. Isso indica que à medida que a aproximação do Serviço Social aos "marxismos" foi sendo depurada do ecletismo inicial, desvelando o que se mostrara oculto naquela primeira aproximação, foi-se tornando possível construir propostas de análise e de intervenção profissionais mais sólidas. Portanto, *a ampliação e aprofundamento do marxismo no Serviço Social Brasileiro* — potencializando os seus resultados teórico-práticos — *fez com que seus próprios produtos se revertessem em uma das fontes de sua afirmação no panorama do debate*, passando a contribuir em grau considerável na travessia para a conquista da maioridade intelectual do Serviço Social: a travessia de sua cidadania acadêmica[311].

Se a reconceituação viabilizou a primeira aproximação do Serviço Social com o marxismo por rotas tortuosas, o primeiro encontro do Serviço Social com a obra marxiana, dela decorrendo explícitas derivações para a análise do Serviço Social, deu-se, no Brasil, apenas na década de 1980. *Tratou-se de um encontro de* nova qualidade com a tradição marxista: *mediado pela produção de Marx e* por pensadores que construíram suas elaborações fiéis ao espírito da análise marxiana, desenvolvendo criativamente suas

---

311. Data dessa década o processo de consolidação acadêmica da área de Serviço Social, expandindo-se o campo da pesquisa, das publicações e solidificando a pós-graduação ao nível de mestrado e doutorado. Ver: IAMAMOTO, M. V. "Tendências atuais da área de Serviço Social". In: IAMAMOTO, M. V.; KARSH, U. M. S. e ARAÚJO, J. M. "Relatório avaliativo da área de pós-graduação em Serviço Social (período 1987/1989). In: *Serviço Social e Sociedade, nº 38*. São Paulo, Cortez, ano XIII, abril de 1992, pp. 141-166; FALEIROS, V. P. "Avaliação e perspectivas da área de Serviço Social (1982-1988)". In: *Serviço Social e Sociedade, nº 34*, São Paulo, Cortez, ano XI, dez. 1990, pp. 41-64; BAPTISTA, M. V. e RODRIGUES, M. L. "A formação pós-graduada *stricto sensu* em Serviço Social: papel da pós-graduação na formação profissional e desenvolvimento do Serviço Social. In: "A produção do conhecimento em Serviço Social". *Cadernos ABESS, nº 5*, São Paulo, Cortez, maio de 1992, pp. 108-136; AMMAN, B. *Avaliação e perspectivas*, Brasília, CNPq, 1983; KAMEYAMA, N. *Pesquisa em Serviço Social no Brasil*. Fórum Nacional de Pesquisa em Serviço Social. Questões e Perspectivas. São Paulo, ABESS/CEDEPSS, 1991; KAMEYAMA, N. e KARSCH, U. M. S. *Pós-graduação em Serviço Social no Brasil e projeto pedagógico*. Natal, 1988, (mimeo.).

sugestões, preenchendo lacunas e enriquecendo aquela tradição com as novas problemáticas emergentes com a maturação capitalista na época dos monopólios (A. Gramsci; G. Lukács; N. Poulantzas; P. Baran; E. Sweezy; E. Mandel; A. Heler, entre outros, além dos "clássicos").

Desencadeia-se, em alguns pequenos núcleos profissionais, um desafiante empreendimento de *apropriação do patrimônio categorial* e metodológico do marxismo, *incorporado "não evangelicamente", mas* como um manancial inesgotável de sugestões[312] para, com inteligência e criatividade, continuar pesquisando os problemas do tempo presente.

O *tipo de relação intelectual* que parcela de pesquisadores passa a manter com aquele patrimônio permite-lhes tanto reter a base *explicativa da historicidade da sociedade burguesa* e suas determinações na sua idade madura, como o seu *método*, utilizando-o na compreensão de fenômenos particulares — como o Serviço Social —, como totalidades constituídas por múltiplas determinações. Busca-se avançar na direção do que Lukács qualificou de "*ortodoxia do método*"[313] — desenvolvendo-o no sentido de seus fundadores —, preservando o núcleo *ontológico* da interpretação marxiana do ser social como um ser *prático-social* — o que funda o *núcleo específico* e *revolucionário do marxismo*: a sua dimensão "prático-crítica"[314], ou o seu explícito caráter de classes.

---

312. "... A obra de Marx ... não é um Evangelho que ofereça verdades de última instância, acabados e perenes, mas um *manancial inesgotável de sugestões*, para continuar trabalhando com a inteligência, para continuar investigando e lutando pela verdade". LUXEMBURGO, R. In: MERHING, F. *Carlos Marx*. México, Biografias Grandeza, 1960, p. 393.

313. "O marxismo ortodoxo não significa, pois, uma adesão sem crítica dos resultados da pesquisa de Marx, não significa uma fé num ou noutro termo, nem requer a exegese de um livro sagrado. A ortodoxia em matéria de marxismo refere-se, ao contrário, exclusivamente ao método. Implica a convicção científica de que, com o marxismo dialético, se encontrou o método de investigação justo, de que este método só pode ser desenvolvido no sentido de seus fundadores..." LUKÁCS, G. "Pós-Fácio de 1967". *História e consciência de classe*. Lisboa, Escorpião, 1974, p. 366.

314. Sobre o caráter prático-científico do marxismo, ver: MARX, K. "Teses sobre Feuerbach". Op. cit., LUKÁCS, G. "O que é o marxismo ortodoxo". In: *História e consciência de classe*. Op. cit., pp. 15-40.

É no encontro do Serviço Social com uma tradição teórica preocupada com a *natureza* e *direção* da sociedade capitalista como uma *totalidade*, que a produção profissional no âmbito da tradição marxista é fertilizada, rompendo as amarras da herança da II Internacional[315]. Assim o marxismo é apropriado como *teoria crítica*[316]. Implicou um esforço de *combinar simultaneamente a análise histórica do Serviço Social na sociedade brasileira* — de modo que ao explicá-la explicava a si mesmo — e a *análise dos fundamentos teórico-metodológicos de sua trajetória intelectual*, condição fundante para compreender o *modo de pensar a* própria profissão. Destarte, *o próprio Serviço Social é colocado como objeto de sua pesquisa nos anos 1980*, incentivando um *balanço crítico global dessa profissão*: das bases históricas e ídeo-teóricas de sua prática. Essa não fica imune a esse processo, dando lugar a experiências criativas na reorientação do exercício profissional, embora as mudanças não tenham incidido maciçamente sobre o conjunto de prática das assistentes sociais.

Os eixos do debate do Serviço Social, no campo da tradição marxista, nesse período, podem ser enfeixados em duas grandes temáticas: a) a *crítica teórico-metodológica tanto do conservadorismo como do marxismo vulgar*, colocando a polêmica em torno das relações entre *teoria, história e método*, com claras derivações no âmbito da *formação profissional*; b) a construção da análise da *trajetória histórica do Serviço Social no Brasil*. Estabelece sobre alicerces mais sólidos o debate sobre a historicidade da profissão em *suas relações com as políticas sociais do Estado*, os *movimentos sociais*, detectando as *particularidades de sua profissionalização.*

O debate brasileiro, do ponto de vista teórico-metodológico nos anos 1980, em relação ao legado do movimento de reconceituação latino-americano, avança da negação e *denúncia* do tradicionalismo ao enfrentamento efetivo de seus dilemas e im-

---

315. Cf. ANDREUCCI, F. "A difusão e vulgarização do marxismo". In: HOBSBAWM, E. (org.): *História do Marxismo*, vol. 2, São Paulo, Paz e Terra, 1982, pp. 15-74.

316. Cf. nota nº 249.

passes teórico-práticos; do *metodologismo* à inserção da polêmica teórico-metodológica no Serviço Social nos principais marcos do pensamento social contemporâneo; da *apologética* no trato do marxismo no Serviço Social ao debate clássico contemporâneo dessa tradição intelectual; do *ativismo político-profissional* à criação de condições acadêmicas e socioprofissionais que propiciaram maior solidez a práticas renovadoras inscritas no mercado de trabalho dos assistentes sociais; do *ecletismo* ao *pluralismo*; de uma abordagem generalista sobre a América Latina a ensaios históricos sobre o Serviço Social em diferentes momentos conjunturais da formação social no país, ampliando as possibilidades de análise da profissão na história brasileira.

Assim o eixo do debate brasileiro no período considerado incide sobre *inserção histórica do Serviço Social na sociedade brasileira*, desdobrando-se, seja na *reconstrução histórica* da *evolução dessa profissão no país*, regida por diferentes perspectivas teóricas[317], seja em um *aprofundamento* das *determinações e efeitos sociais da prática e da formação profissional no presente*[318].

---

317. É produto desse período uma vasta produção sobre a história do Serviço Social no Brasil, tema esse até então praticamente virgem na literatura profissional. São criados núcleos de pesquisas em várias unidades de ensino de graduação e pós-graduação para o estudo da história da profissão e de sua herança intelectual. Salienta-se o núcleo de pesquisa da pós-graduação da PUC-SP, sob a orientação da Profa. Myriam V. Baptista, dali decorrendo várias teses e publicações. A Revista *Serviço Social e Sociedade* publica, em 1983, um número especial comemorativo ao cinqüentenário da profissão no país (1932-82), recolhendo depoimentos dos pioneiros do Serviço Social. *Serviço Social e Sociedade nº 12*. São Paulo, Cortez, ano IV, ago. 1983. Este mesmo movimento ocorre na América Latina impulsionado pelo CELATS.

318. Além da literatura sobre a formação profissional indicada nas notas 310 e 311 são representativos daqueles temas: SILVA E SILVA, M. O. *Formação profissional do assistente social*. São Paulo, Cortez, 1984; LIMA, M. H. *Serviço Social e Sociedade Brasileira*. São Paulo, Cortez, 1982; AMMAN, S. B. *Ideologia e desenvolvimento da comunidade no Brasil*. São Paulo, Cortez, 1980; _____. *Participação Social*. São Paulo, Cortez e Moraes, 1977; BARBOSA LIMA, S. *Participação social no cotidiano*. São Paulo, Cortez e Moraes, 1979; MIGUEL, W. L. *O Serviço Social e a promoção do homem*. São Paulo, Cortez, 1980, SANTOS, L. L. *Textos de Serviço Social*. Op. cit.; KARSCH, U. M. S. *O Serviço Social na era dos serviços*. São Paulo, Cortez, 1987; SOUZA, M. L. *Serviço Social e Instituição*. São Paulo, Cortez, 1982; RICO, E. M. *Teoria do Serviço Social de empresa: objeto*

A análise das especificidades do processo de profissionalização *do Serviço Social nos quadros da divisão sociotécnica do trabalho, apreendidas sob diferentes matizes*, foi o fulcro da polêmica no interior da *tradição marxista*, com derivações no campo das relações entre teoria, método e história[319].

Esses veios temáticos foram amplamente frutificados pela produção acadêmica inscrita no campo do marxismo, contribuindo para que, ao voltar-se sobre si mesmo, o Serviço Social se defrontasse com um amplo leque temático que, embora o extrapolasse, mostrava-se ao mesmo tempo indispensável para a compreensão do seu *significado social*; indispensável para entendê-lo na trama das determinações e relações sociais que lhe atribuem a sua particularidade histórica. Nesse alargamento do universo temático na produção profissional passam a constar análises relativas à *natureza do Estado brasileiro* na idade do monopólio[320],

---

e objetivos. São Paulo, Cortez, 1982; RAICHELLIS, R. *Legitimação popular e poder*. São Paulo, Cortez, 1988; WEISSHAUPT, J. R. (org.). *As funções sócio-institucionais do Serviço Social*. São Paulo, Cortez, 1985.

319. FALEIROS, V. P. *Metodologia e ideologia do trabalho social*. Op. cit.; _____. *Saber profissional e poder institucional*. São Paulo, Cortez, 1987; _____. "A questão da metodologia no Serviço Social: reproduzir-se e representar-se". In: Vv. Aa. *A metodologia no Serviço Social (Cadernos ABESS, nº 3)*. São Paulo, Cortez, 1989; _____. "Confrontos teóricos no movimento de reconceituação na América Latina". Op. cit.; CARVALHO, A. *A questão da transformação e o trabalho social*. Op. cit.; NETTO, J. P. *Ditadura e Serviço Social*. Op. cit.; _____. *Capitalismo monopolista e Serviço Social*. Op. cit.; _____. "O Serviço Social e a tradição marxista". In: *Serviço Social e Sociedade nº 30*. São Paulo, Cortez, ano X, abr. 1989; NETTO, J. P. e FALCÃO, M. C. *Cotidiano: conhecimento e crítica*. São Paulo, Cortez, 1987; MOTTA, A. E. *O feitiço da ajuda*. São Paulo, Cortez, 1985; _____. "Uma nova legitimidade para o Serviço Social de empresa". In: *Serviço Social e Sociedade nº 25*. São Paulo, Cortez, ano VIII, dez. 1987; MARTINELLI, L. M. *Serviço Social: identidade e alienação*. São Paulo, Cortez, 1989; SPOSATI, A. *et alii*. *Assistência na trajetória das políticas sociais brasileiras*. São Paulo, Cortez, 1985; MACIEL, M. C. e CARDOSO, F. "Metodologia do Serviço Social: a práxis como base conceitual". In: Vv. Aa. *A metodologia no Serviço Social*. Op. cit.; Vv. Aa. *Serviço Social Crítico: problemas e perspectivas*. São Paulo, CELATS, 1985.

320. NETTO, J. P. *Ditadura e Serviço Social*. Op. cit.; _____. *Capitalismo monopolista e Serviço Social*. Op. cit.; IAMAMOTO, M. V. "A "questão social" no capitalismo monopolista e o significado da assistência". In: *Renovação e Conservadorismo no Serviço Social*. Op. cit.

às políticas sociais[321], em especial seguridade; incursões no terreno das *análises de conjuntura e do poder institucional* e a incorporação do debate presente na órbita das ciências sociais sobre os *movimentos sociais*[322] entre outros.

O centro das preocupações do Serviço Social, ao repensar-se e rever sua prática, foi assegurar sua *contemporaneidade*, levando-o a enfrentar, juntamente com a sociedade, as questões da *democracia*, da *cidadania* e dos *direitos sociais.*

Numa primeira aproximação ao balanço desse debate, salienta-se, como ênfase predominante — ainda que não exclusiva —, as relações do Serviço Social com o Estado monopolista, mediadas pelas políticas sociais públicas, como estratégias no bloco do poder no enfrentamento da "questão social", que ao se efetivarem, viabilizam direitos sociais implicados na cidadania, cuja consolidação e alargamento tem sido parte da luta recente pela democratização do Estado e da sociedade civil no Brasil. Dando por pressuposto o acúmulo crítico já alcançado quanto à análise do Serviço Social no quadro das relações sociais funda-

---

321. FALEIROS, V. P. *A política social do Estado capitalista.* São Paulo, Cortez, 1981; ______. *O que é a Política Social?* São Paulo, Brasiliense, 1986; ______. *O trabalho da política: saúde e segurança dos trabalhadores.* São Paulo, Cortez, 1992; ______. "Crisis economica y politica social en América Latina". In: *Acción Crítica*, nº 13. Lima, CELATS/ALAETS, jun. 1982; ______. "Política Social en la teoria del trabajo social". In: *Acción Crítica nº 12.* Lima, CELATS/ALAETS, dec. 1982; SPOSATI, A. *A pobreza assistida em São Paulo*, Tese de Doutoramento, PUC-SP, 1987; ______. (Coord.) *A assistência social no Brasil 1983-1990.* São Paulo, Cortez, 1991; SPOSATI, A. *et alii. Os direitos (dos desassistidos) sociais.* São Paulo, Cortez, 1989; SPOSATI, A. e FALCÃO, M. C. *Assistência social brasileira: descentralização e municipalização.* São Paulo, Educ, 1990; ______. *Identidade e efetividade das ações e enfrentamento da pobreza brasileira.* São Paulo, Educ, 1989; MENEZES, M. T. G. de *Políticas sociais de assistência pública no Brasil: em busca da teoria perdida.* (Dissertação de Mestrado.) UFRJ, 1992; YAZBEK, M. C. *Assistência social na conformação da identidade subalterna.* (Tese de Doutorado.) São Paulo, PUC-SP, 1992.

322. Embora o tema "movimentos sociais" tenha polarizado o debate da categoria profissional e norteado algumas pesquisas, ele não se espelhou em uma produção acadêmica marcante. As publicações encontram-se pulverizadas em artigos na revista *Serviço Social e Sociedade*, orientados na perspectiva de apropriação das análises presentes na literatura brasileira das Ciências Sociais.

mentais da sociedade capitalista[323] e quanto à reconstrução de seu trajeto histórico, a pesquisa tem progredido no deciframento das políticas sociais públicas no âmbito das quais atua o assistente social, na linha de ponta na viabilização dos serviços sociais por elas previstos nas suas diferentes áreas. É esse elemento que vem impulsionando o resgate das análises sobre *a assistência social pública*[324], mantida pelo movimento de reconceituação nos "porões" da profissão, pelos estigmas paternalistas com que foi tratada teórica e praticamente na sua história.

Esse *foco* tem conduzido a uma crescente *politização da ação profissional* — não mais nos marcos do mero militantismo —, porém no sentido de compreender as relações do Serviço Social com o *poder de classe*, em especial *o poder de Estado*, um dos requisitos para o deciframento da dimensão política da prática profissional e para o estabelecimento de estratégias profissionais no âmbito do mercado de trabalho, que tem nas instituições estatais a maior fonte de absorção dos assistentes sociais.

Avaliando o debate contemporâneo, ressalta-se de imediato o *avanço* que ele vem representando ante o tradicionalismo profissional — presidido pela ideologia do mando e do favor no trato da coisa pública — metamorfoseando o cidadão em súdito do Estado[325]; avanço, também, em relação ao legado da recon-

---

323. Ver, por exemplo: IAMAMOTO, M. V. e de CARVALHO, R. *Relações Sociais e Serviço Social no Brasil.* São Paulo, Cortez, 1982; OLIVEIRA, R. C. *et alii.* "El trabajo Social en el capitalismo latinoamericano". In: *Acción Crítica nº 7.* Lima, CELATS/ALAETS, 1980; CLAVIJO, H. e MARTINEZ, G. "Trabajo Social: una prática específica ante la contradicción capital-trabajo". In: *Acción Crítica nº 10.* Lima, CELATS/ALAETS, 1981, pp. 14-21.

324. No campo da assistência social pública o trabalho mais elaborado enfocando a ação governamental é o de SPOSATI, A. *História da pobreza assistida em São Paulo.* Op. cit. No entanto, o trabalho que faz a *inflexão* no direcionamento do debate, no sentido de apreender a assistência na óptica da realidade histórico-social e das experiências cotidianas dos subalternizados é o de YAZBEK, M. C. *Assistência Social na conformação da identidade subalterna.* Op. cit. Registre-se aqui também, na linha da crítica sobre o enfoque de análise dominante das políticas de assistência pública, o texto de MENEZES, M. T. G. de *Políticas de assistência pública no Brasil* .... Op. cit.

325. SCHWARTZ, R. *Ao vencedor as batatas.* São Paulo, Livraria Duas Cidades, 2ª ed., 1981; COSTA, E. V. *Da Monarquia à República: Momentos*

ceituação. Esta, retraduzindo os objetivos profissionais em "organização, capacitação e conscientização" dos "oprimidos" tendo como alvo a "transformação social", não considerou, em suas análises, as mediações históricas e teóricas que possibilitassem articular os propósitos profissionais às conjunturas nacionais particulares e, em especial, ao mercado de trabalho.

3.3 O Debate do Debate

Interessa salientar, no entanto, o que este ângulo predominante da análise tem *ocultado*. Desentranhar os supostos subjacentes, fazendo-os emergir, de modo que dêem transparência aos argumentos e às ações a eles conectadas, é *tarefa da crítica*; porém, o objetivo aqui é, tão-somente, levantar algumas pistas para a identificação de impasses e possíveis rumos férteis ao debate, adensando a polêmica. Indicar, pois, elementos para o debate do debate.

A ênfase predominante nas relações do Serviço Social com as políticas sociais do Estado e os aparatos institucionais que a implementam vem apresentando, como contrapartida, *o relativo obscurecimento da sociedade civil*;"o verdadeiro cenário de toda a história"[326], secundarizada na produção acadêmica no Serviço Social. Deixando de ser o *foco central da análise*, tem tido sua apreensão "filtrada" pelas estratégias do Estado e das ações dos

---

decisivos. São Paulo, Grijalbo, 1977; IANNI, O. *O ciclo da revolução burguesa*. Petrópolis, Vozes, 1984; LEAL, V. C. *Coronelismo, enxada e voto*. 2ª ed., São Paulo, Alfa-Ômega, 1975.

326. MARX, K. e ENGELS, F. *A Ideologia Alemã*. Op. cit., p. 44. A noção de sociedade civil é aqui utilizada na concepção desses autores tal como explicitada na obra citada: "Essa concepção de história tem como base o processo real de produção, concretamente a produção material da vida imediata; concebe *a forma das relações humanas ligadas a este modo de produção e que por ele é engendrada, isto é, a sociedade civil nos seus diferentes estágios, como sendo o fundamento de toda a história*. Isso equivale a representá-la na sua ação como Estado, a explicar *por meio dela* o conjunto das diversas produções teóricas e das formas de consciência, religião, moral, filosofia etc. e a acompanhar o seu desenvolvimento por meio dessas produções; o que permite naturalmente representar a coisa na sua *totalidade* (examinar a relação recíproca de seus diferentes aspectos). Idem, pp. 48-49.

governos via políticas sociais, voltadas em especial para o conjunto dos trabalhadores (inscritos ou não no mercado formal de trabalho). Assim, por exemplo, a tônica da análise do processo de pauperização tem sido desfocada de sua *produção e das formas que assume*, pelo interesse de apreender criticamente as ações governamentais ante o fenômeno da pobreza. Nos termos de um especialista, trata-se da "pobreza assistida"[327] ou das atenções do Estado ao processo de pauperização e *modo de organização das iniciativas governamentais*. O enfrentamento da pauperização torna-se necessário como *meio para a compreensão das políticas sociais* e não *o contrário*: o estudo *da gênese e as formas particulares de desenvolvimento e vivência da pauperização* — o "outro lado" da maturação capitalista — *como condição para a explicação e avaliação das respostas governamentais diante desse fenômeno*[328].

O *avanço substancial* por parte da produção especializada nos rumos indicados nessa área profissional — com um rigor no tratamento dos materiais empíricos e teóricos, até há pouco inexistentes, encontra-se respaldado no conhecimento do *papel decisivo e das funções peculiares que o Estado vem desempenhando na regulação da sociedade, com a expansão monopolista*. Se esta face do debate é decisiva — um corte analítico indispensável à decifração das bases históricas do Serviço Social —, a concentração *unilateral* da pesquisa nesse campo temático é também *parcial*. O relativo ocultamento das mudanças históricas recentes produzidas na sociedade civil, em decorrência mesmo da intervenção do Estado, pode levar à *perda do chão* daquelas análises que ora polarizam o debate do Serviço Social, gerando alguns "buracos negros" no temário profissional, fontes de impasses e dificuldades.

Ora, *é a sociedade civil que explica o Estado*: "a verdade do político (e conseqüentemente do estatal) está no social, sendo as relações sociais que permitem compreender as formas políticas"[329], jurídicas, religiosas, artísticas etc. É a sociedade civil o

---

327. SPOSATI, A. *A pobreza assistida em São Paulo*. Op. cit.

328. Exemplos de dois trabalhos recentes mais significativos que não caem nessa artimanha são os de YAZBEK e MENEZES.

329. LEFÈBVRE, H. *Sociologia de Marx*. Op. cit.

terreno da *produção social*[330]: da produção capitalista de mercadorias, da produção das classes sociais e de suas diferenciações, da produção das formas culturais pelas quais os indivíduos sociais expressam seu modo de vida e de trabalho. Verifica-se, inclusive, um *desenvolvimento desigual*[331] entre as transformações objetivas das forças produtivas e das relações sociais e as expressões culturais dessas mesmas transformações presentes na vivência dos sujeitos sociais.

Concentrar unilateralmente a problemática do Serviço Social nos "círculos do Estado" é também concentrar a análise das políticas sociais e dos serviços sociais dela derivados no foco da *distribuição da riqueza social*[332], parcela da qual é canalizada para o Estado e por ele redistribuída, sob o crivo de seu controle e diferenciadamente, ao conjunto da sociedade. Parte daquela riqueza reveste a forma de serviços sociais públicos, previstos pelas políticas sociais[333]. A restrição da análise no mundo da

---

330. "A minha investigação desembocava no resultado que tanto as relações jurídicas, como as formas do Estado, não podem ser compreendidas por si mesmas, nem pela chamada evolução geral do espírito humano, mas que se baseiam, pelo contrário, nas condições materiais da vida cujo conjunto Hegel resume, segundo precedente dos ingleses e dos franceses do século XVIII, sob o nome de "sociedade civil" e que a anatomia da sociedade civil deve ser procurada na economia política". MARX, K. "Prefácio à contribuição à crítica da economia política (1859)". In: MARX, K. e ENGELS, F. *Textos 3*. São Paulo, Ed. Sociais, 1975, p. 301.

331. Desenvolvimento desigual no sentido estabelecido por Marx na Introdução de 1857: "A desigual relação entre o desenvolvimento da produção social e o desenvolvimento artístico, por exemplo ... O ponto propriamente difícil neste caso é discutir o seguinte: de que modo as relações de produção, como relações jurídicas, seguem um desenvolvimento desigual". MARX, K. "Introdução à Crítica da Economia Política". Op. cit., p. 129.

332. Para Marx, ao contrário dos economistas clássicos, "a articulação da distribuição é inteiramente determinada pela produção, não só no que diz respeito ao *objeto*, podendo ser apenas distribuído o resultado da produção, mas também no que diz respeito à *forma*, pois o modo preciso de participação na produção determina as formas particulares da distribuição, isto é, determina de que forma o produtor participará da distribuição". MARX, K. "Introdução ...". Op. cit., p. 118.

333. "Enquanto gastos públicos (o social) faz parte da relação social de produção e a modifica, como historicamente tem sido demonstrado. Ele é *metamorfose do excedente*, da mais-valia ou lucro. Na sociedade brasileira, o social existe enquanto caridade, por vezes pública e mais, nos últimos 20 anos assistiu-se a uma regressão: a "privatização" do social ... OLIVEIRA, F. "Além da transição, aquém da imaginação". In: *Novos Estudos CEBRAP*, nº 12, São Paulo, CEBRAP, jun. 1985, p. 6.

distribuição leva a apreender a questão dos investimentos públicos na área social numa lógica contábil e administrativa, ou seja de como distribuir os recursos existentes, sem colocar em questão como e por que estão sendo assim produzidos. O desdobramento da armadilha pode ser assim visualizado: mais recursos e sua melhor administração, mais serviços sociais, mais justiça e igualdade social, mais democracia, que passa a ser reduzida e um padrão ampliado de "proteção social"[334].

O que permanece *oculto* nessa lógica de análise são as *condições sociais e materiais da produção capitalista no país*, tidas como um *dado*, cabendo lutar por uma distribuição mais eqüitativa da riqueza, pela intermediação do Estado, tendo na universalização das políticas sociais a sua culminância. Mais uma vez, por rotas não desejadas e não previstas, o debate marxista no Serviço Social pode recair no velho dilema da economia política clássica: o primado da *distribuição sobre a produção*, ambas apreendidas como dois mundos paralelos, sendo a distribuição o *nódulo das controvérsias* porque a produção é vista como "regida por leis naturais eternas, independentes da história; e, nessa oportunidade, insinuam-se dissimuladamente relações *burguesas* como leis naturais, inevitáveis de uma sociedade *in abstrato*. Essa é a finalidade mais ou menos consciente de todo o procedimento. Na distribuição, ao contrário, os homens permitir-se-iam, de fato, toda classe de arbitrariedades"[335].

A secundarização da sociedade civil no universo da pesquisa do Serviço Social tem implicações *nodais de ordem teórico-metodológica para aqueles que se propõem incorporar a inspiração marxiana*, sendo importante elucidá-las. É na sociedade civil em que se gesta e se realiza o *movimento* da produção social, movimento esse cujas condições encontram-se abolindo-se a si mesmas, criando os supostos históricos para um novo ordenamento da sociedade[336]. Assim, ocultar a sociedade civil é encobrir o

---

334. MENEZES, M. T. G. de *Políticas sociais públicas* .... Op. cit.

335. MARX, K. "Introdução à crítica ...". Op. cit., p. 112.

336. Marx, referindo-se ao seu método que busca compreender toda a manifestação social no fluxo do seu movimento, assinala que uma vez considerados os modos precedentes de produção históricos ... "tais indícios, conjuntamente com a concepção

movimento de transformação histórico que ocorre no presente. Buscar apreendê-lo unilateralmente em suas refrações no Estado é, ao mesmo tempo, impossibilitar sua compreensão, visto que o campo de forças e interesses de classes que se expressam no Estado tem as raízes de sua gênese na sociedade civil. Sendo a apreensão daquele movimento uma característica medular do método marxiano, a contrapartida do ocultamento da sociedade civil na análise é a negação, na prática, do caráter revolucionário que distingue a teoria marxiana, dela destituindo a história, congelando-a e dotando o presente de infernais poderes eternos.

De outra parte, esse alheamento da sociedade civil no campo da pesquisa é também o alheamento da produção acadêmica da problemática da *produção dos indivíduos sociais*, isto é, de uma *forma de individualidade social histórico-particular*: aquela típica da sociedade capitalista, em que os indivíduos isolados parecem independentes, defrontando-se com o conjunto social "como simples meio para realizar seus fins privados, como necessidade exterior". No entanto "a época que produz este ponto de vista do indivíduo isolado é precisamente aquela na qual as relações sociais (e deste ponto de vista, gerais) alcançaram o seu mais alto grau de desenvolvimento"[337]. Essa generalização dos laços de dependência social ocorre de maneira que os nexos entre os indivíduos isolados se dê pelo valor de troca — cuja forma geral é o dinheiro —, o que supõe uma divisão social do trabalho desenvolvida e um mercado em que se dão as trocas também amplas. Este vínculo *social objetivo* entre os indivíduos, "objetivamente social"[338], ocorre "independente do saber e da vontade dos indivíduos e pressupõe sua indiferença e independência recíproca", "ainda que

---

certeira do presente, oferecem a chave para a compreensão do passado ... Esta análise correta leva aos pontos nos quais, *forechadowing* (prefigurando) o movimento nascente do futuro, se insinua a abolição da forma presente das relações de produção. Se por um lado as formas pré-burguesas se apresentam como supostos puramente históricos, ou seja abolidos, as condições atuais apresentam-se como abolindo-se a si mesmas e, portanto, criando supostos históricos para um novo ordenamento da sociedade". MARX, K. *Elementos fundamentales para la critica de la economia política (Grundrisse) 1857-1858*. Op. cit., p. 422.

337. MARX, K. *Introdução à Crítica* .... Op. cit., p. 110.

338. MARX, K. *O Capital* ..., vol. I. Op. cit.

seja um produto dos indivíduos. É um produto histórico. Pertence a uma fase histórica da individualidade social"[339].

Aquela mencionada secundarização da sociedade civil do campo de preocupações do Serviço Social incide, portanto, sobre uma *questão central: o alheamento do Serviço Social do processo histórico de transformação das classes sociais na sociedade brasileira nas últimas décadas*[340] — da produção e diferenciação dos sujeitos sociais — sejam os que ingressam no palco do Serviço Social como *demandantes* da ação profissional ou como *alvo* dos serviços profissionais. Merece registro o precário acervo acumulado de estudos voltados para as análises dos processos de trabalho, nas suas inúmeras diferenciações, agrícolas ou industriais, e dos sujeitos sociais neles envolvidos, que circunscrevem, por exemplo, a problemática da assistência social no campo empresarial, uma das facetas do mercado de trabalho que tem crescido nas últimas décadas.

O que é mais flagrante é a carência de pesquisas sobre o que tradicionalmente se qualificava de "clientela" do Serviço Social: *sobre o modo de vida e de trabalho das classes trabalhadoras, os processos de diferenciações internas a que vêm sendo submetidas e, as suas expressões político-culturais*[341]; e

---

339. ROSDOLSKY, R. *Génesis y estructura de el Capital de Marx (estudios sobre los Grundrisse).* 3ª ed., México, Siglo XXI, 1983, p. 461.

340. Cf. por exemplo, OLIVEIRA, F. "Os protagonistas do drama: Estado e Sociedade no Brasil". In: LARANJEIRA, S. (org.) *Movimentos e classes sociais na América Latina.* São Paulo, Hucitec, 1990, pp. 43-66; ______. *O elo perdido. Classe e identidade de classe.* São Paulo, Brasiliense, 1987.

341. "Estudos recentes sobre a classe trabalhadora brasileira têm se caracterizado por ressaltar a *diversidade das categorias que a compõem* refletindo, por um lado, *diversas formas de inserção no mercado de trabalho* e, por outro, *práticas culturais e políticas específicas.* Mais do que discutir genericamente as características estruturais que marcaram a expansão capitalista entre nós e daí deduzir o perfil da classe trabalhadora, tais estudos têm contribuído para apontar a *heterogeneidade das experiências de vida* e *trabalho,* bem como *vivências* particulares de formas de dominação de diversos segmentos. Procurando dar conta da diversidade de experiências que têm marcado a consolidação de formas capitalistas de produzir, essa perspectiva tem revelado particularidades locais e regionais, bem como diferenciações internas dos grupos de trabalhadores". PESSANHA, E. G. P. e MOREL, R. L. M. "Gerações operárias: rupturas e continuidades na experiência de metalúrgicos do Rio de Janeiro". In: *Revista Brasileira de Ciências Sociais, nº 17,* Rio de Janeiro, ANPOCS, out. 1991, p. 29.

sobre o enorme "exército geral de reserva"[342], reforçado nesse longo ciclo da crise econômica que grassa o país no presente.

O que merece ser salientado é a importância, para o Serviço Social, do *estudo da diversidade das situações de subalternidade*[343] que preside a vida dos segmentos sociais que são o alvo de sua prática profissional. Supõe estimular a pesquisa sobre as condições de vida e de trabalho dos diferentes segmentos das classes junto aos quais atua, resgatando suas experiências, práticas e representações. É por meio delas que vão se forjando como indivíduos sociais, na vivência das relações sociais de dominação e de exploração, no tempo presente da sociedade brasileira[344]. Como sustenta Martins: a subalternidade não expressa apenas a exploração, mas também a exclusão econômica e política ... Trata-se de uma *exclusão integrativa* que cria reservas de mão-de-obra, cria mercados temporários ou mercados parciais ... Uma recriação contínua de relações arcaicas juntamente com as relações cada vez mais modernas"[345].

---

342. A expressão é usada por GRAZIANO DA SILVA, J. F. resgatada de Lênin. Cf. GRAZIANO DA SILVA, J. F. *Progresso técnico e relações de trabalho na agricultura.* São Paulo, Hucitec, 1981; LÊNIN, V. I. *O desenvolvimento do capitalismo na Rússia.* São Paulo, Abril, 1982.

343. "Há uma diversificação "interna" das classes subalternas cujo desconhecimento empobrece a compreensão de suas lutas e suas possibilidades históricas, porque omite seus dilemas e debilidades. Um discurso que unifique retoricamente as classes subalternas não produz a unidade e a força reais desses grupos sociais. Ao contrário, mistifica-as e empobrece a interpretação da realidade". MARTINS, J. S. "Dilemas das classes subalternas na idade da razão". In: *Caminhada no chão da noite.* São Paulo, Hucitec, 1989, p. 107. Cf., também, PAOLI, M. C. "Os trabalhadores urbanos na fala dos outros: tempo, espaço e classe na história operária brasileira". In: LOPES, J. S. L. (org.). *Cultura e identidade operária.* UFRJ, Marco Zero, 1987.

344. Cf. entre outros: THOMPSON, E. P. *Tradición, revuelta y consciencia de classe.* Barcelona, Editorial Crítica, 1979; ______. *A formação da classe operária inglesa*, 3 vols. Rio de Janeiro, Paz e Terra, 1987; HOBSBAWM, E. *Mundos do Trabalho.* Rio de Janeiro, Paz e Terra, 1978. As minhas idéias a respeito econtram-se registradas em *Proletarização e Cultura.* São Paulo, PUC-SP, 1987. (mímeo.)

345. MARTINS, J. S. "Dilemas das classes subalternas...", op. cit., p. 105. Ver também: SOUZA, P. R. "Salários e mão-de-obra excedente". In: Vv. Aa. *Valor, força de trabalho e acumulação.* Estudos CEBRAP nº 25, Petrópolis, Vozes, s.d., pp. 65-112; BRANDT, V. C. "Do colono ao bóia-fria". In: *Estudos CEBRAP*, nº 19. São Paulo, CEBRAP, 1977, pp. 37-92; OLIVEIRA, F. "Anos 70: as hostes errantes". In: *Novos Estudos CEBRAP*, nº 1. São Paulo, CEBRAP, dez. 81, pp. 20-24.

É pois, fundamental para o exercício da profissão desvelar as práticas socioculturais e sua vivência pelos sujeitos no cotidiano de suas lutas. É por meio delas, em distintas relações com o capital e o Estado, que vão construindo a sua individualidade social com densidade histórica. Constróem suas consciências, não só como alienação, mas também como mediação crítica da história[346].

Ao colocar-se como objeto de sua própria pesquisa, o Serviço Social voltou-se sobre si mesmo e descortinou ângulos inusitados para o desdobramento dos estudos. Urge agora que o Serviço Social se *alimente da história da sociedade brasileira presente*, como condição de renovar e continuar assegurando a sua conciliação com a realidade social, condição para decifrar e recriar sua prática profissional, dando transparência aos elos que as articulam.

O processo de acumulação monopolista sob a égide do capital financeiro e dos grandes conglomerados empresariais — com o subsídio financeiro, fiscal e o apoio legal do Estado —, gerou um processo acelerado de concentração de renda e de capital, aprofundou o processo de pauperização como o seu reverso, alterando substancialmente a sociedade brasileira. Uma nova *divisão social do trabalho* se estabeleceu entre *cidade e campo*, entre *agricultura e indústria*, acelerando a industrialização da agricultura e colocando certos setores no circuito das formas de integração de diferentes capitais articuladas pela conglomeração empresarial visando a realização da taxa média de lucro. A agricultura e a indústria diferenciam-se. O desenvolvimento tecnológico na agricultura e na indústria, elevando a composição orgânica do capital, alterou radicalmente os processos de trabalho e sua divisão técnica no *espaço nacional*; incorporou novas terras ao circuito mercantil, ampliou a fronteira agrícola, reformulou relações tradicionais de poder, fez crescer as lutas e os movimentos sociais no campo e na cidade, fazendo com que "novos personagens

---

346. Cf. MARTINS, J. S. Op. cit.; LEFÈBVRE, H. "La psicosociologia de la vida cotidiana". In: *De lo rural a lo urbano*. Barcelona, Península, 1985; ______. *La vida cotidiana en el mundo moderno*. Madrid, Aliança, 1968; ______. *Critique de la vie quotidienne*. 2 vols. Paris, L'Arché, 1961; GRAMSCI, A. *Concepção dialética da História*. Rio de Janeiro, Paz e Terra, 1968; ______. "Problemas da vida cultural". In: *Obras escolhidas*. 2 vols. Lisboa, Estampa, 1974.

entrassem em cena"[347]. Vivemos hoje nas grandes e médias cidades as manifestações desses e de outros processos. Enfim, o que pretendo, destacando ilustrativamente alguns traços dessa mudança, é apenas acentuar que ela incide radical e diretamente no campo profissional de trabalho pelas seqüelas materiais e morais que cria o trabalho assalariado e falta deste, mas cujo deciframento encontra-se no conjunto das condições ou relações sociais que atribuem especificidades históricas à vivência daquela forma de individualidade social antes referida.

Poder-se-ia levantar a hipótese de que a carência dessa substância da historicidade da nova sociedade no campo da pesquisa no Serviço Social é uma das causas determinantes da "miséria da estratégia"[348] no debate teórico-metodológico da década de 1980, que não conseguiu dar conta das particularidades prático-interventivas do Serviço Social; ora elas são diretamente dependentes das condições sociais nas quais se realiza a prática profissional. Logo o seu desconhecimento parcial impossibilita qualquer avanço crítico no âmbito das estratégias e táticas necessárias para traduzir, no campo da ação, os avanços obtidos no nível cognitivo, embora aí se encontre, também, um dos aspectos fulcrais dos impasses atuais do Serviço Social: o seu menosprezo pela sociedade civil[349] brasileira no seu processo de transformação histórica no presente, criada pela ação dos sujeitos políticos coletivos.

---

347. SADER, E. *Quando novos personagens entram em cena: experiências e lutas dos trabalhadores na grande São Paulo 1970-1980.* Rio de Janeiro, Paz e Terra, 1988.

348. ANDERSON, P. *A crise do marxismo ocidental.* Op. cit.

349. Utilizo, neste trabalho, *como mutuamente complementares, ainda que distintas, as noções de sociedade civil em Marx e em Gramsci.* Marx situa a sociedade civil no terreno da produção social, das classes sociais, privilegiando o momento econômico. Gramsci, embora reconhecendo na economia a gênese da política (a existência de classes antagônicas que condiciona a de governados e governantes), privilegia o ângulo da política: a sociedade civil como âmbito no qual as classes sociais buscam exercer sua hegemonia, isto é, ganhar aliados para suas posições mediante a direção política e o consenso. A sociedade civil, como portadora dos aparelhos de hegemonia: organismos de participação política, aos quais se adere voluntariamente, responsáveis pela elaboração e difusão de ideologias. Cf. COUTINHO, C. N. *Gramsci. Um estudo sobre seu pensamento político.* Rio de Janeiro, Campus, 1989.

III. Política de Prática Acadêmica: uma proposta da Faculdade de Serviço Social da Universidade Federal de Juiz de Fora — MG*

Apresentação

Após doze anos de criação da Associação Brasileira de Ensino em Serviço Social — ABESS — surgia, em 1958, em Juiz de Fora, a Faculdade de Serviço Social, hoje integrada à Universidade Federal de Juiz de Fora.

Desde aquele tempo, revendo alguns registros históricos, a Faculdade já participava ativamente e seguia as orientações nacionais daquela Entidade, no que tange *à formação profissional dos assistentes sociais.*

---

* Texto resultante do trabalho de assessoria à Faculdade de Serviço Social da Universidade Federal de Juiz de Fora — UFJF —, dentro do Programa Especial de Professor Pesquisador/Visitante (PREVI), em dezembro de 1996 e janeiro de 1997. O conteúdo básico do presente texto é fruto de uma revisão do documento de FERREIRA, M. S. G. *et alii. Proposta de política de prática acadêmica — Faculdade de Serviço Social de UFJF, dez./1993.* A referida revisão foi efetuada a partir de discussões feitas com a Direção da Faculdade de Serviço Social, Coordenação de Curso, Chefias dos Departamentos de Fundamentos do Serviço Social, do Departamento de Política da Ação Profissional, representação discente e Coordenações dos Núcleos Temáticos de Assistência, Saúde, Movimentos Sociais e Relações de Trabalho. O produto aqui apresentado é, pois, fruto de um trabalho coletivo.

Nos tempos atuais, já "quarentona" e federalizada, a Faculdade se mantém sincronizada com a ABESS e em permanente estado de busca de melhor qualidade do ensino em sua tríplice dimensão universitária.

No final dos anos 1980, após uma revisão do currículo pleno e sua implementação, surgiu o novo desafio: a *Prática Acadêmica*. Era chegada a hora de se refletir sobre o ensino da prática, reconhecendo sua importância ante o caráter interventivo da profissão.

No início dos anos 1990, ainda que se antecipando à aprovação pela ABESS (novembro de 1996) da proposta de diretrizes gerais para o curso de graduação em Serviço Social, um conjunto de docentes, supervisores de campo, discentes e assessores de alto nível (José Paulo Netto, Marilda Villela Iamamoto, Ana Maria Quiroga Fausto Neto, Nobuco Kameyama e Luísa Erundina de Sousa) trabalhou coletivamente na elaboração de uma *política de prática acadêmica*, buscando responder às metamorfoses da sociedade neste final de século, com propostas educacionais consistentes e ousadas, na medida em que se negava reconhecer *prática acadêmica* como equivalente de estágio curricular obrigatório.

Formar profissionais qualificados, com relevante gabarito político, ético, metodológico e interventivo, significa apontar-lhes caminhos e ensinar-lhes a aprender, pela convivência permanente com a teoria, a história, a pesquisa e o cotidiano das práticas presentes nos diversos campos de estágio formal ou nos programas de extensão.

Chamamos para nós, como agentes formadores de recursos humanos, produtores e reprodutores de conhecimento, inseridos numa *universidade pública federal*, trecho do discurso da professora Marieta dos Santos Koike, proferido no I° Jubileu de Ouro da ABESS, em novembro de 1996, que assim se expressa em sua razão apaixonada:

> Nossa ação se dá, de modo privilegiado, no âmbito da Universidade. A Universidade é o *locus* da formação profissional. Partiremos da compreensão de que as universidades são elementos constitutivos e essenciais de todo o processo estratégico de construção de uma

identidade social e de qualquer projeto de soberania nacional. Entendemos que, no próximo século, não haverá lugar para uma sociedade autônoma e soberana que não domine o conhecimento vigente e alternativo, a informação, a ciência, a tecnologia, a arte.

Inserida nesse contexto, nossa proposta pretende desvendar a natureza e o caráter social da prática acadêmica e, a partir daí, apresentar aos discentes elementos constitutivos do conhecimento totalizador em suas variadas formas de expressão, estimulando-os à busca da formação intelectual, cultural e profissional.

O desafio foi "desarrumar" a casa, ou seja, quebrar a grade curricular e colocar em seu lugar áreas de convivência com o conhecimento, em que o ensino teórico-prático, a extensão, a pesquisa possam conviver indissociáveis e voltados para o objetivo da Faculdade de Serviço Social, tanto na graduação quanto na pós:

> Formar e qualificar assistentes sociais críticos e competentes através de atividades de ensino, pesquisa e extensão, influindo na elaboração e implementação de políticas sociais públicas e na organização e mobilização da sociedade civil, tendo em vista contribuir para o processo de cidadania e democratização da sociedade brasileira.

Este ousar fazer representa o esforço de um trabalho coletivo de construção de uma *política de prática acadêmica* na Faculdade de Serviço Social da UFJF, que obteve o singular privilégio de ser consolidado por uma das mais brilhantes e queridas intelectuais de nosso campo, a professora Marilda Villela Iamamoto, também nossa consultora, que ora nos distingue em um dos capítulos de seu novo livro.

A vontade de acertar está na exata medida da qualidade dos ingredientes utilizados e da participação efetiva dos autores do projeto. É, pois, um exercício de inovação e recriação de idéias e propostas, sujeito a críticas e permanentes avaliações de todos aqueles que acreditam na educação como processo permanente de busca de conhecimento, de emancipação, de liberdade, de desenvolvimento e de felicidade humana.

Ana Maria Costa Amoroso Lima — FSS/UFJF

1. Introdução

Minas não é uma palavra
montanhosa.
É palavra abissal. Minas é dentro
e
fundo...
Ninguém sabe Minas.....................
Só os mineiros sabem. E não dizem
nem a si mesmos o irrevelável
segredo
chamado Minas"

*Carlos Drummond de Andrade**

O presente texto consiste em uma *revisão da política de prática acadêmica da Faculdade de Serviço Social da UFJF*. É parte de um amplo processo de *construção coletiva da proposta de formação profissional da FSS/UFJF*, percorrendo diferentes etapas e envolvendo diversos assessores[350], abrangendo o *ensino teórico e prático, a pesquisa e a extensão*. Sintetiza, portanto, resultados parciais de uma longa e profícua seqüência de debates levados a efeito, ao longo da última década, por essa unidade de ensino. Expressa o permanente empenho, do seu corpo docente e discente, no aperfeiçoamento de seu projeto acadêmico-profissional enraizado no movimento histórico de transformação da

---

* DRUMMOND, C. A. "A palavra Minas". In: As impurezas do branco. *Carlos Drummond de Andrade. Poesia e Prosa.* Volume único. Rio de Janeiro, Nova Aguilar, 1983, pp. 490-1.

350. Os resultados parciais acumulados encontram-se registrados nos seguintes documentos: FSS/UFJF. *Documento de Revisão Curricular da Faculdade de Serviço Social da UFJF* (1990); FERREIRA, M. S. G. *et alii. Proposta de Política de Prática Acadêmica da Faculdade de Serviço Social* (dez./1993); Coordenação de Curso de Graduação em Serviço Social. *Redefinindo os rumos da Prática Acadêmica* (ago. 1995); NETO, A F. M. *Relatório de Assessoria — 2ª etapa, período março/junho de 1991; I Seminário Interno de Docentes da Faculdade de Serviço Social* (dez. 1994); FSS-UFJF. *Relatório do II Seminário Interno de Docentes da Faculdade de Serviço Social* (março de 1996); FSS-UFJF. *Relatório da Oficina Local da ABESS* (set. 1996). A FSS contou nesse processo com as assessorias de José Paulo Netto (1989/1993); Marilda Villela Iamamoto (1987/1989 e 1996); Ana Maria Quiroga Fausto Neto (1991); Nobuco Kameyama (1992/93) e Luiza Erundina de Souza (1995/1996).

sociedade e na compreensão crítica das profundas mudanças que se processam no mundo contemporâneo, dentro da nova etapa da acumulação capitalista. Mudanças essas impulsionadas pela revolução científica e tecnológica — apoiada na micro-eletrônica, na informática, na robótica, na biotecnologia, entre outros ramos científicos — em um contexto de globalização da produção e dos mercados, nos marcos da ascensão do neoliberalismo e da crise do Leste Europeu. Redimensiona-se a divisão internacional do trabalho e a concorrência intercapitalista, o papel atribuído ao Estado e suas relações com a sociedade civil. Tem lugar um profundo agravamento da questão social, expressão da ampliação dos níveis de desemprego e da exclusão social, da precarização das relações de trabalho e dos direitos sociais diante da retração das políticas sociais públicas. Tais transformações vêm afetando a construção da esfera pública, o campo da cultura e a Universidade.

É reconhecendo e assumindo os inéditos desafios históricos dos anos 1990, que a Associação Brasileira de Ensino em Serviço Social — ABESS — aprovou, em novembro de 1996, uma proposta de novo *currículo mínimo* para o curso de graduação em Serviço Social no país. Promulgada, em dezembro do mesmo ano, a Lei de Diretrizes e Bases para a Educação Nacional (Lei 9 394), a citada proposta de currículo embasou a formulação de Diretrizes Gerais para o Curso de Serviço Social, encaminhadas ao MEC-SESu[351]. E a Faculdade de Serviço Social da UFJF se *antecipa na formulação e implementação de uma política de prática acadêmica, consoante as diretrizes e exigências curriculares propostas pela ABESS, com os olhos voltados para os processos sociais que vêm atribuindo feições distintas à questão social na contemporaneidade.*

351. A autora do presente texto acompanhou o recente processo de revisão curricular na condição privilegiada de participante do grupo de assessoria da Associação Brasileira de Ensino de Serviço Social, de 1995 até a presente data. Participou, ainda, da formulação de *Parecer Técnico* sobre a matéria para o *Conselho Nacional de Educação*, como membro da *Comissão de Especialistas de Ensino em Serviço Social*, do *Departamento de Política do Ensino Superior (DEPES), da Secretaria de Educação Superior (SESu) do Ministério de Educação e do Desporto (MEC)*, durante o ano de 1997.

A política de prática acadêmica, objeto desse documento, expressa a maneira pela qual se articulam, na dinâmica do curso, *o ensino teórico-prático*, a *pesquisa e a extensão*, tendo como estratégia básica a constituição e o funcionamento dos *núcleos temáticos de pesquisa e prática como um componente curricular básico, complementar às disciplinas*. Os núcleos são instâncias de caráter interdepartamental, que congregam, dentro de uma área temática particular, atividades *de pesquisa docente e discente, o estágio curricular e sua orientação acadêmica, o Trabalho de Conclusão de Curso e os projetos de extensão, alimentados por atividades complementares (como cursos, palestras, encontros etc.) e pelas disciplinas curriculares*. Reúnem docentes/pesquisadores de Serviço Social e de áreas conexas, profissionais supervisores, alunos de graduação — podendo se ampliar para a pós-graduação — e abrir-se, ainda, à participação de representantes da sociedade civil organizada no desenvolvimento de projetos específicos, alargando os vínculos da Universidade com a sociedade.

Esta concepção de prática acadêmica *amplia* a proposta original formulada pela FSS/UFJF, que surge tendo como preocupação central *o ensino da prática profissional e o estágio*, como componentes da formação profissional, geralmente secundarizados nos debates curriculares ante as disciplinas teóricas.

A preocupação com a *dimensão investigativa no ensino da prática* marcava presença na proposta inicial, embora circunscrita à *disciplina de Pesquisa em Serviço Social e como atividade discente*. Já a presente proposta reconhece e integra *a pesquisa como atividade fundamental* da vida acadêmica tanto para *professores quanto para os alunos*, como dimensão inerente ao trabalho profissional, indissociável da prática profissional e de seu processo de ensino-aprendizagem.

Outro ponto de inflexão diz respeito *ao maior peso e importância hoje atribuídos à extensão*, resultado do estreitamento das relações entre a Universidade e a sociedade, materializado em projetos de extensão, alguns dos quais sob a coordenação oficial de professores de Serviço Social. O desenvolvimento de vários projetos de extensão[352], em sua maioria de caráter interdisciplinar, envolvendo docentes e discentes de diversas unidades da Universidade, representação de entidades da sociedade civil e do Estado, tornaram a extensão uma realidade que se impõe como dimensão constitutiva de uma política de prática acadêmica. Essa passa a ser, de fato, norteada pelo *princípio da indissociabilidade entre ensino, pesquisa e extensão, já hoje uma meta efetivamente perseguida dentro do projeto acadêmico da ESS/UFJF.*

No lapso de tempo decorrido da formulação inicial da Política de Prática Acadêmica aos dias atuais houve um amadurecimento dessa proposta, impulsionado pelo debate recente sobre a formação profissional em Serviço Social, pelo avanço das atividades de extensão, pela experiência preliminar de implantação dos *núcleos temáticos* de Saúde, Assistência, Movimentos Sociais e Relações de Trabalho[353]. Inúmeras novas demandas se apresentaram criando a necessidade de revisão da distribuição temática dos núcleos — como, por exemplo, o diversificado leque temático e de realidades contempladas no amplo campo da assistência —, requerendo a sua reformulação e a agilização de seu funcionamento.

A prioridade atribuída à efetiva implantação da política de prática acadêmica, nos moldes aqui referidos, traz como conse-

---

352. Podem ser citados: o Programa Nacional da Criança e do Adolescente (PRONAICA), vinculado ao MEC e atingindo os municípios da Zona da Mata Mineira; os projetos vinculados às prefeituras da região no campo da descentralização e do poder local; a parceria com a Secretaria de Saúde do município, através do Serviço de Educação Popular sobre Implementação dos Conselhos Locais de Saúde; o Programa da Universidade da Terceira Idade, com 18 projetos de extensão em andamento e atingindo 300 alunos; o projeto de extensão UFJF/Plano Diretor da Cidade de Juiz de Fora; a representação oficial no Fórum de Intercâmbio Universidade/Movimento Sindical — (FIUMS); o projeto de Extensão vinculado ao Centro de Defesa dos Direitos Humanos — CDDH —, com participação no Fórum Popular de Moradia; a participação no Conselho Municipal do Idoso, no Fórum de Defesa dos Direitos da Criança e do Adolescente (DEDICA). As participações nos fóruns citados são parte de projetos específicos de extensão.

353. A Faculdade de Serviço Social contava no período com o funcionamento, ainda que precário, dos quatro núcleos temáticos referidos, impondo-se a necessidade de sua re-adequação à realidade das atividades de estágio, pesquisa e extensão e a dinamização de seu funcionamento.

qüência uma necessária revisão do conteúdo das matérias curriculares e seus desdobramentos em disciplinas, oficinas, laboratórios, seminários etc. Ou seja, impulsiona uma revisão do conteúdo do ensino ministrado ao longo do curso, assim como uma distribuição mais eqüitativa do tempo de trabalho de docentes e discentes nas atividades de ensino teórico-prático, pesquisa e extensão.

O presente texto encontra-se estruturado em dois momentos, a saber: a) os *fundamentos da política de prática acadêmica*, considerando a concepção de Universidade e o projeto de formação da FSS/UFJF, a nova proposta, elaborada pela ABESS, referente às diretrizes curriculares para o curso de Serviço Social, o redimensionamento da questão social, as novas demandas profissionais e suas refrações na qualificação e nos papéis profissionais; b) os *elementos constitutivos básicos da política de prática acadêmica*, quais sejam, a integração entre ensino, pesquisa e extensão por meio dos núcleos temáticos; a revisão do "ensino da prática", por meio de "oficinas de prática" integradas aos referidos núcleos; o estágio curricular e a pesquisa discente; a supervisão como capacitação para o trabalho profissional; o Trabalho de Conclusão de Curso (TCC). Encontram-se *em anexo* as propostas de Estruturação da Comissão Permanente de Prática Acadêmica (CPPA), responsável pela coordenação dos Núcleos Temáticos de Pesquisa e de Prática (Anexo nº 1); de Normatização do Estágio Supervisionado (Anexo nº 2) e de Normatização do Trabalho de Conclusão de Curso (Anexo nº 3)

2. Os fundamentos da política de prática acadêmica

2.1 A peculiaridade da instituição universitária e sua dimensão pública

Um dos elementos norteadores básicos, que subjaz à formulação da política de prática acadêmica, é a *peculiaridade da instituição universitária e seu caráter público*, como *locus* privilegiado da formação profissional. Partilha-se um ponto de vista de que tendo as instituições de ensino superior um papel fundamental na preservação e transmissão do patrimônio científico e cultural acumulado, suas funções não podem ser reduzidas unilateralmente à transmissão de conhecimentos e à qualificação de mão-de-obra especializada para o atendimento das requisições do mercado de trabalho. Elas têm também uma função pública de produção de novos conhecimentos e tecnologias, de criação artística e cultural, contribuindo para a crítica e a renovação da vida social e cultural. Mas, também, de difusão e democratização da produção acadêmica acumulada, colocada a serviço da coletividade, contribuindo para o seu aperfeiçoamento e para a melhoria da qualidade de vida da população. Isso implica o enraizamento da Universidade na dinâmica da vida social, em níveis nacional e regional, condição para que possa ser um elemento ativo e impulsionador da construção democrática da sociedade brasileira, em seu processo de desenvolvimento socioeconômico e político.

Como sustenta a Associação Nacional de Docentes do Ensino Superior ANDES — Sindicato Nacional:

> A Universidade, como importante patrimônio social, se caracteriza pela sua necessária *dimensão de universalidade na produção e transmissão da experiência cultural e científica da sociedade*. Ela é, essencialmente, um elemento constitutivo de qualquer processo estratégico e de construção da identidade social. Neste sentido a Universidade *é uma instituição social de interesse público*, independente do regime jurídico a que se encontra submetida e da propriedade do patrimônio material a que se vincula.
>
> Esta *dimensão pública das instituições de ensino superior se efetiva simultaneamente pela sua capacidade de representação social, cultural, intelectual e científica*. E a condição básica para o desenvolvimento de sua representatividade é a capacidade de assegurar uma produção do conhecimento inovador e crítico, que exige respeito à diversidade e ao pluralismo. Desta forma não lhe cabe apenas preencher uma função de reprodução de estruturas, relações e valores, mas acolher os diversos elementos que possam constituir questionamentos críticos, indispensáveis para configurá-la como um dos fatores dinâmicos na evolução histórica da sociedade[354].

Solidária com essa perspectiva, a atual política da UFJF define, como seu propósito central, "produzir e difundir conhe-

---

354. SINDICATO NACIONAL DOS DOCENTES DAS INSTITUIÇÕES DE ENSINO SUPERIOR. Proposta da ANDES — Sindicato Nacional para a Universidade Brasileira. *Cadernos ANDES*. Brasília, julho de 1996, 2ª ed. revista e atualizada.

cimentos, formar o ser humano comprometido com a cidadania e a melhoria da qualidade da vida, promover o desenvolvimento da região, inserindo-se à cena mundial contemporânea"[355].

Na mesma direção, a Faculdade de Serviço Social assume como seu desafio:

> Formar e qualificar assistentes sociais críticos e competentes através de atividades de ensino, pesquisa, extensão, influindo na elaboração e implementação de políticas sociais públicas e na organização e mobilização da sociedade civil, tendo em vista contribuir para o processo de cidadania e democratização da sociedade brasileira[356].

Essas considerações indicam que *a qualidade* do ensino superior requer *a indissociável integração entre ensino, pesquisa e extensão*, não apenas como *princípio*, mas como *realidade efetiva* na condução do projeto acadêmico-pedagógico do curso. Essa integração redunda no enriquecimento do projeto, imprimindo-lhe força inventiva e espírito crítico, por meio de formas vivas e dinâmicas de apropriação e elaboração do conhecimento por parte dos docentes e discentes, ao mesmo tempo em que possibilita aliar o trabalho rigoroso, requerido pela produção intelectual, ao prazer da experiência criadora, fertilizada pela convivência democrática na comunidade acadêmica e na interlocução com a sociedade.

É nesse sentido que a Faculdade de Serviço Social assume que,

> (...) com apropriadas condições de trabalho, deverá consolidar-se como centro de produção de conhecimentos, numa perspectiva plural e crítica, integrando atividades de ensino, pesquisa e extensão, formando profissionais qualificados, destacando-se enquanto uma das instituições de referência na organização da sociedade civil, para a construção da democracia plena, defesa da justiça social e conquista da cidadania[357].

---

355. UFJF. Pró-Reitoria de Planejamento e Desenvolvimento. Planejamento Estratégico Participativo Inicial. Juiz de Fora, 29 a 31 de outubro de 1996.

356. UFJF. Pró-Reitoria de Planejamento e Desenvolvimento. *Planejamento Estratégico Participativo da Faculdade de Serviço Social*. Juiz de Fora, 5 de dezembro de 1996.

357. Idem.

O amadurecimento do projeto acadêmico da FSS/UFJF[358] coincide com a nova definição das diretrizes gerais o para o curso de graduação[359], afinando-se com suas linhas norteadoras.

2.2 *O projeto de formação profissional e a proposta de diretrizes curriculares*

A nova proposta de diretrizes curriculares para o curso de graduação em Serviço Social, elaborada pela ABESS, é resultado de um largo acúmulo de debates, troca de experiências e produção acadêmica em torno da formação profissional e revisão curricular. Consta o registro de mais de 200 oficinas de trabalho realizadas em níveis local, regional e nacional, nos anos 1995-96, com a efetiva participação das unidades de ensino no país, sob a coordenação da diretoria da ABESS e com o apoio de um grupo de assessores.

A *proposta básica para o projeto de formação profissional*[360], a partir da qual foi elaborada o projeto das diretrizes curriculares, analisa o Serviço Social como uma das formas de especialização do trabalho coletivo, parte da divisão sócio técnica do trabalho. Assim, o desvendamento de seu significado sócio-histórico implica analisá-lo no quadro das relações entre as classes sociais e destas

---

358. A FSS/UFJF efetuou, a partir de 1988, uma ampla reconstrução de seu projeto acadêmico, englobando a revisão do currículo pleno, que hoje se encontra em processo de avaliação, no sentido de preservar os avanços obtidos e ultrapassar as lacunas identificadas, somando-se ao movimento mais amplo de caráter nacional de revisão da formação profissional em Serviço Social. Ver: FSS/UFJF. *Documento de Revisão Curricular da Faculdade de Serviço Social da UFJF (1990).* Op. cit. Sobre o conjunto dos documentos que retratam aquela reconstrução, conferir nota 350.

359. ABESS-CEDEPSS. "Diretrizes gerais para o curso de Serviço Social". (Com base no currículo mínimo aprovado em Assembléia Geral Extraordinária de 8 de nov. de 1996). In: *Cadernos ABESS nº 7. Formação Profissional: trajetória e desafios.* São Paulo, Cortez, 1996, pp. 58-76.

360. Cf. ABESS/CEDEPSS. "Proposta básica para o projeto de formação profissional". In: *Serviço Social e Sociedade nº 50. O Serviço Social no século XXI.* São Paulo, Cortez, ano XVII, abril de 1996, pp. 143-171. Cf. Também: ABESS/CEDEPSS. "Proposta básica para o projeto de formação profissional. Novos subsídios para o debate". In: *Cadernos ABESS nº 7.* Op. cit., pp. 15-57.

com o Estado, no âmbito dos processos de produção e reprodução da vida social. Neste final de século, nos marcos da globalização, a profissão vem sendo marcadamente afetada pelas profundas transformações que se processam no mundo da produção, na esfera pública e no campo da cultura. A reestruturação produtiva, a reforma do Estado segundo os parâmetros neoliberais, o agravamento da questão social manifesta nas multifacetadas formas de expressão das desigualdades sociais, vêm criando novas estratégias de seu enfrentamento por parte da sociedade civil organizada e do Estado.

Sendo a *questão social a base de fundação do Serviço Social, a construção de propostas profissionais pertinentes requer um atento acompanhamento da dinâmica societária, balizado por recursos teórico-metodológicos, que possibilitem decifrar os processos sociais em seus múltiplos determinantes e expressões, ou seja em sua totalidade.* Exige uma indissociável articulação entre *profissão, conhecimento e realidade*, o que atribui um especial destaque *às atividades investigativas como dimensão constitutiva da ação profissional.*

De fato, a *pesquisa de situações concretas, que são objeto do trabalho do assistente social*, é o caminho necessário para a compreensão dos fenômenos sociais particulares com os quais o Assistente Social lida no seu cotidiano, alimentando a elaboração de propostas de trabalho fincadas na realidade e capazes de acionar as possibilidades de mudança nela existentes. O deciframento dos processos sociais, tanto em suas determinações gerais como em suas expressões particulares, é também o requisito necessário para superar a defasagem entre um discurso teórico genérico sobre a sociedade capitalista e os fenômenos sociais singulares, que requerem respostas do assistente social no campo de trabalho. Defasagem aquela traduzida no reincidente reclamo da "dicotomia entre teoria e prática".

Outro aspecto, que merece destaque na proposta da ABESS anteriormente citada, é o resgate da "prática profissional" como *trabalho e do exercício profissional inscrito em processos de trabalho.* Essa visão permite estabelecer mediações particulares nas relações entre a "prática do assistente social" e a "prática social". Coloca-se em relevo a *centralidade da categoria trabalho* —, como dimensão distintiva e constitutiva do ser social. Dela decorrente, adquirem especial destaque *os elementos integrantes do processo de trabalho — objeto, meios de trabalho e atividade do sujeito — o trabalho e seus resultados —, situados em condições e relações sociais particulares que circunscrevem os processos de trabalho em que o assistente social encontra-se inserido, nas esferas governamental e privada.* A consideração de tais categorias analíticas figura como recurso analítico para decifrar a atividade profissional, em seus componentes tanto materiais quanto sociais. Essa perspectiva teórica permite romper a tendência de focar o Serviço Social em si mesmo, como se fosse descolado do conjunto de relações e condições sociais que conformam os diversos processos de trabalho dos quais participa o assistente social como um dos trabalhadores especializados, ao lado de vários outros. Em outros termos, reconhece *o assistente social como parte de um trabalhador coletivo*, no âmbito do Estado, de empresas privadas, de entidades filantrópicas e/ou organizações não governamentais. Por outro lado, não isenta a necessidade de colocar em relevo as características distintivas desta especialização do trabalho, *clarificando a sua identidade na relação com outras profissões.*

Aproxima-se o Serviço Social da ampla literatura referente ao mundo do trabalho, fazendo com que as mudanças que ora ocorrem na órbita da produção, do mercado e do Estado não sejam tratadas como mero pano de fundo que contextualiza o exercício profissional, mas como fatores que o constituem, alterando historicamente as demandas, funções e requisitos de qualificação do assistente social.

2.3 As políticas sociais públicas e as demandas profissionais

Ao longo de seu desenvolvimento, o Serviço Social foi requerido por organismos estatais, empresariais e filantrópicos, como uma profissão *fundamentalmente interventiva*, situada no âmbito da prestação de serviços sociais previstos pelas políticas sociais públicas e privadas[361] ou, nos termos de Netto[362], como "executora terminal de políticas sociais".

A Carta Constitucional de 1988 trouxe uma ampliação do campo dos direitos sociais, sendo por isso reconhecida como a "Constituição cidadã". A normatização desses direitos abre novas frentes de lutas no zelo pela sua efetivação, preservando o princípio de universalidade em sua abrangência a todos os cidadãos.

A assistência social é reconhecida, pela primeira vez, como uma *política pública*, dever do Estado e direito de cidadania, partícipe da seguridade social, assentada no *tripé da saúde, previdência e assistência, campo privilegiado da atuação do Serviço Social.* Amplia-se a possibilidade de ingerência da sociedade civil organizada na formulação, gestão e controle das políticas sociais. Os mecanismos privilegiados são, além dos movimentos sociais organizados, os Conselhos municipais, estaduais e nacionais no marco dessas políticas e os Conselhos de Defesa dos Direitos dos segmentos prioritariamente contemplados pela política de assistência social: criança e adolescente, idosos e deficientes.

Abrem-se, portanto, novos canais de participação que podem contribuir para a construção da esfera pública, para contrarrestar a tradição política brasileira excludente, assentada na privatização da *coisa pública*, consubstanciada nas várias versões do coronelismo, do populismo, no uso do fundo público em função de interesses particulares, nas restrições à universalização da cidadania.

A participação referida recusa a condição dos cidadãos como "maioria silenciosa" ou "clientes" dos detentores do poder econômico e político; ou ainda, "consumidores de mercadorias", caricatura de uma cidadania estabelecida pelas regras de mercado. Isto porque entende-se que *a participação da sociedade civil organizada representa partilhamento de poder, interferência decisória na formulação, execução e fiscalização das políticas sociais públicas, e, portanto, na redistribuição e emprego do*

---

361. Cf. IAMAMOTO, M. V. "O Serviço Social no processo de reprodução das relações sociais". In: IAMAMOTO, M. V. e CARVALHO, R. *Relações Sociais e Serviço Social no Brasil.* São Paulo, Cortez/Celats, 1982.

362. NETTO, J. P. *Capitalismo monopolista e Serviço Social.* São Paulo, Cortez, 1994.

fundo público[363] *para a maioria da população.* O cidadão é reconhecido como sujeito do poder e da história, presente na multiplicidade dos espaços sociais e políticos, capaz de ter ingerência na direção intelectual e moral da vida pública na defesa da democracia plena.[364]

A estratégia participativa torna-se fundamental em um contexto em que se verifica a retração do Estado em suas responsabilidades sociais e, na contrapartida, a sua ampliação para o atendimento dos interesses do grande capital financeiro. Verifica-se uma clara tendência de transferência daquelas responsabilidades para a sociedade. A isso se soma a relativa desarticulação dos movimentos sociais e o enfraquecimento da organização sindical em um contexto de crescimento de desemprego, do trabalho "informal", temporário, reforçado pela reorganização nas formas de produção, de contratação e gestão do trabalho, que afeta direitos já conquistados.

A descentralização político-administrativa e a municipalização das políticas sociais vêm representando uma possibilidade de alargamento do espaço ocupacional dos assistentes sociais no âmbito da *formulação, gestão e avaliação de políticas, podendo impulsionar a participação na direção apontada.*

Verifica-se hoje a diversificação da demanda desse profissional para mais além da linha executiva, abrangendo *pesquisas, planejamentos, assessorias e consultorias, capacitação, treinamentos, gerenciamento de recursos e projetos.* Crescem os trabalhos *em parcerias interinstitucionais e em equipes multidisciplinares.* Observa-se uma clara tendência de superação da perspectiva restrita das especializações, afirmando-se a preferência por um *profissional competente em sua área de desempenho, mas generalista em sua formação intelectual e cultural, munido de um acervo amplo de informações em um mundo cada vez mais globalizado, capaz de apresentar propostas criativas e inovadoras.*

---

363. Ver: OLIVEIRA, F. "O surgimento do anti-valor". *Novos Estudos CEBRAP, nº 22.* São Paulo, out. 1988, p. 2-28; ______. "A economia política da social democracia". *Revista USP nº 17.* São Paulo mar./abr., 1993, pp. 136-143.

364. Sobre a concepção de participação, ver: "Participação popular: o outro lado da moeda". In: BITTAR, J. (Org.). *O modo petista de governar. Caderno Especial de Teoria & Debate.* São Paulo, Teoria e Debate, 2. ed., 1992, pp. 209-224.

A restrição de dotações orçamentarias para os programas sociais consoante os princípios de "enxugamento" do Estado, preconizado pelos preceitos neoliberais, requer *domínio na leitura e aplicação dos orçamentos*, tendo em vista potenciar o emprego de recursos para o atendimento das necessidades e prioridades apresentadas pela coletividade. A identificação dessas necessidades e prioridades supõe um *cuidadoso acompanhamento da realidade social local e regional* e um *criterioso conhecimento da população usuária dos serviços sociais*, tanto em suas condições de vida material, como em sua subjetividade, reconhecendo representações sociais e expressões culturais dos diferentes segmentos sociais.

Importa registrar a diversificação das entidades demandantes do Serviço Social ante o crescimento das Organizações Não-Governamentais — ONGs — vinculadas à defesa dos direitos humanos e prestação de serviços neste campo, que passam a contratar profissionais universitários na implementação de seus projetos sociais.

Às atuais alterações que se processam na esfera do Estado em suas relações com a sociedade, soma-se a revolução tecnológica de base micro-eletrônica e suas refrações na produção, nos marcos da "acumulação flexível", atingindo as formas de organização e gestão do trabalho.

2.4. As mudanças nas formas de produção e gestão do trabalho[365]

A expansão do Serviço Social no Brasil é indissociável do padrão de desenvolvimento do pós-guerra, sob a hegemonia norte-americana tencionada pela guerra fria, durante o largo ciclo expansionista da economia internacional, ao longo de três décadas. Este período se caracteriza pela expansão da atividade industrial,

365. Recupera-se aqui sugestões de análise contidas em texto de minha autoria, recentemente publicado: Ver: IAMAMOTO, M. V. O Serviço Social na contemporaneidade: os fundamentos teórico-metodológicos e técnico-operativos do trabalho profissional". In: *Metodologias e técnicas do Serviço Social. Cadernos Técnicos nº 23*. Brasília, CNI/SESI-DN, 1996, pp. 9-15.

regida pelos princípios do *taylorismo e do fordismo*[366], como estratégias de racionalização e organização da produção. Impulsiona ganhos de produtividade, acompanhado de um reconhecimento da organização sindical da classe operária. A expansão econômica é ainda sustentada, ao nível do poder estatal, pelas *políticas keynesianas anticíclicas*, voltadas ao pleno emprego, à administração dos gastos governamentais e implantação de uma rede de serviços sociais públicos. Favorece a liberação de parcela da renda familiar para o consumo de massa, fator impulsionador do crescimento econômico. O Estado canaliza, assim, o *fundo público* tanto para o financiamento do capital, como da reprodução da força de trabalho, cujos custos são socializados.

A partir da década de 1960, indícios de esgotamento desse padrão de desenvolvimento começam a emergir e vão eclodir na crise dos anos 1970, com claros sinais de estagnação da economia capitalista e altos índices inflacionários. Desdobram-se em mudanças nas *formas de regulação capitalistas*, também impulsionadas pela crise do leste europeu. Estabelece-se um novo padrão de acumulação, traduzido na "acumulação flexível"[367], apoiada na *flexibilidade* dos processos de trabalho, do mercado de trabalho, dos produtos e padrões de consumo. Surgem inovações comerciais, tecnológicas e organizacionais, concomitante ao aprofundamento das desigualdades de desenvolvimento entre regiões e setores, verificando-se uma ampla expansão do setor de serviços.

Essas radicais mudanças na divisão social e técnica do trabalho, viabilizada pelas revoluções científica e tecnológica, afetam tanto *as formas de produção*, quanto *as de gestão da força de trabalho*, para responder aos padrões de qualidade, competitividade e rentabilidade da produção estabelecidos pela competitividade capitalista internacional.

Observa-se o estímulo de *estratégias participativas*, do trabalho em equipe, que requerem o envolvimento dos trabalhadores com as metas da *qualidade e produtividade das empresas*. Surge

---

366. Entre outros: ANTUNES, R. *Adeus ao trabalho. Ensaios sobre as metamorfoses e centralidade do mundo do Trabalho*. São Paulo, Cortez, 1995; MATTOSO. J. *A desordem do trabalho*. São Paulo, Scritta, 1995.

367. HARVEY, D. *A condição pós-moderna*. São Paulo, Loyola, 1993.

o *trabalhador polivalente*, que é chamado a exercer múltiplas tarefas ao mesmo tempo e com o mesmo salário, verificando se um *movimento de construção/desconstrução de habilidades e qualificações*. É intensa *a racionalização do emprego da força de trabalho*, sua conseqüente redução e a *precarização das relações e dos direitos do trabalho*. Cresce a *demanda de trabalhadores temporários, subcontratados, e a recriação das formas de trabalho familiar e em domicílio*. Amplia-se o *desemprego estrutural*.

As alterações na esfera do trabalho aqui ilustradas afetam *transversalmente o espaço ocupacional do assistente social, ao nível das condições de trabalho, das demandas apresentadas, das funções desempenhadas, das propostas de trabalho do Serviço Social e da qualificação exigida*.

Nesse quadro histórico, de radicais transformações na vida social, exige-se que a formação universitária as contemple, antecipando-se inclusive às demandas instituídas, demonstrando as novas possibilidades de inserção do assistente social no mercado de trabalho. Isso implica assumir a historicidade do Serviço Social, reconhecendo que se transforma ao se transformarem as relações e condições sociais nas quais se inscreve. Exige, pois, a recusa de qualquer leitura que redunde no engessamento ou coisificação da profissão. Esse é um desafio para a formação profissional, cujo antídoto está na aproximação da Universidade à dinâmica da sociedade, ativando suas mútuas relações, como condição para o cumprimento das funções próprias dessa instituição.

2.5 O "ensino da prática" no âmbito da formação em Serviço Social

Uma outra preocupação, que fundamenta a presente proposta de prática acadêmica, é relativa ao tratamento do *"ensino da prática" em suas dimensões teórica, ético-política e técnica*. Esse, nos cursos de Serviço Social, está intimamente vinculado ao estágio, como atividade curricular obrigatória, dada a dimensão teórico-prática da profissão. O estágio é um dos espaços privilegiados de contato direto dos acadêmicos com o cotidiano institucional no mercado de trabalho, como as experiências de trabalho desenvolvidas por assistentes sociais e outros profissionais afins.

Entretanto, o debate sobre a formação profissional, na última década, relegou *a um plano secundário as revisões atinentes ao "ensino da prática"*, registrando maiores avanços no sentido de uma formação teórico-metodológica mais consistente, pressuposto necessário, mas insuficiente, para o ensino da prática e o seu deciframento. São reincidentes as constatações, por vezes pouco qualificadas e imprecisas, quanto à "falta de articulação entre teoria e prática", à "carência de instrumentalização técnico-operativa nos cursos", aos "dilemas da supervisão de estágio"[368].

A dimensão da prática na formação profissional tem sido assim considerada o "primo pobre" nas revisões curriculares, assumindo uma posição residual e de pouca relevância na produção acadêmica especializada, ainda que seja um tema inquietante no cotidiano do ensino[369]. Entretanto, poucas unidades de ensino têm, de fato, definida uma política de prática acadêmica e, dentro desta, uma política de pesquisa e de estágio. Ao mesmo tempo, esta dimensão da formação profissional não chegou a galgar uma posição de prioridade nos debates da ABESS, embora propostas alternativas tenham sido ensaiadas, como experiências isoladas no cenário da formação em Serviço Social no país.

Coloca-se, pois, como um dos problemas centrais, *a mediação entre o "ensino teórico" e o "ensino da prática", para que o discente se aproprie de um instrumental de análise e, pela apreensão crítica de situações singulares, possa compreender a particularidade de seu objeto de investigação e intervenção*[370].

---

368. A temática tem sido uma constante nos Congressos Brasileiros de Assistentes Sociais — CBAS — marcando presença no último Encontro Nacional de Pesquisa em Serviço Social — V ENPESS — promovido pela ABESS/CEDEPSS, realizado no Rio de Janeiro, na Universidade Estadual do Rio de Janeiro — UERJ, em novembro de 1996.

369. Ver: FERREIRA, M. G. S. *et alii. Proposta de política de prática acadêmica. Faculdade de Serviço Social da UFJF*. Op. cit. Uma problematização sobre os dilemas e perspectivas do ensino da prática elaborado a partir de análises efetuadas na ESS/UFRJ encontra-se em IAMAMOTO, M. V. "O ensino da prática no Serviço Social". In: IAMAMOTO, M. V. *Renovação e conservadorismo no Serviço Social. Ensaios críticos*. São Paulo, Cortez, 1992. É, entretanto, patente a carência de produção acadêmica sobre o tema na área de Serviço Social.

370. FERREIRA, M. G. S. *et alii*. Op. cit., p. 5. As considerações subseqüentes sobre o ensino da prática resgatam elementos contidos nesse documento.

O perfil profissional que a FSS busca construir engloba *a qualificação teórica com fundamentação teórico-metodológica e técnico-instrumental* apoiada nas principais vertentes das ciências sociais e da teoria social crítica, *aliada à uma formação ético-política.* Qualificação essa que permita analisar o contexto conjuntural, identificando as forças sociais aí presentes para definir estratégias de ação profissional, no sentido de otimizar a eficácia do trabalho do assistente social e efetivar os princípios e compromissos estabelecidos no Código de Ética do assistente social em vigor.[371]

Em outros termos, o propósito que vem sendo perseguido pela FSS/UFJF, desde 1990, é assegurar "uma elevada qualificação teórica, sedimentada numa concepção totalizadora do conhecimento e aliada à instrumentalização técnico-operativa necessária à formação de quadros profissionais, capazes de inserir-se crítica e eficazmente no mercado de trabalho"[372].

Tal propósito supõe reconhecer que *o "ensino da prática", ainda que tendo o estágio como base, envolve a tríplice dimensão de ensino, pesquisa e extensão*, na perspectiva *interdisciplinar e/ou transdisciplinar*, abrindo-se o debate sobre os rumos da ciência na atualidade. O trabalho acadêmico está direcionado para assegurar uma formação teórico-prática, respaldada em um sólida fundamentação teórico-metodológica e ético-política. Fundamentação esta que permita a compreensão do Serviço Social como trabalho profissional inserido na divisão social e técnica do trabalho, nos marcos da realidade histórica do país, apreendida em suas determinações estruturais e conjunturais. Destaque especial recai sobre a natureza, expressões e características da questão social e as formas de enfrentá-la, por meio das lutas sociais e das políticas sociais públicas e privadas. E ainda sobre os fatores intervenientes na formulação, implementação e reformulação dessas políticas. Requer a *capacitação na investigação para a produção de conhecimentos sobre a realidade*, ou seja, sobre os processos

---

371. Conselho Federal de Assistentes Sociais (CFESS). *Código de Ética do Assistente Social.* Brasília, 1993.

372. FSS/UFJF. *Documento de Revisão Curricular*, 1990. Op. cit.

sociais nos quais incide o trabalho do assistente social, cultivando *a permanente postura investigativa no exercício profissional.* A esta alia-se a *capacitação técnico-operativa para organizar e efetivar a ação*, complementando a instrumentalização do estudante.

Pode-se concluir, portanto, que a política de prática acadêmica engloba as diferentes dimensões da vida universitária, a saber, o *ensino teórico-prático, a pesquisa e a extensão.*

3. As dimensões da política de prática acadêmica

A política de prática acadêmica é regida pela *integração entre o ensino teórico e prático, a pesquisa e a extensão*, por meio das disciplinas curriculares e dos núcleos temáticos de prática e pesquisa. Sendo os *núcleos temáticos* estratégias de articulação entre aquelas três dimensões indissociáveis da instituição universitária, faz-se necessário explicitar a compreensão que se tem de cada uma delas. Atribuir visibilidade aos seus traços distintivos é pressuposto para se estabelecer suas inter-relações.

3.1 A extensão

A extensão é um "processo educativo, cultural e científico que articula o ensino e a pesquisa de forma indissociável e viabiliza a relação transformadora entre a universidade e a sociedade"[373]. Concretiza-se em um conjunto de atividades que constrói *um vínculo orgânico entre a universidade e os interesses e necessidades da sociedade organizada em seus diversos níveis.* Vem assim permitindo o fortalecimento dos vínculos da FSS com a realidade do município e da região — em especial a Zona da Mata Mineira — pela realização de programas de alcance social e de interesse para a formação profissional. Contribui, ao mesmo tempo, para a divulgação da qualidade das atividades acadêmicas

---

373. Fórum Nacional de Pró-Reitores de Extensão, 1987. *Apud* MEC/UFJF/Pró-Reitoria de Assuntos Comunitários. *A extensão na UFJF*. Op. cit.

realizadas e dos serviços prestados pela unidade de ensino e/ou universidade.

Um dos traços distintivos da extensão é, pois, *o atendimento às demandas sociais por meio de projetos e atividades de ensino e pesquisa, permitindo a expansão da Universidade para além de suas fronteiras internas. A extensão concretiza e alarga a dimensão pública da instituição universitária — a serviço da coletividade —, democratizando-a e revertendo suas atividades em um reforço da esfera pública.*

A extensão não se reduz, portanto, a um laboratório ou supermercado de prestação de serviços definidos pela estrutura técnica ou burocrática da Universidade, impostos à população de cima para baixo, à revelia dos interesses e necessidades dos diferentes segmentos a que se dirige. Nem pode ser uma "substituição" de responsabilidades afetas ao poder público municipal/estadual. Ao contrário, as atividades desenvolvidas nos programas de extensão devem somar esforços e potenciar recursos por meio de parcerias com outras instituições. Devem também incidir sobre reais prioridades identificadas pelos seus usuários, acionando e apoiando suas iniciativas, abrindo espaço decisório à sociedade por intermédio de suas entidades representativas no estabelecimento de demandas e prioridades a serem atendidas.

Os distintos projetos de extensão levados a efeito pela Universidade, quando incidentes sobre um mesmo espaço ou temática, devem ser articulados, a fim de evitar-se o paralelismo ou superposição de ações. Recomenda-se uma interlocução permanente entre os projetos em andamento, o que exige uma articulação com outras unidades de ensino e Pró-Reitoria afim, preservando o caráter interdisciplinar.

As frentes de extensão levadas a efeito pela FSS requerem uma articulação com as linhas de pesquisa em andamento e a política de estágio. Busca-se dar um *trato extensionista ao estágio e à pesquisa*. Isto é, a pesquisa deve subsidiar a identificação, o conhecimento e a seleção das demandas da região, assim como as prioridades ou necessidades que serão objeto da extensão. Por outro lado, os estágios de Serviço Social, ainda que constando como atividade obrigatória de ensino, implicam atividades de pesquisa e prestações de serviços sociais para um público geralmente externo à comunidade universitária. Realizam-se, sob supervisão acadêmica e profissional, em parcerias com organismos estatais, organizações empresariais, filantrópicas, ONGs e movimentos sociais, atendendo às demandas da sociedade. Os estágios, na sua maioria, apresentam, portanto, um caráter de extensão, ainda que sendo também e prioritariamente um campo de ensino-aprendizagem.

3.2 A pesquisa

A pesquisa ocupa um papel *fundamental* no processo de formação profissional do assistente social, atividade privilegiada para a *solidificação dos laços entre o ensino universitário e a realidade social* e para *a soldagem das dimensões teórico-metodológicas e prático-operativas do Serviço Social*, indissociáveis de seus *componentes ético-políticos.*

Sendo o Serviço Social uma profissão — e, como tal, dotado de uma dimensão *prático-interventiva* — supõe uma bagagem teórico-metodológica como recurso para a *explicação da vida social*, que permita vislumbrar *possibilidades de interferência nos processos sociais.* Para isso a apropriação do acervo teórico-metodológico legado pelas ciências sociais e humanas e pela teoria social crítica, como pressuposto para iluminar a leitura da realidade, afigura-se como requisito indispensável, mas insuficiente. *A dinamicidade dos processos históricos requer a permanente pesquisa de suas expressões concretas informando a elaboração de propostas de trabalho que sejam factíveis, isto é, capazes de impulsionar a realização das mudanças pretendidas.* Em outros termos, *o domínio teórico-metodológico só se atualiza e adquire eficácia quando aliado à pesquisa da realidade*, isto é, dos fenômenos históricos particulares que são objetos do conhecimento e da ação do assistente social.

É nesse sentido que o projeto de formação profissional proposto pela ABESS reconhece ser "*o resgate da conjunção entre rigor teórico-metodológico e acompanhamento da dinâmica societária que permitirá atribuir um novo estatuto à dimensão interventiva e operativa da profissão*"[374].

Essa é uma condição indispensável para *romper com as concepções tecnicista e politicista da ação profissional.* Concepções essas, que diluem a particularidade social do trabalho profissional seja numa rede de regras sobre seus procedimentos operativos, seja na militância política.

A *pesquisa concreta de situações concretas* é ainda uma condição essencial para ultrapassar uma *visão teoricista da competência profissional*, restringida parcialmente à apropriação teórico-sistemática das principais matrizes do pensamento social — do positivismo aos marxismos —, mas descolada de uma base de informação histórica sobre a sociedade brasileira e, nela, dos novos determinantes e expressões da questão social na atualidade, matéria-prima do trabalho do Serviço Social. Esse último impasse é mais sutil, porque constrói um discurso acadêmico genérico, envernizado teoricamente, mas estéril no desvendamento dos processos sociais que circunscrevem o exercício do Serviço Social na sociedade brasileira, porque dela alijado.

Faz-se necessário, pois, que a formação profissional sofra um "*encharcamento*" *de informações históricas sobre a sociedade brasileira, em suas faces rural e urbana*, tendo como foco a produção e reprodução da questão social em suas expressões nacionais, regionais e municipais, construindo-se *uma indissolúvel aliança entre teoria e realidade, necessariamente alimentada pela pesquisa.*

A pesquisa docente e discente, na graduação e pós-graduação, é um recurso indispensável para a *compreensão das múltiplas formas de desigualdades sociais e dos processos de exclusão delas decorrentes — econômicos, políticos e culturais —, sua vivência e enfrentamento pelos sujeitos sociais na diversidade de sua condição de classe, gênero, raça e etnia.* Ora, é este o terreno de onde emanam as demandas profissionais por parte do

---

374. ABESS/CEDEPSS. "*Proposta básica para o projeto de formação profissional. Novos subsídios para o debate*". Op. cit., p. 5.

Estado, o empresariado, de outros segmentos da sociedade civil que atuam no amplo campo da pobreza e da exclusão. É também o "chão" para a construção das respostas do Serviço Social, consubstanciadas em propostas de trabalho nos marcos das políticas sociais públicas e privadas e das lutas dos vários segmentos sociais pela preservação de suas condições de vida e trabalho, dos direitos sociais e humanos.

A preocupação com pesquisa no Serviço Social teve um largo impulso nos anos 1980. Vários encontros nacionais de pesquisa e/ou pesquisadores em Serviço Social foram realizados de 1983 a 1990[375]. Os temas polarizadores estavam centrados na *formação profissional, movimentos sociais urbanos, políticas sociais do Estado* (especialmente, saúde e assistência), *história, teoria e metodologia no Serviço Social.*[376] Na década de 1990, assiste-se a uma *diversificação temática* no campo da pesquisa em Serviço Social[377], o que pode ser ilustrado pelas comunicações apresentadas no último Congresso Brasileiro de Assistentes Sociais — 8º CBAS —, distribuídas em torno dos seguintes temas: a seguridade social pública e privada — assistência social, saúde, previdência —, educação, infância e juventude; o Serviço Social nas relações de trabalho; formação profissional do assistente social; Serviço Social ante as relações de gênero, e etnia; dimensão ética da prática do assistente social; Serviço Social ante a política de habitação e saneamento; movimentos sociais rurais e urbanos na

375. Data de 1983, o *I Encontro Nacional de Pesquisa em Serviço Social* realizado em São Luiz, no Maranhão, pela ABESS, com o apoio do CNPq, seguido do II Encontro em Salvador, em 1984 e do III Encontro, em Campinas (SP), em 1987, nos mesmos moldes. A partir da 1989, tem início os Encontros Nacionais de Pesquisadores em Serviço Social (ENPESS), promovido pela ABESS/CEDEPS, em Brasília. O V ENPESS teve lugar no Rio de Janeiro na UERJ, em novembro de 1996. Ver dados a respeito em: IAMAMOTO, M. V. *et alii*. "Relatório avaliativo da área de pós-graduação em Serviço Social (período 1978-1989)". *Serviço Social e Sociedade nº 38*. São Paulo, Cortez, ano XII, abr. 1992, pp. 141-166.

376. Dados da CAPES, constantes no "*Relatório Avaliativo da área de pós-graduação em Serviço Social (1987-1990)*. Op. cit.

377. Para um quadro mais preciso do panorama recente da pesquisa em Serviço Social, ver levantamento efetuado por KAMEYAMA (1996) na Escola de Serviço Social da UFRJ.

atualidade; prática do Serviço Social junto à população idosa; desafios teórico-políticos do Serviço Social ante o neoliberalismo.

A FSS/UFJF *estabelece*, hoje, como *linhas de pesquisa para os núcleos temáticos de pesquisa e prática*, os seguintes temas prioritários: a) *seguridade social (saúde, assistência e previdência)*; b) *terceira idade*; c) *movimentos sociais e poder local*; d) *família, relações de gênero e criança e adolescente*; e) *relações de trabalho*; f) *formação profissional e mercado de trabalho*. Esses são objetos de estudo socialmente relevantes para o exercício profissional na sociedade brasileira contemporânea, estabelecendo as bases para a reorganização dos núcleos. São temáticas que atualmente *articulam as áreas de estágios dos alunos e os interesses dos docentes no campo da investigação.*

Faz-se, pois, necessário *a consolidação de uma política de pesquisa na FSS/UFJF* que, contemplando temáticas relevantes com as supra citadas, integre o estágio, os projetos de extensão, o TCC, a produção docente, a iniciação científica e a pesquisa curricular por meio dos Núcleos temáticos. O fortalecimento de uma política de pesquisa é ainda pré-condição para o desenvolvimento da área de pós-graduação[378].

A dinamização da pesquisa é um dos principais desafios dessa unidade de ensino na efetivação da presente política de prática acadêmica, porque é a dimensão que dispõe de menos investimento coletivo acumulado. E o envolvimento dos docentes em atividades de pesquisa é o centro da questão, dele dependendo também a iniciação científica.

Para responder este desafio faz-se necessário o intercâmbio com outros pesquisadores qualificados e com maior experiência, investindo-se em parcerias e assessorias como estratégias de capacitação continuada do corpo docente.

Salienta-se a necessidade da FSS organizar e manter um *banco de dados atualizado sobre a questão social no município*

---

378. A FSS/UFJF já desenvolveu dois cursos de especialização, em nível de pós-graduação *lato sensu*: *Serviço Social aplicado à área de Saúde* (1993-95) e o curso pioneiro sobre *Saúde da Família* (1995-1996). Atualmente existe outro curso em funcionamento sobre o *Serviço Social na esfera judiciária*.

de Juiz de Fora, abrangendo ainda, na medida do possível, a Zona da Mata mineira. Essa atividade poderá ser partilhada com outras unidades do Instituto de Ciências Humanas e Letras da UFJF.

3.3 O ensino teórico-prático

A proposta de formação profissional, que embasa o novo currículo mínimo, constrói a organização do ensino teórico-prático do Serviço Social a partir de três *núcleos de fundamentação complementares, que congregam um conjunto de conhecimentos necessários, em diferentes níveis de abstração, à compreensão do trabalho do assistente social na sociedade presente.*

São eles: o *núcleo de fundamentos teórico-metodológicos da vida social; o núcleo de fundamentos da formação sócio-histórica da sociedade brasileira e o núcleo de fundamentos do trabalho profissional.*[379]

A revisão das *matérias* — e respectivas *ementas* —, consideradas indispensáveis à qualificação de assistentes sociais nesta mudança de século, exige uma revisão global do currículo pleno do conjunto das unidades de ensino em Serviço Social do país. A presente proposta já é uma expressão da iniciativa da UFJF nessa direção, que deve ser complementada com a revisão das demais disciplinas do curso e outros componentes curriculares, preservando as conquistas já consolidadas e ultrapassando impasses atualmente já identificados[380].

Privilegia-se, aqui, no nível do ensino teórico prático, alguns de seus componentes que são articulados pelos Núcleos Temáticos de Pesquisa e Prática, quais sejam: *o Estágio Supervisionado, o Trabalho de Conclusão de Curso; as Oficinas de Prática e as Oficinas de Supervisão*, além de indicativos sobre as disciplinas

---

379. ABESS/CEDEPSS. *Proposta básica para o projeto de formação profissional.* Op. cit.; ______. *Currículo mínimo para o curso de Serviço Social.* Op. cit.

380. FSS/UFJF. *Relatório da Oficina Local da ABESS.* Juiz de Fora, set. 1996. Op. cit.

de *Pesquisa em Serviço Social* e *Estratégias e Técnicas no Serviço Social*[381].

4. Núcleos Temáticos de Pesquisa e Prática

4.1 Caracterização dos núcleos

Considerando que as disciplinas curriculares e suas respectivas ementas não serão objeto do presente documento[382], cabe um especial destaque à caracterização dos *Núcleos Temáticos de Pesquisa e Prática.*

Os Núcleos Temáticos, instâncias pedagógicas que integram ensino, pesquisa e extensão, são responsáveis academicamente pela organização e efetivação da prática acadêmica no que se refere às suas respectivas áreas temáticas. No espaço dos núcleos aglutinam-se *pesquisas* em desenvolvimento na unidade de ensino, *projetos de iniciação científica e trabalhos de conclusão de curso; as oficinas de prática, o estágio e sua orientação acadêmica; projetos e atividades de extensão, assessorias/consultorias e atividades complementares* levados a efeito nas relações entre a universidade e a sociedade[383].

Os Núcleos Temáticos congregam, portanto, atividades tais como planejamento e efetivação de pesquisas sobre situações concretas no âmbito da questão social — objeto de trabalho do assistente social; sistematização e produção de conhecimentos

---

381. Estes temas são objetos do item 4 deste texto.

382. O conjunto das disciplinas curriculares com suas respectivas ementas *não consta deste documento.* Em função da proposta de diretrizes curriculares para os cursos de Serviço Social, a FSS/UFJF estará realizando, no decorrer de 1987-88, uma avaliação de seu currículo pleno, a partir da experiência acumulada, dos princípios estabelecidos neste documento e das matérias constantes nas referidas diretrizes curriculares. É importante lembrar que a presente proposta de política acadêmica foi elaborada consoante a concepção de formação profissional que informa a revisão curricular para os cursos de Serviço Social.

383. Os elementos constitutivos dos Núcleos serão tratados mais detalhadamente a seguir.

teórico-metodológicos e instrumentais no âmbito de suas respectivas áreas temáticas, impulsionando a formulação de respostas profissionais criativas e condizentes com os objetivos profissionais.

A formação teórica metodológica e operativa assegurada dos núcleos está voltada para o atendimento das demandas postas no mercado de trabalho e identificação de novas necessidades sociais, que possibilitem a ampliação e diversificação do espaço ocupacional do Serviço Social.

Pela sua composição diversificada e em função dos múltiplos canais de contato com a realidade social, os Núcleos Temáticos de Pesquisa e Prática devem funcionar como *catalizadores e antecipadores de demandas no campo do conhecimento e da ação profissional, ou como* "antenas radares das demandas da realidade social e da exigência de competência profissional teórico-operativa para articular respostas, adiantando-se às demandas sociais"[384]. Mas, também, como impulsionadores da *renovação dos conteúdos programáticos das disciplinas do curso*, sugerindo alterações em função das descobertas efetuadas a partir do acompanhamento da dinâmica da realidade na área temática que lhe é concernente.

Tendo por base os fundamentos da proposta de política acadêmica apresentados, estabeleceu-se critérios de *prioridades para os núcleos de pesquisa e prática*[385], que dão o norte para as políticas de pesquisa, de estágio e de extensão.

Os critérios contemplam:

a) o estreitamento de laços da *Universidade com a sociedade política e a sociedade civil*, respondendo a demandas de órgãos públicos (Poder Legislativo, Executivo e Judiciário), entidades e associações representativas da sociedade civil (sindicato, empresas, categorias profissionais, organizações populares etc.) e, concomi-

---

384. WANDERLEY, M. B. (Org.). *Pontifícia Universidade Católica de São Paulo. Faculdade de Serviço Social. Currículo do Curso de Serviço Social.* São Paulo, PUC-SP, 1996, p. 23. Nesta revisão da prática acadêmica da FSS/UFJF foram incorporadas sugestões presentes na proposta da PUC-SP.

385. Os critérios de prioridade aqui indicados são compatíveis com as diretrizes formuladas para a extensão e pesquisa na UFJF.

tantemente, alargando canais de participação da sociedade na Universidade;

b) a interiorização da Universidade no contexto regional, contribuindo para o seu desenvolvimento econômico, sociopolítico e cultural;

c) o estabelecimento de mecanismos de integração entre o saber acadêmico e o saber popular, entre a produção acadêmica e as lutas sociais por direitos humanos e sociais;

d) o fomento de intercâmbio e cooperação técnica com Universidades e entidades de pesquisa do país e do exterior, como instrumento de desenvolvimento científico e de formação de profissionais/pesquisadores;

e) a possibilidade de *integrar estágio, projetos de pesquisa e de extensão*;

f) a existência de *campos de maior concentração profissional e/ou campos emergentes com potencial para ampliação da cidadania*, que ofereçam condições para práticas inovadoras;

g) as *tendências do mercado profissional de trabalho*, expressas nas demandas dominantes já instituídas e as instituintes;

h) a possibilidade de um trabalho *interdisciplinar* no interior da comunidade universitária e fora dela;

i) o potencial para o desenvolvimento de *pesquisas sobre os processos sociais constitutivos na sociedade brasileira atual*, em suas determinações gerais e em suas expressões particulares e singulares;

j) a realização de pesquisas que versem sobre *situações concretas que são objeto do trabalho do assistente social*, visando explicá-las e, a partir delas, formular propostas de trabalho profissional conciliadas com a realidade, que permitam acionar tendências de mudanças nela presentes;

k) a possibilidade de obtenção de *bolsas de pesquisa, extensão e treinamento profissional e/ou outras fontes de apoio financeiro aos estagiários e pesquisadores*, para dar suporte, ao nível de recursos humanos, materiais e financeiros, às atividades de extensão e/ou pesquisa, viabilizando a dedicação dos acadêmicos e docentes às mesmas.

A *composição* dos núcleos é a seguinte:

- *professores* da Faculdade reunidos em função de suas pesquisas, especialização teórica, atividades de extensão ou experiência profissional;
- *alunos* do curso de Serviço Social, em função de sua inserção nos estágios, projetos de pesquisa e extensão e dos temas de TCC;
- *supervisores de campo*;
- *supervisores acadêmicos*;
- *professores pesquisadores de outras unidades de ensino* ou de fora da Universidade;
- *representantes de organizações e movimentos sociais*, quando for o caso.

Cada núcleo deverá elaborar o seu planejamento de trabalho semestral, garantindo a discussão da conjuntura, das políticas sociais e das expressões da questão social referentes ao seu eixo temático. Esse programa será desenvolvido a partir de múltiplas atividades como aulas, encontros, seminários, mesas redondas, debate, cursos, sessões de supervisão integrada, objetivando a produção e sistematização de conhecimentos no âmbito dos núcleos e inter-núcleos

Novos núcleos poderão ser criados — como também podem ser dissolvidos os já existentes — de acordo com as necessidades conjunturais, acompanhando a dinamicidade do projeto acadêmica da FSS e o movimento da realidade conjuntural, evitando-se a cristalização burocrático-administrativa dos núcleos.

Constituem *funções dos núcleos*:

- integrar, por intermédio de seu coordenador, a *Comissão Permanente de Planejamento Acadêmico*, responsável pela coordenação dos núcleos (Ver anexo nº 1);
- apoiar o funcionamento das Oficinas de Prática I a IV;
- estruturar e supervisionar o Estágio I a IV, por meio das Oficinas de Supervisão e o TCC;

- desenvolver o trabalho articulado com as disciplinas de pesquisa em Serviço Social, de acordo com áreas temáticas definidas;
- subsidiar teoricamente docentes, discentes e profissionais integrantes do núcleo;
- realizar seminários para discussão do processo investigativo e interventivo, segundo a estruturação das atividades de ensino teórico-prático de pesquisa, estágio e extensão, incluindo docentes, discentes e profissionais;
- definir as orientações necessárias aos discentes na introdução ao campo de estágio;
- estruturar o conteúdo teórico-metodológico e operativo do Estágio Supervisionado I, II, III e IV e das Oficinas de Supervisão que os acompanham, integradas aos diferentes núcleos;
- reunir sistematicamente seus membros para distribuir suas atividades de caráter pedagógico e acadêmico e organizar o seu funcionamento;
- avaliar periodicamente a documentação produzida pelos estagiários, os projetos de TCC e os Projetos de Pesquisa e de Extensão;
- sistematizar e divulgar as experiências realizadas, por meio de Encontros, Seminários, Congressos e outros e propor a realização de eventos que divulguem e alimentem a produção acadêmica da Faculdade.

4.2 Elementos constitutivos dos núcleos temáticos

Os núcleos temáticos congregam *as seguintes atividades:*

• *Ao nível da extensão*: programas, projetos e atividades de extensão universitária;

• *Ao nível da pesquisa*: os *projetos de pesquisa curriculares*, realizados sob a orientação da disciplina de Pesquisa em Serviço Social; *os projetos de pesquisas docentes e a iniciação científica*;

• *Ao nível do ensino teórico-prático*: *o estágio supervisionado*, atividade curricular obrigatória que implica a inserção do aluno no espaço sócio-ocupacional, tendo em vista a capacitação para o exercício do trabalho profissional, o que requer supervisão acadêmica e profissional sistemática; o Trabalho de Conclusão de Curso (TCC), monografia requerida como exigência para expedição de diploma e obtenção do grau de bacharel; as *oficinas de prática*, instâncias que propiciam aos discentes, nos períodos iniciais da sua vida universitária, oportunidades de ampliação de sua formação cultural e artística, de conhecimento e pesquisa sobre a questão social e uma aproximação à realidade profissional; as *oficinas de supervisão*, que realizam o acompanhamento acadêmico do estagiário, um dos recursos de integração entre o conteúdo das disciplinas curriculares e o estágio supervisionado, conforme os objetivos pedagógicos definidos por período do curso. Aos elementos supra referidos se acrescem as atividades complementares nas três dimensões citadas, envolvendo seminários, palestras, cursos, monitorias etc.

Na seqüência serão detalhados os elementos constitutivos dos Núcleos Temáticos, especificamente no que se refere ao ensino teórico-prático, em suas articulações com a pesquisa e a extensão.

5. Desdobrando o ensino teórico-prático

a) O Estágio Supervisionado

O estágio é caracterizado, nas diretrizes curriculares, como *atividade curricular obrigatória*, que se configura a partir da inserção do aluno no espaço sócio-ocupacional, tendo em vista a sua capacitação para o trabalho profissional. Como já foi informado muitos campos de estágio da FSS são também projetos de extensão, podendo se converter também em bases para a realização de pesquisas.

Na FSS/UFJF, o estágio será desenvolvido do V ao VIII períodos do curso. Ele é antecedido de uma prévia aproximação à realidade do mercado profissional de trabalho, por meio de contatos e observação do trabalho de assistentes sociais e de estudos teóricos e empíricos sobre a questão social e suas manifestações específicas na realidade do município e/ou região. Esta primeira aproximação à realidade social e profissional é orientada pelas Oficinas de Prática.

Concomitante às Oficinas de Prática III e IV tem-se o desenvolvimento *da pesquisa curricular*, ou seja, a *formulação e execução de um projeto de pesquisa, de responsabilidade da disciplina de Pesquisa em Serviço Social.* A pesquisa curricular deve incidir sobre tema de relevância para o núcleo temático a que esteja vinculado o aluno, seja como subprojetos vinculados às pesquisas em andamento, seja respondendo a demandas dos campos de estágio e/ou projetos de extensão congregados no respectivo núcleo temático. Afirma-se, assim, a efetiva integração entre exercício profissional e pesquisa.

Segue-se a efetiva inserção do aluno no espaço sócio-ocupacional para a capacitação no exercício do Serviço Social — *o estágio supervisionado* — em entidades que ofereçam campos de estágio (Cf. Anexo nº 2). Pressupõe a supervisão sistemática por parte de um assistente social da entidade. Este responde pela orientação do estagiário em suas ações no campo de trabalho, conforme a Legislação Profissional[386] e de acordo com as prescrições do Código de Ética do Assistente Social.

---

386. A Lei da Regulamentação da Profissão de Serviço Social em vigência (Lei 8 662/93), em seu artigo 5º estabelece as *atribuições privativas do assistente social*, fornecendo os parâmetros para as atividades de fiscalização do exercício profissional. Dentre essas atribuições tem-se o *treinamento, avaliação e supervisão direta de estagiários de Serviço Social.* O artigo na íntegra é o seguinte. "Art. 5º. Constituem atribuições privativas do Assistente Social: I) Coordenar, elaborar, executar, supervisionar e avaliar estudos, planos, pesquisas, programas e projetos na área de Serviço Social; II) Planejar, organizar e administrar programas e projetos em unidade de Serviço Social; III) Assessoria e consultoria a órgãos de administração pública direta e indireta, empresas privadas e outras entidades, em matéria de Serviço Social; IV) Realizar vistorias, perícias técnicas, laudos periciais, informações e pareceres sobre matéria de Serviço Social; V) *Assumir o magistério de Serviço Social, tanto em nível de graduação como de pós-graduação, disciplinas e funções que exijam conhecimentos próprios e adquiridos em curso de formação regular*; VI) *Treinamento, avaliação e supervisão direta de estagiários de Serviço Social*; VII) *Dirigir e coor-*

O estagiário é também acompanhado por um *professor de Serviço Social, a quem cumpre a supervisão acadêmica* realizada na Universidade, por meio de disciplina/e ou oficina concernente. Ao professor, que exerce a função de *supervisor acadêmico*, cabe a reflexão teórico-metodológica das questões atinentes ao exercício profissional cotidiano e à formação do aluno. A informação é necessariamente completada com uma dimensão formativa, envolvendo a reflexão sobre valores, posturas e atitudes observadas em seu desempenho.

O *papel do supervisor acadêmico* desdobra-se em: acompanhar o desempenho do aluno de acordo com o plano de estágio estabelecido em comum acordo com a instituição; identificar carências teórico-metodológicas e técnico-operativas do aluno e contribuir para a sua superação; estimular a curiosidade científica e a atitude investigativa no exercício profissional; atribuir clareza ao papel do profissional; contribuir para a identificação das singularidades do trabalho do Serviço Social, reconhecendo, ao mesmo tempo, os elementos particulares e universais nele contidos; atualizar o aluno ao nível da bibliografia e conhecimentos necessários às atividades profissionais e à pesquisa; orientar o aluno na formulação de relatórios de estágio; refletir com o aluno sobre valores, posturas e comportamentos identificados no desempenho de seu trabalho como estagiário; desenvolver o espírito crítico no trato teórico e na formação do cidadão.

Ao *supervisor de campo* cabe o acompanhamento, a reflexão e o apoio à sistematização das atividades realizadas pelo discente, a partir de um Plano de Estágio, elaborado em comum acordo com a unidade de ensino. Ou seja, seu papel é o de integrar o

---

denar Unidades de Ensino e Cursos de Serviço Social, de graduação e pós-graduação; VIII) *Dirigir e coordenar associações, núcleos, centros de estudos e de pesquisas em Serviço Social*; IX) Elaborar provas, presidir e compor bancas de exame e comissões julgadoras de concursos ou outras formas de seleção para Assistentes Sociais, ou onde sejam aferidos conhecimentos inerentes ao Serviço Social; X) Coordenar seminários, encontros, congressos e eventos assemelhados sobre assuntos de Serviço Social; XI) Fiscalizar o exercício profissional através dos Conselhos Federal e regionais; XII) Dirigir serviços técnicos de Serviço Social em entidades públicas ou privadas; XII) Ocupar cargos e funções de direção e fiscalização da gestão financeira em órgãos e entidades representativas da categoria profissional".

aluno no campo de trabalho; determinar e acompanhar as atividades do acadêmico aí desenvolvidas; acompanhar o aprendizado em serviço; zelar pelo desempenho ético do acadêmico; participar das seções de supervisão integrada realizadas pelos núcleos temáticos da FSS e das atividades de capacitação promovidas pela Universidade.

A abertura de campos de estágio, além dos critérios de prioridade já registrados, deverá considerar como *critérios específicos*: a existência de um assistente social responsável no campo; a exigência de um plano de trabalho do Serviço Social na instituição; a qualidade do trabalho desenvolvido e/ou a possibilidade de enriquecimento profissional do discente.

b) O Trabalho de Conclusão de Curso (TCC)

O Trabalho de Conclusão de Curso é uma monografia científica, exigência curricular para obtenção de diploma de graduação em Serviço Social. É o trabalho no qual o aluno sistematiza o seu conhecimento, como resultado de um processo investigativo, a partir de uma indagação teórica, preferencialmente provocada pela prática de estágio. Ou seja, trata-se da problematização, teoricamente fundamentada, de um tema colhido na experiência de estágio ou de pesquisa.

Trata-se de um *momento de síntese* da formação profissional, realizada por um recorte temático, podendo expressar-se em sistematização da experiência de estágio, ensaio teórico e/ou exposição dos resultados de uma pesquisa bibliográfica ou de campo. Sua elaboração é processual, tendo como campo de sua construção as Oficinas de Supervisão, as disciplinas e o conjunto das atividades dos Núcleos Temáticos[387].

O TCC pode ser individual ou elaborado no máximo por 3 (três) alunos, sob a orientação de um professor e submetido à apreciação de banca examinadora, conforme exigência ratificada pelas diretrizes curriculares propostas (Cf. Anexo nº 3).

---

387. Ver: também, WANDERLEY, M. B. (Coord.). *PUC-SP. Faculdade de Serviço Social. Currículo do Curso de Serviço Social.* São Paulo, novembro de 1996. (mimeo.).

Segundo os Regulamentos da UFJF[388], a banca examinadora será composta por 3 (três) professores, sendo um deles o Professor Orientador. A nota obtida é a média aritmética das notas parciais conferidas pelos examinadores após a argüição, sendo a nota mínima para aprovação 70,0 (setenta). Ao candidato inabilitado será concedida nova e última oportunidade para apresentação do trabalho com as correções indicadas ou um novo trabalho.

c) As Oficinas de Prática e a Pesquisa Curricular

As oficinas de prática, conduzidas por um professor de Serviço Social, são instâncias que propiciam, desde o ingresso do aluno na Universidade, a aproximação do discente à realidade social e profissional, além de estimular o seu envolvimento na dinâmica da vida universitária. Oferecem um conjunto de informações e experiências sociais, artísticas e culturais, que possam ampliar o acesso, por parte do estudante, ao patrimônio científico, artístico e cultural acumulado, contribuindo para a formação do cidadão universitário. Objetivam ainda desenvolver a capacidade crítica diante das múltiplas expressões da questão social.

Os focos temáticos das Oficinas I e II são: *a universidade e a cultura, a profissão de Serviço Social e a questão social.* Esses conteúdos serão desenvolvidos em *atividades programadas — e, na medida do possível, apoiadas pelos núcleos* —, utilizando-se de múltiplos recursos como filmes, peças teatrais, poesias, literatura, vídeos, palestras, atividades programadas modulares, seminários, laboratórios de leituras, pesquisas bibliográficas etc.

Cabe à Oficina de Prática I apresentar o projeto de formação profissional da FSS/UFJF e a política educacional da Universidade brasileira, visando informar e envolver o aluno na dinâmica da vida universitária em sua tríplice dimensão de ensino, pesquisa e extensão; criar oportunidades para o desenvolvimento cultural do aluno, propiciando experiências no campo das expressões

---

388. MINISTÉRIO DA EDUCAÇÃO E DESPORTO. UNIVERSIDADE FEDERAL DE JUIZ DE FORA. PRÓ-REITORIA DE ENSINO E PESQUISA. *Regulamento Acadêmico da Graduação. UFJF*. Cap. XII. "Do Trabalho de Conclusão de Curso", pp. 36-7.

artísticas da vida em sociedade; permitir uma primeira aproximação às expressões da questão social; oferecer uma aproximação ao exercício profissional no mercado de trabalho, às funções desempenhadas pelo assistente social, às organizações da categoria e legislação profissional.

A Oficina de Prática II dará continuidade àqueles três eixos temáticos, com os seguintes conteúdos específicos: conhecimento da prática acadêmica realizada pelos núcleos temáticos existentes na Faculdade de Serviço Social, a partir de atividades por eles planejadas e realizadas, abrangendo sua linha norteadora, atividades desenvolvidas, instrumentalização e documentação; conhecimento preliminar do mercado profissional de trabalho, por meio das entidades com as quais os núcleos desenvolvem seus projetos e atividades.

As Oficinas de Prática III e IV têm como foco a *investigação em expressões da questão social nas áreas de intervenção e a observação e acompanhamento do trabalho do Serviço Social.*

Supõem a prévia inserção do aluno em um dos núcleos temáticos, no qual deverá permanecer por dois períodos consecutivos. Será realizada uma seleção dos interessados, segundo critérios previamente estabelecidos, no caso do número de candidatos a um determinado núcleo ultrapassar a oferta de vagas.

Cabe às Oficinas III e IV *a preparação, orientação e acompanhamento do aluno no conhecimento dos processos de trabalho do profissional*, propiciado pela vivência no Núcleo e observação em instituições e movimentos sociais, cujas áreas de atuação sejam concernentes ao campo temático dos respectivos núcleos e que contem com a presença de assistentes sociais.

O conteúdo temático das Oficinas de Prática III e IV versa sobre os elementos constitutivos dos processos de trabalho de que participa o assistente social, abrangendo dimensões tais como: expressões da questão social sobre as quais incidem o trabalho e sua vivência pelos indivíduos sociais usuários dos serviços prestados; os meios e instrumentos de trabalho que potenciam a ação do profissional; a contextualização da instituição empregadora e a política social a ela concernente; as atividades desenvolvidas pelo profissional nos programas e projetos institucionais; os produtos ou resultados do trabalho do assistente social.

O conhecimento da questão social será proporcionado ainda pela *pesquisa curricular*, desenvolvida sob a orientação do professor da disciplina em Pesquisa em Serviço Social. Dentro de seu programa curricular, capacita os alunos, durante o III período do curso, para a *elaboração de projetos de pesquisa*, que são *realizados* ao longo do IV semestre.

Propõe-se a articulação do conteúdo da disciplina de pesquisa com as demandas e a produção acadêmica dos núcleos temáticos, de modo que os projetos de investigação a serem elaborados e executados pelos alunos permitam alimentar os programas de trabalho dos núcleos. A pesquisa curricular discente deve neles integrar-se como subprojetos de pesquisas em andamento e/ou responder a demandas do trabalho profissional nele circunscrito. Assim *os projetos de pesquisa elaborados pelos alunos* deverão ser discutidos nos respectivos núcleos temáticos e *realizados* como parte de sua programação anual.

As Oficinas de Prática III e IV deverão ser acompanhadas das disciplinas de Ética Profissional e de Estratégias e Técnicas do Serviço Social I e II e dos Laboratórios, como parte da preparação discente para o estágio propriamente dito.

As disciplinas e/ou oficinas de Estratégias e Técnicas no Serviço Social propiciam momentos específicos de aprendizado e desenvolvimento de instrumentais, técnicas e habilidades, de modo que dêem suporte ao estágio e à pesquisa. Assim, a disciplina/oficina de Estratégias e Técnicas I, alocada no III período, deverá preparar o aluno para o trabalho científico e para o acompanhamento do ensino superior (leitura, compreensão, registro, exposição e linguagem informacional); para a observação sistemática e o registro do trabalho de campo, com ênfase nas temáticas da questão social, nas instituições e nos movimentos sociais.

Cabe à disciplina/oficina de Estratégias e Técnicas II, ministrada no IV período, o preparo do aluno em instrumentos usados na abordagem direta da população que demanda as instituições e o trabalho profissional (entrevistas, atendimento de plantão social, visita domiciliar, trabalho com pequenos grupos, participação e educação popular); as formas mais comuns de registro do trabalho profissional (relatórios, arquivos, estatística); o preparo para a análise e intervenção nas instituições em que se realiza o trabalho profissional, para o trabalho com grandes grupos; a leitura e elaboração de orçamentos participativos, a investigação, planejamento e administração de programas na área social.

O tratamento do conteúdo temático anteriormente referido será complementado com os *laboratórios*[389]. Dotados de uma maior flexibilidade em sua programação, os laboratórios oferecem oportunidade de tratamento mais aprofundado e intensivo de conteúdos considerados necessários por professores e alunos. Permite a vivência de situações, técnicas, instrumentais e o desenvolvimento de habilidades.

Cumpre observar que do IV para o V período o aluno pode transferir-se de Núcleo Temático, recomendando-se ao longo de sua formação participar de, no mínimo, dois núcleos distintos.

d) As Oficinas de Supervisão: o acompanhamento acadêmico do estágio

No V período, tem-se o ingresso do aluno no *estágio propriamente dito*, passando a atuar dentro do espaço sócio-ocupacional do assistente social. O estágio se realiza em instituições conveniadas e articuladas às áreas temáticas dos Núcleos existentes.

O estágio é concebido como processo de qualificação e treinamento teórico-metodológico, técnico-operativo e ético-político do aluno, inserido no campo profissional, em que realiza sua experiência de aprendizagem sob a supervisão direta de um assistente social, que assume a função de supervisor de campo. O acompanhamento acadêmico do estágio é uma atividade integrada nos Núcleos, realizado por um(a) Professor(a) de Serviço Social nele integrado, responsável por ministrar as Oficinas de Supervisão (I a IV), assumindo o papel de *supervisor acadêmico*. O acom-

---

389. Os laboratórios são considerados "espaços de vivência que permitam o tratamento operativo de temáticas, instrumentos e técnicas, posturas e atitudes, utilizando-se de diferentes formas de linguagem". ABESS/CEDEPSS. *Diretrizes gerais para o curso de Serviço Social. Op. cit.*

panhamento acadêmico do aluno é complementado pela *supervisão integrada*, realizada periodicamente pelo conjunto da equipe de cada Núcleo (supervisores acadêmicos, supervisores de campo, outros docentes e pesquisadores). Trata-se de um espaço de problematização e aprofundamento analítico da temática atinente ao núcleo e dos respectivos objetos específicos do trabalho profissional. É também um espaço de intercâmbio e debate sobre as pesquisa em andamento, sobre as monografias de final de curso (TCC) e um espaço de capacitação para os supervisores de campo.

Cada núcleo deverá oferecer anualmente um programa de atualização para os supervisores de campo (seminários, cursos, oficinas, conjunto de palestras), de acordo com as demandas identificadas.

Nas oficinas de Supervisão cada professor será responsável por um grupo de 6 a 12 alunos distribuídos em, no máximo, três campos de estágios, aglutinados por áreas temáticas comuns[390].

A supervisão acadêmica do trabalho profissional representa uma carga horária discente de 3 horas semanais para cada grupo de alunos, em horário comum a ser reservado na grade horária do curso, visto que os grupos aglutinarão alunos de vários períodos. Além da orientação acadêmica, o professor deverá realizar no mínimo duas visitas por semestre em cada entidade que ofereça campo de estágio. Para tais atividades o professor terá uma carga horária docente de 1 hora semanal, totalizando 4 horas-aula semanais.

O *conteúdo programático* da Oficina de Supervisão I, alocada no V período, contempla: a introdução do discente no campo de estágio e sua iniciação na temática do núcleo, ou seja, na expressão da questão social que é objeto de investigação e intervenção do núcleo; o conhecimento da políticas sociais específicas, da realidade

390. Esta proposta representa uma racionalização da atividade de supervisão acadêmica. Até então os alunos recebiam supervisão direta do professor para *cada instituição que oferecia campo de estágio*, o que absorvia uma grande carga horária do docente. A racionalização da atividade docente — sem perda da qualidade acadêmica na supervisão do estágio — é necessária para viabilizar tempo para a pesquisa, a extensão e o conjunto das atividades do núcleo, criando condições para o seu efetivo funcionamento.

institucional e da população usuária; a definição e problematização do objeto de trabalho a ser privilegiado pelo discente; a elaboração de um *plano de trabalho para o estágio*, envolvendo o *planejamento intervenção e a definição de uma temática de investigação*, que será privilegiada ao longo do estágio. Essa atividade será orientada pelo supervisor acadêmico em comum acordo com o supervisor de campo; a reflexão continuada e sistemática sobre o processo de intervenção levado a efeito pelo aluno, no sentido de alimentar a identificação de demandas reais e virtuais, a natureza e conteúdo de seu trabalho. O produto semestral desta Oficina é o referido projeto, que será submetido à apreciação dos participantes do núcleo e desenvolvido no semestre subseqüente.

A Oficina de Supervisão II, desenvolvida no V período, tem como *conteúdo programático*: execução do plano de trabalho definido na Oficina anterior, englobando tanto a ação quanto a investigação planejadas; avaliação das ações realizadas; ampliação da revisão bibliográfica sobre a temática do respectivo núcleo a que o discente se encontre vinculado; proposição de estratégias teórico-metodológicas, ético-políticas e técnico-operativas, viabilizadas pelo amadurecimento profissional do estagiário, efetuando as mudanças necessárias no conteúdo e direcionamento teórico-metodológico e operativo adotado no estágio.

Ao final do período de estágio o aluno realizará um *relatório* que sintetize o conteúdo supra mencionado, sob a orientação do supervisor acadêmico.

Entre esta Oficina e a subseqüente o aluno poderá eventualmente se transferir de Núcleo Temático, de acordo com seu interesse e com as possibilidades de vagas ofertadas pelos núcleos existentes. Importa salientar que, no trânsito para o VII período, é, também, aberta ao discente a possibilidade de mudar de campo de estágio dentro da própria área temática do Núcleo, cujos supervisores de campo já se encontram integrados no seu interior.

A Oficina de Supervisão II, no VII período, tem necessariamente uma dupla responsabilidade: uma em relação à orientação do Trabalho de Conclusão de Curso (TCC) e outra relativa ao acompanhamento acadêmico do estágio.

A elaboração do *projeto do TCC*, realizado dentro da área temática do Núcleo, deve ser concluída até a metade do semestre letivo e o seu resultado apresentado e discutido no Núcleo, visto ser parte de sua produção acadêmica. A realização desse projeto deverá ter início no decorrer do semestre letivo, cabendo, ao professor responsável pela Oficina, a orientação dos TCC dos alunos dela participantes.

Em relação ao *acompanhamento acadêmico da estágio*, repõe-se, para os novos alunos transferidos de núcleo, a necessidade de sua integração na dinâmica dos trabalhos do Núcleo e sua introdução nos novos campos de estágio. Considerando a experiência já acumulada em estágio anterior, esse novo processo de inserção do aluno no campo poderá ocorrer em um período de tempo mais curto. Essa nova inserção requer o conhecimento das expressões particulares da questão social e a política social correspondente, da realidade institucional, da população usuária, além do plano de trabalho do Serviço Social e do processo de trabalho no qual se insere o aluno-estagiário.

A Oficina de Supervisão III, no VII período, tem como metas: um maior aprofundamento ao nível da análise do objeto de pesquisa e intervenção selecionado; a exigência de formulação de um plano de atuação, a ser discutido e avaliado com o supervisor de campo e o supervisor acadêmico, o que requer maior autonomia profissional do estagiário.

À Oficina de Supervisão IV caberá a execução do projeto de intervenção e de investigação propostos, já podendo o estagiário assumir funções de coordenação da frente de trabalho definida, mediante acompanhamento do supervisor de campo; avaliação permanente no processo de intervenção e ação, com identificação das esferas possíveis de modificação e aprofundamento no processo interventivo. Uma outra atividade fundamental é a elaboração e conclusão do TCC. Os TCCs e os planos elaborados de investigação e de ação profissional devem ser socializados dentre os participantes do núcleo por meio de seminários, e, se possíveis, abertos à categoria profissional.

A presente proposta encontra-se em processo de implantação e é aqui registrada como uma contribuição ao debate sobre a política de prática acadêmica. As sugestões de normatização da política de prática acadêmica elaborada encontram-se em anexo.

Anexos

Anexo nº 1. Proposta de Organização da Comissão Permanente de Prática Acadêmica

A Comissão Permanente de Prática Acadêmica (CPPA)[391] cumpre a função de coordenação dos núcleos, tendo a seguinte composição: Coordenador de Curso, Chefes de Departamentos, Coordenadores de núcleos e representação discente. A CPPA terá seu presidente e vice eleitos por seus pares com mandato de dois anos.

Considerando o caráter interdepartamental da CPPA, as instâncias decisórias a que serão submetidas suas deliberações são os Departamentos, o Conselho Departamental e Congregação da FSS, de acordo com suas respectivas atribuições.

As coordenações acadêmico-administrativas do Estágio e do TCC são de responsabilidade, respectivamente, dos Departamentos de Fundamentos do Serviço Social e Política Social, representados por suas chefias. Cabe aos Departamentos oferecerem a infra-estrutura administrativa necessária àquelas atividades de coordenação.

---

391. A Comissão Permanente de Prática Acadêmica (CPPA) engloba o exercício de funções que, no Regulamento Acadêmico da Graduação da UFJF, são atribuídas à Comissão de Orientação de Estágios (COE). Cf. UFJF. *Regulamento Acadêmico da Graduação*. Juiz de Fora, Imprensa Universitária da UFJF, 1993, pp. 27-30.

São *funções* da CPPA:

1. Implementar a política de prática acadêmica do curso de Serviço Social;
2. Organizar e coordenar, nos níveis administrativo e pedagógico, o conjunto de atividades de prática acadêmica, segundo a estruturação dos núcleos;
3. Propor, avaliar e aprovar a abertura e fechamento de campos de estágios, ouvidos os núcleos;
4. Definir, para os núcleos, as atribuições que lhes competem;
5. Deferir as sugestões dos Núcleos quanto a atividades complementares;
6. Coordenar as atividades dos Núcleos;
7. Reunir-se, sistematicamente, para acompanhamento e avaliação do desenvolvimento do trabalho dos Núcleos;
8. Estruturar e coordenar os Estágios Supervisionados e o trabalho de Conclusão de Curso (TCC);
9. Rever as normas de Estágio Supervisionado e Trabalho de Conclusão de Curso;
10. Elaborar, ouvidos os núcleos, as políticas de pesquisa, estágio e extensão da unidade de ensino.

Anexo nº 2. Normatização do Estágio Supervisionado

Proposta de Alteração das Normas do Estágio Supervisionado em Serviço Social (Resolução nº 34/84 do CEPE)

"Estabelece normas para o estágio supervisionado em Serviço Social"

O Conselho de Ensino, Pesquisa e Extensão — CEPE, da Universidade Federal de Juiz de Fora, no uso de suas atribuições,

RESOLVE:

Art. 1º — O Estágio Supervisionado em Serviço Social, de que trata a Resolução 49/82 do CEPE, constitui atividade obrigatória de currículo pleno do Curso de Serviço Social.

Art. 2º — O Estágio Supervisionado será cumprido em 600 (seiscentas) horas nos quatro últimos períodos do curso, assim distribuídos:

I — Estágio Supervisionado I — 150 (cento e cinqüenta) horas;

II — Estágio Supervisionado II — 150 (cento e cinqüenta) horas;

III — Estágio Supervisionado III — 150 (cento e cinqüenta) horas;

IV — Estágio Supervisionado IV — 150 (cento e cinqüenta) horas.

Art. 3º — O Estágio Supervisionado poderá ser realizado nos seguintes Campos:

I — Campos Internos: aqueles oferecidos pelas Unidades, órgãos ou Serviços da Universidade;

II — Campos Externos: aqueles oferecidos por organizações públicas, privadas, não-governamentais e obras assistenciais.

Art. 4º — Compete à Comissão Permanente de Planejamento Acadêmico — CPPA — com a aprovação dos colegiados internos competentes.

I — Implementar a política de estágio do Curso de Serviço Social;

II — Propor, avaliar e aprovar a abertura e fechamento de campos de estágio;

III — Distribuir os estagiários nos campos de estágio, de acordo com as vagas oferecidas;

IV — Avaliar, a cada semestre letivo, o trabalho desenvolvido nos campos de estágio e propor ações pertinentes ao mesmo;

V — Propor aos órgãos competentes a regulamentação dos campos de estágio.

Art. 5º — O estágio Supervisionado será orientado por professores da Faculdade, graduados em Serviço Social, por indicação dos Departamentos.

Art. 6º — Compete ao professor, Supervisor: Acadêmico:

I — Elaborar e implementar com os estagiários e profissionais do campo, o Plano Conjunto do Estágio, de acordo com os objetivos da prática acadêmica e com as demandas específicas da Instituição/Campo de Estágio, assegurando a distribuição eqüitativa de carga horária discente por todo o período letivo;

II — Manter contato com os órgãos de direção a que estiverem afetos os campos de estágios e com os demais professores que neles atuarem;

III — Inserir os estagiários nos respectivos campos e orientá-los de acordo com a política de prática acadêmica do Curso de Serviço Social, observando o atendimento aos objetivos e ementas das Oficinas de Supervisão I, II, III e IV;

IV — Avaliar e atribuir nota aos estagiários na forma desta Resolução;

V — Observar e divulgar os princípios do Código de Ética Profissional do Assistente Social.

Parágrafo Único — Os supervisores acadêmicos cumprirão a carga horária semanal de 4 (quatro) horas, sendo 2 (duas) na supervisão direta aos estagiários na Escola de Serviço Social e as restantes nas demais atividades docentes relacionadas ao estágio.

Art. 7º — Os discentes deverão matricular-se em Estágio Supervisionado, observando a pré-requisitação exigida pelo currículo pleno do Curso de Serviço Social.

Art. 8º — Compete ao estagiário:

I — Participar da elaboração do Plano Conjunto de Estágio com o Supervisor Acadêmico e Supervisor de Campo;

II — Cumprir o Boletim Estatístico Mensal do Estágio, com o cronograma das atividades desenvolvidas, devidamente comprovado pelo Assistente Social do Campo e pelo Supervisor Acadêmico;

III — Entregar, ao final do período letivo, o relatório de estágio que será avaliado pelo Supervisor Acadêmico;

IV — Atender às normas e ao regimento interno da organização na qual estiver estagiando;

V — Observar os princípios do Código de Ética Profissional do Assistente Social.

Art. 9º — Será considerado aprovado no Estágio Supervisionado o aluno que obtiver a média mínima 5 (cinco), ao final do período, além de cumprir 75% (setenta e cinco por cento) da carga horária prevista para o mesmo.

Art. 10º — Na avaliação do estagiário, além do relatório final, o Supervisor Acadêmico levará em conta os seguintes critérios:

I — Participação no estágio;

II — Criatividade;

III — Relacionamento;

IV — Responsabilidade;

V — Assiduidade;

VI — Adequação teórico-prática;

VII — Atitude ética.

Art. 11º — A Comissão Permanente de Prática Acadêmica — CPPA — disporá sobre os casos omissos nesta Resolução.

Art. 12º — Esta Resolução entra em vigor na data de sua publicação, revogadas as disposições em contrário.

Anexo nº 3 — Normatização do Trabalho de Conclusão de Curso

Proposta de Alteração das Normas referentes ao Trabalho de Conclusão de Curso. (Resolução nº 35/84, do CEPE)

O Conselho de Ensino, Pesquisa e Extensão — CEPE — da Universidade Federal de Juiz de Fora, no uso de suas atribuições.

RESOLVE:

Art. 1º — O Trabalho de Conclusão de Curso (TCC), de que trata a Resolução 35/84, constitui atividade obrigatória para fins de graduação no curso de Serviço Social.

Art. 2º — O TCC será desenvolvido em 60 (sessenta horas), nos dois últimos períodos letivos do Curso, assim distribuídas: Trabalho de Conclusão de Curso I — 30 (trinta horas); Trabalho de Conclusão de Curso II — 30 (trinta horas).

Art. 3º — O tema do TCC será de livre escolha do discente, desde que seu conteúdo possua caráter científico e esteja vinculado à área de conhecimento do núcleo no qual se insere o aluno.

Art. 4º — O TCC poderá ser desenvolvido em equipe, com limite máximo de 3 (três) alunos, sendo cada trabalho orientado por um professor.

Art. 5º — Compete à Comissão Permanente de Prática Acadêmica — CPPA —:

I — Implementar a política de TCC do Curso de Serviço Social;

II — Apresentar ao discente a disponibilidade de professores orientadores;

III — Coordenar a formação das bancas examinadoras de TCC II;

IV — Apreciar e aprovar a participação de professor de outros departamentos na qualidade de co-orientador do TCC;

V — Estabelecer os critérios de avaliação de TCC I e II, em conformidade com as normas regimentais da vida acadêmica da UFJF;

VI — Definir prazos para a entrega do Projeto e do Trabalho Final.

Art. 6º — O Trabalho de Conclusão de Curso será orientado por professores da Faculdade, graduados em Serviço Social, por indicação dos núcleos e referendados pelo Departamento de Política de Ação do Serviço Social.

Art. 7º — Compete ao Professor Orientador:

I — Orientar os TCCs que lhes forem distribuídos pela CPPA, acompanhando os discentes nas atividades de delimitação do objeto de estudo, na elaboração do projeto e no desenvolvimento do trabalho;

II — Participar da Banca Examinadora do TCC sob sua orientação;

III — Observar e divulgar os princípios do Código de Ética Profissional do Assistente Social.

Parágrafo Único — Os orientadores cumprirão a carga horária semanal de 4 (quatro) horas, sendo 2 (duas) na orientação direta aos discentes e as restantes nas demais atividades docentes relacionadas ao TCC.

Art. 8º — Os discentes deverão matricular-se em Trabalho de Conclusão de Curso, observando a pré-requisitação exigida pelo currículo pleno de Serviço Social.

Art. 9º — Compete ao orientando:

I — Elaborar e desenvolver o projeto de TCC;

II — Cumprir os prazos, definidos pela CPPA, para a entrega do Projeto e do Trabalho Final;

III — Seguir a orientação do Professor Orientador cumprindo, no mínimo, 75% (setenta e cinco por cento) da carga horária exigida pelo currículo pleno do curso de Serviço Social;

IV — Observar os princípios do Código de Ética Profissional do Assistente Social.

Art. 10º — A avaliação do TCC será realizada mediante Banca Examinadora composta por:

a) professor orientador assistente social;

b) um professor e/ou profissional indicado pelo Núcleo;

c) um professor indicado pelos autores do TCC e referendado pelos núcleos.

Parágrafo Único — Havendo um co-orientador, este comporá a banca examinadora.

Art. 11º — Será considerado aprovado o aluno que obtiver, no mínimo, nota final igual a 70 (setenta).

Art. 12º — O limite máximo de tempo para conclusão e apresentação do TCC é de 2 (dois) anos, da data de aprovação do projeto.

Art. 13º — A CPPA disporá sobre os casos omissos nesta resolução.

Art. 14º — Esta Resolução entra em vigor na data de sua publicação, revogadas as disposições em contrário.

Bibliografia

ABESS — Associação Brasileira de Ensino em Serviço Social — "Avaliação da Formação Profissional do Assistente Social Brasileiro pós-novo *curriculum*: avanços e desafios". In: Vv. Aa. *Ensino em Serviço Social: Pluralismo e formação profissional. Cadernos ABESS nº 4*. São Paulo, Cortez, maio de 1991.

ABESS/CEDEPSS. "Diretrizes Gerais para o Curso de Serviço Social (com base no currículo mínimo aprovado em Assembléia Geral Extraordinária de 8 de novembro de 1996)" In: *Cadernos ABESS nº 7. Formação profissional: Trajetória e desafios*. (ed. especial.) São Paulo, Cortez, 1997.

ABESS/CEDEPSS. "Proposta Básica para o Projeto de Formação Profissional". In: *Serviço Social e Sociedade nº 50. O Serviço Social no século XXI*. São Paulo, Cortez, ano XVII, abril de 1996.

ABESS/CEDEPSS. "Proposta básica para o projeto de formação profissional. Novos subsídios para o debate". In: *Cadernos ABESS nº 7. Formação profissional: Trajetória e desafios*. São Paulo, Cortez, 1997.

ABRAMIDES, M. B. "A ANAS e sua relação com o projeto profissional alternativo do Serviço Social no Brasil: contribuição ao debate". *Serviço Social e Sociedade nº 30*. São Paulo, Cortez, abril de 1989.

______. & CABRAL, M. S. *Organização sindical dos assistentes sociais ao nível nacional*. São Paulo, Sindicato dos Assistentes Sociais do Estado de São Paulo, 1987.

______. *O novo sindicalismo e o Serviço Social. Trajetória e processo de luta de uma categoria, 1978-1988*. São Paulo, Cortez, 1995.

AGUIAR, G. *Serviço Social e filosofia: das origens a Araxá*. São Paulo, Cortez, 1982.

AGUIAR, M. M. *Reconceituação do Serviço Social: formulações diagnósticas*. São Paulo, Cortez, 1981.

ALAYÓN, N. *et alii. Desafio al Servicio Social*. Buenos Aires, Humanitas, 1976.

ALMEIDA, A. A. "O movimento de reconceituação no Brasil: perspectiva ou consciência?" In: *Debates Sociais nº 21*. Rio de Janeiro, CBCISS, 1975.

ALMEIDA, M. H e SORJ, B. (Orgs.) *Sociedade e política no Brasil pós-64*. São Paulo, Brasiliense, 1982.

ALMEIDA, N. L. T. "Considerações para o exame do processo de trabalho no Serviço Social". *Serviço Social e Sociedade nº 52*. São Paulo, Cortez, dez. 1996.

ALTHUSSER, L. *Ideologias e aparelhos ideológicos do Estado*. Lisboa, Presença/Martins Fontes, 1970.

______. *A Favor de Marx*. Rio de Janeiro, Zahar Ed., 2ª ed., 1979.

ALVES, M. H. M. *Estado e oposição no Brasil (1964-1984)*. Petrópolis, Vozes, 1984.

AMMAN, S. B. *Participação Social*. São Paulo, Cortez e Moraes, 1977.

______. *Ideologia e desenvolvimento de comunidade no Brasil*. São Paulo, Cortez, 1980.

______. *Avaliação e perspectivas*. Brasília, CNPq, 1983.

ANDER-EGG, E. *El Servicio Social en la encrucijada*. Mexico, UMETS, 1971.

ANDERSON, P. *A crise da crise do Marxismo*. São Paulo, Brasiliense, 2ª ed., 1985.

______. "Balanço do neoliberalismo". In: SADER, E. e GENTILI, P. (Orgs.) *Pós-neoliberalismo. As políticas sociais e o Estado Democrático*. Rio de Janeiro, Paz e Terra, 1995.

ANDRADE, C. D. *Carlos Drummond de Andrade. Poesia e prosa*. Rio de Janeiro, Nova Aguillar, 1983.

ANDREUCCI, F. "A difusão e vulgarização do marxismo". In: HOBSBAWM, E. (Org.) *História do Marxismo, vol. 2. O Marxismo na Época da Segunda Internacional*. São Paulo, Paz e Terra, 1982.

ANTUNES, R. *Adeus ao trabalho? Ensaio sobre as metamorfoses e a centralidade do mundo do trabalho*. São Paulo, Cortez/Unicamp, 1985.

______. (Org.) *Neoliberalismo, trabalho e sindicato. Reestruturação produtiva no Brasil e na Inglaterra*. São Paulo, Boitempo, 1997.

ARAÚJO, T. B. "Nordeste, Nordestes: que Nordeste"? In: AFFONSO, R. de B. e SILVA, P. L. B. *Federalismo no Brasil. Desigualdades regionais e desenvolvimento.* São Paulo, FUNDAP/UNESP, 1995.

BALLANDIER, J. *Desórdre. Éloge du mouvement.* Paris, Fayard, 1988.

BALTAR, P. E. de Andrade e PRONI, M. W. "Sobre o regime de trabalho no Brasil: rotatividade da mão-de-obra, emprego formal e estrutura salarial". In: OLIVEIRA, C. A. B. e MATTOSO, J. E. L. *Crise e trabalho no Brasil. Modernidade ou volta ao passado?* São Paulo, Scritta, 1996.

BAPTISTA, M. V. e RODRIGUES, M. L. "A formação pós-graduada *stricto sensu* em Serviço Social: papel da pós-graduação na formação profissional e no desenvolvimento do Serviço Social". In: *A produção do conhecimento no Serviço Social. Cadernos ABESS nº 5.* São Paulo, Cortez, maio de 1992.

BATISTA, P. N. "O consenso de Washington. A visão neoliberal dos problemas latino-americanos". *Caderno de Dívida Externa nº 6.* São Paulo, Programa Educativo de Dívida Externa — PEDEX, 2ª ed., 1994.

BARBOSA, M. M. *Objetivos profissionais e objetivos institucionais na trajetória do Serviço Social: Belo Horizonte, 1960-1974.* (Dissertação de mestrado.) São Paulo, PUC-SP, 1989.

BARCELLOS, M. "Emprego, bem não durável no Brasil". *O Globo,* Economia, 24/11/96.

BARROCO, M. L. "Bases filosóficas para uma reflexão sobre ética e Serviço Social". *Serviço Social e Sociedade* nº 39. São Paulo, Cortez, ago. 1992.

______. "Informe: O novo código de ética profissional do Assistente Social". *Serviço Social e Sociedade nº 41.* São Paulo, Cortez, abr. 1993.

BAUDELAIRE, C. *Sobre a modernidade.* Rio de Janeiro, Paz e Terra, 1996.

BÓGUS, L. *et alii.* (Orgs.) *Desigualdade e a questão social.* São Paulo, Educ, 1997.

BRANCO, P. P. M. "Para enfrentar o desemprego". In: *São Paulo em perspectiva. Seguridade, crise e trabalho.* Vol. 9, nº 4, São Paulo, Fundação SEADE, out./dez., 1995.

BRANDT, V. C. "Do colono ao bóia-fria". In: *Estudos CEBRAP nº 19.* São Paulo, Cebrap, 1977.

BEHRING, E. R. "A nova condição da política social". In: *Em Pauta nº 10.* Rio de Janeiro, UERJ, 1997.

BEHRING, E. R. & ALENCAR, M. M. T. "Marxismo e direção social do curso: uma contribuição ao debate". In: *Em pauta. Cadernos da Faculdade de Serviço Social da UERJ nº 1*. Rio de Janeiro, UERJ, 1993.

BITTAR, J. (Org.) *O modo petista de governar. Caderno Especial de Teoria & Debate*. São Paulo, Teoria e Debate, 2ª ed., 1992.

BONETTI, D. A *et alii*. (Orgs.) *Serviço Social e ética. Convite a uma nova práxis*. São Paulo, Cortez/CFESS, 1996.

BORÓN, A. "A sociedade civil depois do dilúvio neoliberal". In: SADER, E. e GENTILI P. (Orgs.) *Pós-neoliberalismo* .... Op. cit.

BRAVO, M. I. S. *Serviço Social e Reforma Sanitária. Lutas sociais e práticas profissionais*. São Paulo, Cortez; Rio de Janeiro, Ed. UFRJ, 1996.

BRUNHOFF, S. *A hora do mercado. Crítica do liberalismo*. São Paulo, Unesp. 1991.

CÂMARA DOS DEPUTADOS. *Proposta de Emenda à Constituição nº 369-A, de 1996 (do Poder Executivo)*. Mensagem nº 422/96. Exposição de Motivos nº 231/BMJ de 13 de maio de 1996, do Senhor Ministro de Estado da Justiça.

CAMÕES, L. V. "Sonetos 18". In: *Camões; verso e prosa*. Rio de Janeiro, Paz e Terra, 1996.

CAMPOS, M. S. "Os desafios dos congressos Brasileiros de Assistentes Sociais: a propósito do III e do IV". In: Vv. Aa. *Cadernos de Teses. 7º Congresso Brasileiro de Assistentes Sociais*. São Paulo, maio de 1992.

CARDENAL, E. "Cultura revolucionária, popular, nacional, anti-imperialista". *Nicarauac nº 1*. Manágua, Ministério da Cultura de Nicarágua, 1980.

CARDOSO, F. G. *Organização das classes subalternas: um desafio para o Serviço Social*. São Paulo, Cortez; Maranhão, Ed. da UFMa, 1995.

CARDOSO, I. C. *Reestruturação industrial e políticas empresariais no Brasil dos anos 80*. (Dissertação de mestrado.) Escola de Serviço Social da UFRJ, 1996.

CARDOSO, F. H. *Mudanças sociais na América Latina*. São Paulo, Difel, 1969.

______. & FALETTO, E. *Dependência e desenvolvimento na América Latina*. Rio de Janeiro, Zahar, 1970.

CARVALHO, A. *A questão da transformação e o trabalho social*. São Paulo, Cortez, 1983.

______. "O Projeto de Formação Profissional do Assistente Social na Conjuntura Brasileira". *O processo de formação profissional do Assistente Social. Cadernos ABESS nº 1*. São Paulo, Cortez, 1986.

CARVALHO, A. *A formação profissional do assistente social ao nível de graduação — a experiência brasileira*. Natal, Seminário Nacional sobre o Projeto Pedagógico, out. 1988, (mimeo.).

______. *"Pós-graduação: uma relação necessária na formação profissional"*. Fortaleza, UFCE, s./d. (mimeo.).

______. *"Formação profissional como temática de estudo: perspectivas e indicações para o trabalho de pesquisa"*. Brasília, II Encontro Nacional de Pesquisadores, 1990, (mimeo.).

CARVALHO, A M. P. *et alii* "Projeto de investigação: a formação profissional do assistente social no Brasil: determinantes históricos e perspectivas". In: *Serviço Social e Sociedade nº 14*. São Paulo, Cortez, 1984.

CARVALHO, A. M. e PIO, C. *"O processo de avaliação da formação profissional do assistente social"*. Relatório da Oficina Regional de ABESS-Nordeste. Fortaleza, ABESS, agosto de 1994 (mimeo.).

CARVALHO, R. Q. *Tecnologia e trabalho industrial. (As implicações sociais da automação micro-eletrônica na indústria automobilística)*, São Paulo, LP&M, 1987.

CARVALHO, R. "Modernos agentes da justiça e da caridade". *Serviço Social e Sociedade nº 2*. São Paulo, Cortez, 1982.

CBCISS — Centro Brasileiro de Intercâmbio de Serviços Sociais. "Documento de Araxá". *Debates Sociais nº 4*. Rio de Janeiro, CBCISS, mai., 1967.

CHAUI, M. *Cultura e democracia. (O discurso competente e outras falas)*. São Paulo, Moderna, 3ª ed. 1972.

______. "Raízes teológicas do populismo no Brasil: a teocracia dos dominantes, messianismo dos dominados". In: DAGNINO, A. (Org.) *Anos 90: política e sociedade no Brasil*. São Paulo, Brasiliense, 1995.

CLAVIJO, H. e MARTINEZ, G. "Trabajo Social: una prática especifica ante la contradicción capital-trabajo". *Acción Crítica nº 10*. Lima, CELATS/ALAETS, 1981.

COMITE MERCOSUR DE ORGANIZACIONES PROFESIONALES DE TRABAJO SOCIAL O SERVICIO SOCIAL. *Declaración de la Plata: El Servicio Social en la consolidación del compromiso democratico en el MERCOSUR*. La Plata, 12/04/97.

CONSELHO FEDERAL DE SERVIÇO SOCIAL — CFESS. *Código de Ética Profissional do Assistente Social e Lei nº 8.662/93 que regulamenta a profissão de Serviço Social*. Brasília, 1993.

8º CONGRESSO BRASILEIRO DE ASSISTENTES SOCIAIS, 02 a 06 de julho de 1995. Salvador/Bahia. *Caderno de Comunicações*.

CONSELHO FEDERAL DE SERVIÇO SOCIAL — CFESS. *Em defesa das nossas conquistas democráticas — a estrutura dos Conselhos em questão*. Brasília, Conselho Pleno do CFESS, 31 de maio de 1998.

CORIAT, B. *El Taller y el Cronómetro. Ensayo sobre el taylorismo, el fordismo y la producción de masa*. México, Siglo XXI, 10. ed., 1994.

______. *El Taller y el Robot. Ensayos sobre o fordismo y la producción en masa en la era de la electrónica*. México, Siglo XXI, 10 ed., 1994.

CORNELY, S. "Algunas ideas preliminares sobre la reconceptualización del Servicio Social". In: ALAYÓN, N. *et alii*. *Desafio al Servicio Social*. Buenos Aires, Humanitas, 1976.

COSTA, C. *O caminho não percorrido. A trajetória dos assistentes sociais masculinos em Manaus*. Amazonas, Imprensa Oficial do Estado, 1995.

COSTA, E. V. *Da Monarquia à República: momentos decisivos*. São Paulo, Grijalbo, 2. ed., 1981.

______. "Estrutura *versus* experiência. Novas tendências da história do movimento operário e das classes trabalhadoras na América Latina: o que se perde e o que se ganha". In: *BIB — ANPOCS nº 29*. Rio de Janeiro, Vértice, 1990.

COSTA, S. G. *Signos em transformação: a dialética de uma cultura profissional*. São Paulo, Cortez, 1994.

COUTINHO, C. N. *O estruturalismo e a miséria da razão*. Rio de Janeiro, Paz e Terra, 1972.

______. *A democracia como valor universal e outros ensaios*. Rio de Janeiro, Salamandra, 2. ed., 1984.

______. *Gramsci. Um estudo sobre o seu pensamento político*. Rio de Janeiro, Campus, 1989.

______. "Gramsci e as Ciências Sociais". *Serviço Social e Sociedade nº 34*. São Paulo, Cortez, dez. 1990.

______. "Gramsci e as Ciências Sociais". In: *Marxismo e Política. A dualidade dos poderes e outros ensaios*. São Paulo, Cortez, 1994.

______. *A dualidade dos poderes. Introdução à Teoria Marxista do Estado e da Revolução*. São Paulo, Brasiliense, 2. ed., 1987.

______. "Pluralismo: dimensões teóricas e políticas". In: V.v. A.a. *Ensino no Serviço Social: pluralismo e formação profissional. Cadernos Abess nº 4*. São Paulo, Cortez, maio de 1994.

COUTINHO, C. N. "Prefácio". In: MARKUS, G. *Teoria do conhecimento no jovem Marx*. Rio de Janeiro, Paz e Terra, 1974.

DAGNINO, E. (Org.) *Anos 90. Política e sociedade no Brasil.* São Paulo, Brasiliense, 1994.

______. "Os movimentos sociais e a emergência de uma nova cidadania". In: DAGNINO. E. (Org.) *Anos 90. Política e sociedade no Brasil,* São Paulo, Brasiliense, 1994.

DELGADO, M. B. "A organização política dos assistentes sociais". *Serviço Social & Sociedade nº 5.* São Paulo, Cortez, maio de 1981.

DELGADO, G. C. *Capital financeiro e agricultura no Brasil. (1965-1985).* Campinas, Ícone/Unicamp, 1985.

DRAIBE, S. "As Políticas Sociais e Neoliberalismo". *Revista USP nº 17. Dossiê Liberalismo/neoliberalismo.* São Paulo, EDUSP, mar./abr. 1993.

DURKHEIM, E. *As regras do método sociológico.* São Paulo, Editora Nacional, 1972.

______. *A divisão do trabalho. 1º e 2 vols.* Lisboa/Brasil, Presença/Martins Fontes, 1977.

V ENCONTRO NACIONAL DE PESQUISADORES EM SERVIÇO SOCIAL — ENPESS — *ANAIS.* Rio de Janeiro/UERJ, 4 a 7 de nov. de 1996.

ENGELS, F. "A Contribuição à Crítica da Economia Política de K. Marx". In: MARX, K. e ENGELS, F. *Textos 3.* São Paulo, Ed. Sociais, vol. I, 1977.

______. "Ludwig Feuerbach e o fim da filosofia clássica alemã. In: Marx, K. e ENGELS, F. *Textos 1.* São Paulo, Ed. Sociais, 1977.

ESCOLA DE SERVIÇO SOCIAL DE MINAS GERAIS. *A prática como fonte de teoria.* Belo Horizonte, ESS/UCMG, 1971.

______. *Teoria. Prática. Serviço Social.* Belo Horizonte, ESS/UCMG, 1972.

FALEIROS, V. P. *Trabajo social: Ideologia y metodo.* Buenos Aires, Ecro, 1972.

______. *Metodologia y ideologia de trabajo social.* Buenos Aires, Ecro, 1972.

______. *Metodologia e ideologia do trabalho social.* São Paulo, Cortez, 1981.

______. *A política social no estado capitalista.* São Paulo, Cortez, 1981.

______. "Crisis Económica y Política Social en América Latina". *Acción Crítica nº 13.* Lima, CELATS/ALAETS, jul. 1983.

FALEIROS, V. P. "Politica Social en la Teoria del Trabajo Social". *Acción Critica nº 12.* Lima, CELATS, dec. 1982.

______. *O que é política social?* São Paulo, Brasiliense, 1986.

FALEIROS, V. P. *Saber profissional e poder institucional.* São Paulo, Cortez, 2. ed., 1987.

______. "Confrontos Teóricos do Movimento de Reconceituação do Serviço Social na América Latina". *Serviço Social e Sociedade nº 24.* São Paulo, Cortez, ago. 1987.

______. "A Questão da Metodologia no Serviço Social: o reproduzir-se e o representar-se". In. Vv. Aa. *A metodologia no Serviço Social. Cadernos ABESS nº 3.* São Paulo, Cortez, 1989.

______. "Avaliação e Perspectivas da Área de Serviço Social (1982-1988)". In: *Serviço Social e Sociedade nº 34.* São Paulo, Cortez, dez. 1990.

______. *O trabalho da política: saúde e segurança dos trabalhadores.* São Paulo, Cortez, 1992.

______. "A reforma curricular de 1988 no ensino de graduação de Serviço Social da UnB." *Serviço Social e Sociedade nº 47.* São Paulo, Cortez, abr. 1995.

______. *et alii. Que es Trabajo Social?* Lima, CELATS, 1972.

FELÍCIO, C. "Contrato temporário é aprovado". *Jornal do Brasil,* 14/01/98.

FERNANDES, F. *A sociologia no Brasil.* Petrópolis, Vozes, 1977.

______. *Capitalismo e classes sociais na América Latina.* Rio de Janeiro, Zahar, 1973.

______. *Sociedade de classes e subdesenvolvimento.* Rio de Janeiro, Zahar, 3. ed., 1975,

FERREIRA, M. S. G. *et alli. Proposta de política de prática acadêmica — Faculdade de Serviço Social de UFJF,* dez./1993.

FERRETI, J. C. *et alii* (Orgs.). *Tecnologias, trabalho e educação. Um debate interdisciplinar.* Petrópolis, Vozes, 1994.

FILHO, G. C. *A questão social no Brasil.* Rio de Janeiro, Civilização Brasileira, 1982.

FIORE, J. L. *Os moedeiros falsos.* Petrópolis, Vozes, 3. ed., 1997.

FITOUSSI, J. P. e ROSANVALLON, P. *La nueva era de las desigualdades.* Buenos Aires, Manantial, 1997.

FLEURY, S. *Estado sem cidadãos. Seguridade social na América Latina.* Rio de Janeiro, FIOCRUZ, 1996.

FORTI, V. L. "Considerações sobre ética e identidade". *Serviço Social e Sociedade nº 39.* São Paulo, Cortez, ago. 1992.

FRANCISCO, E. M. "O processo de reestruturação produtiva e as demandas para o Serviço Social". In: *Em Pauta nº 10.* Revista da Faculdade de Serviço Social da UERJ. Rio de Janeiro, UERJ, 1997.

FSS/UFJF — Faculdade de Serviço Social da Universidade Federal de Juiz de Fora — Coordenação de Curso de Graduação em Serviço Social. *Redefinindo os rumos da Prática Acadêmica* (ago. 1995).

______. *Documento de Revisão Curricular da Faculdade de Serviço Social da UFJF* (1990).

______. *Seminário Interno de Docentes da Faculdade de Serviço Social*, (dez. 1994).

______. *Relatório da Oficina Local da ABESS* (set./1996).

______. *Relatório do II Seminário Interno de Docentes da Faculdade de Serviço Social*, (mar. 1996).

GIDDENS, A. (Org.) *Emile Durkheim: select writings*. Londres, Cambridge University Press, 3. ed., 1976.

GOHN, M. G. *Os sem terra, ONGs e cidadania*. São Paulo, Cortez, 1997.

GOIÁS, J. *et alii*. *Subsídio INESC. A criança e o adolescente no Congresso Nacional*. Brasília, Instituto de Estudos Socioeconômicos, agosto de 1996.

GOMES, F.; ABREU, M. M. e FARIAS, N. R. G. *Direção social da formação profissional e crise de conjuntura*. São Luís, UFMa, 1994, (mimeo.).

GRAMSCI, A. *A concepção dialética da História*. Rio de Janeiro, Civilização Brasileira, 1968.

______. *Maquiavel, a política e o estado moderno*. Rio de Janeiro, Civilização Brasileira, 3. ed., 1978.

______. "Problemas da Vida Cultural". In: *Obras Escolhidas*. 2 vols. Lisboa, Estampa, 1974.

GRASSI, E. *et alii*. "Neoliberalismo Conservador y Estado Asistencialista" In: *Políticas sociales, crisis y ajuste estrutural*. Buenos Aires, Espacio, 1994.

GUERRA, Y. *A instrumentalidade do Serviço Social*. São Paulo, Cortez, 1995.

HARVEY, D. *Los límites del capitalismo y la teoría marxista*. México, Fondo de Cultura Económica, 1990.

______. *A condição pós-moderna*. São Paulo, Loyola, 2. ed., 1993.

HECKERT, S. M. *Identidade e mulher no Serviço Social*. UFRJ, Dissertação de Mestrado em Serviço Social, 1990.

HELLER, A. *O quotidiano e a História*. Rio de Janeiro, Paz e Terra, 1972.

______. *Sociología de la Vida Cotidiana*. Barcelona, Peninsula, 1977.

HOBSBAWM, E. *Mundos do trabalho*. Rio de Janeiro, Paz e Terra, 1978.

IAMAMOTO, M. V. e CARVALHO, R. *Relações Sociais e Serviço Social no Brasil*. São Paulo, Celats/Cortez, 1982.

______. *Relaciones sociales y trabajo social*. Lima, CELATS, 1983.

IAMAMOTO, M. V. *et alii* "Relatório avaliativo da área de pós-graduação em Serviço Social (período 1987-1989). *Serviço Social e Sociedade nº 38*. São Paulo, Cortez, ano XIII, abr. 1992.

IAMAMOTO, M. V. *Renovação e conservadorismo no Serviço Social. Ensaios Críticos*. São Paulo, Cortez, 1992.

______. *O debate contemporâneo da reconceituação no Serviço Social: ampliação e aprofundamento do marxismo*. Rio de Janeiro, UFRJ, 1992 (mimeo.).

______. "O Serviço Social na Contemporaneidade: os fundamentos teórico-metodológicos e técnico-operativos do trabalho profissional". In: *Metodologias e Técnicas do Serviço Social Caderno Técnico 23*. Brasília, CNI/Sesi-DN, 1996.

______. "O processo de implantação do currículo pleno: reflexões sobre o eixo fundamentos teórico-metodológicos e históricos do Serviço Social". Rio de Janeiro, UFRJ/Depto. de Fundamentos do Serviço Social, 1994 (mimeo.).

______. "Parecer técnico-político sobre os Projetos de lei nº 2 349/96 e 2 218/96 de autoria da Deputada Jandira Feghali relativos, respectivamente, à obrigatoriedade de contratação e condições de trabalho do Assistente Social.

______. "Legitimidade e Crise do Serviço Social". Dissertação de mestrado. Piracicaba, ESALQ/USP, 1982.

______. *Servicio Social y División de Trabajo*. São Paulo, Cortez (col. Biblioteca Latinoamericana de Servicio Social), vol. 2, 1997.

IBGE. *Síntese dos Indicadores Sociais da Pesquisa Básica do PNAD de 1981 a 1989*. Rio de Janeiro, IBGE, 1990.

IANNI, O. *Sociologia da sociologia latino-americana*. Rio de Janeiro, Civilização Brasileira, 1975.

______. *O ciclo da Revolução Burguesa*. Petrópolis, Vozes, 1984.

JORNAL DO BRASIL de 15/09/97, "Acordo cria emprego de feriado". Economia, p. 18.

JORNAL DO SERVIDOR. Ano 3, nº 25. Brasília, Ministério da Administração Federal e Reforma do Estado, mar. 1988.

JUNQUEIRA, H. I. "Quase Duas Décadas de Reconceituação do Serviço Social: uma abordagem crítica". *Serviço Social e Sociedade nº 4*. São Paulo, Cortez, dez. 1980.

KAMEYAMA, N. "Concepção de Teoria e Metodologia". In: *Cadernos Abess nº 3. A Metodologia no Serviço Social*. São Paulo, Cortez, 1989.

______. *Pesquisa em Serviço Social no Brasil*. Forum Nacional de Pesquisa em Serviço Social. Questões e Perspectivas. São Paulo, ABESS/CEDEPSS, 1991.

______. & KARSCH, U. M. *Pós-graduação em Serviço Social no Brasil e projeto pedagógico*. Natal, 1988, (mimeo.).

KARSCH, U. M. *O Serviço Social na era dos serviços*. São Paulo, Cortez, 1987.

KISNERMAN, N. *Sete estudos sobre o Serviço Social*. São Paulo, Cortez e Moraes, 1978.

KLIKSBERG, B. *O desafio da exclusão. Para uma gestão social eficiente*. São Paulo, FUNDAP, 1997.

KOIKE, M. M. S. "Notas sobre ética profissional da Assistente Social". *Serviço Social e Sociedade nº 43*. São Paulo, Cortez, dez. 1993.

KOUTZI, F. *Nova República: Um balanço*. Porto Alegre, L. & PM, 1986.

KRISCHKE, J. P. (Org.). *Brasil: do milagre à abertura*. São Paulo, Cortez, 1982.

KRUSE, H. *Introducción a la Teoria Cientifica del Servicio Social*. Buenos Aires, ECRO/ISI, 1972.

KUCINSKI, B. *Abertura, a história de uma crise*. São Paulo, Brasil Debates, 1982.

LEAL, V. N. *Coronelismo, enxada e voto*. São Paulo, Alfa-Ômega, 2. ed., 1975.

LEFÈBVRE, H. *Critique de la vie quotidienne*. 2 vols. Paris, L'Arché, 1961.

______. *La vida cotidiana en el mundo moderno*. Madrid, Aliança, 1968.

______. *Sociologia de Marx*. São Paulo, Forense, 2. ed., 1974.

______. "La Psicosociologia de la Vida Cotidiana". In: *De lo rural a lo urbano*. Barcelona, Península, 1985.

LEITE, M. de P. *O futuro do trabalho. Novas tecnologias e subjetividade operória*. São Paulo, Scritta, 1994.

LEITE, M. de P. & SILVA, R. A. "A Sociologia do Trabalho frente à Reestruturação Produtiva: uma discussão teórica" In: *BIB — Revista brasileira de Informação Bibliográfica em Ciências Sociais*. Rio de Janeiro, ANPOCS, nº 42, 2º semestre de 1996.

LENIN, V. I. *O que fazer?* Lisboa, Estampa, 1974.

______. *O desenvolvimento do capitalismo na Rússia*. São Paulo, Abril, 1982.

LIMA A. A. *A fundação das duas primeiras escolas de Serviço Social no Brasil.* (Dissertação de mestrado.) São Paulo, PUC-SP, 1977.

LIMA, L. "Marchas e contramarchas del trabajo Social: repasando la reconceptualización. *Acción Critica nº 6.* Lima, CELATS/ALAETS, dec. 1979.

LIMA, L. e RODRIGUEZ, R. "Metologismo: estallido de una época". *Acción Critica nº 2.* Lima, CELATS/ALAETS, jul. 1977.

______. *Textos de Serviço Social.* São Paulo, Cortez/Celats, 1983.

LIMA, M. H. *Serviço Social e Sociedade Brasileira.* São Paulo, Cortez, 1982.

______. "Ética e política no Serviço Social; um tema e um problema". *Serviço Social e Sociedade nº 45.* São Paulo, Cortez, ago. 1994.

LIMA, S. A. B. *Participação social no cotidiano.* São Paulo, Cortez e Moraes, 1979.

LOPES, J. B. *Objeto e especificidade do Serviço Social.* São Paulo, Cortez e Moraes, 1979.

______. "Pós-modernidade: superação da modernidade ou reação conservadora?" *Serviço Social e Sociedade nº 42.* São Paulo, Cortez, ago. 1993.

LORCA, F. G. *Obra poética completa.* São Paulo, Martins Fontes, 1998.

LÖWY, M. *Para uma sociologia dos intelectuais revolucionários.* São Paulo, Livraria Ciências Humanas, 1979.

______. *Ideologias e Ciência Social.* São Paulo, Cortez, 1985.

______. *As aventuras de Karl Marx contra o Barão de Munchhausen.* São Paulo, Busca Vida, 1987.

LUKÁCS, G. *La theórie du roman.* Genebra, Gonthier, 1963.

______. *Ontologia do ser social. Os princípios ontológicos fundamentais de Marx.* São Paulo, Livraria Ed. Ciências Humanas, 1979.

______. "O particular à luz do materialismo histórico". In: *Introdução à estética marxista.* Rio de Janeiro, Civilização Brasileira, 1978.

______. "O que é o marxismo ortodoxo?" In: *História e consciência de classe.* Porto, Publicações Escorpião, 1974.

MACIEL, M. A. e CARDOSO, F. "Metodologia do Serviço Social: a práxis como base conceitual". In: Vv. Aa. *A metodologia no Serviço Social. Cadernos ABESS nº 3.* São Paulo, Cortez, 1989.

MAGALHÃES, A. C. "O serviço público obrigatório". *Jornal do Brasil,* 24/10/97, p. 9, Opinião.

MANNHEIM, K. *Ensayos de sociología y psicología aplicada.* México, Fondo de Cultura Económica, 1963.

MARCUSE, H. *Razão e Revolução*. Rio de Janeiro, Paz e Terra, 2. ed., 1978.

MARKUS, G. *Teoria do conhecimento no jovem Marx*. Rio de Janeiro, Paz e Terra, 1974.

MARQUES, R. M. *Automação microeletrônica e o trabalhador*. São Paulo, Bienal, s./d.

MARTINE, G. "A trajetória da modernização agrícola: a quem beneficia?". In: *Lua Nova. Revista de Cultura e Política*. São Paulo, Cedec, março de 91, n. 23.

MARTINE, G. "Êxodo rural, concentração urbana e fronteira agrícola". In: MARTINE, G. e GARCIA, C. R. (Orgs.). *Os impactos sociais da modernização agrícola*. São Paulo, Caetés, 1987.

MARTINELLI, M. L. *Serviço Social: identidade e alienação*. São Paulo, Cortez, 1989.

______. "O ensino teórico-prático do Serviço Social: demandas e alternativas." *Serviço Social e Sociedade nº 45*. São Paulo, Cortez, abr. 1994.

______. "Notas sobre mediações: alguns elementos para a sistematização da reflexão sobre o tema." *Serviço Social e Sociedade nº 43*. São Paulo, Cortez, dez. 1993.

MARTINEZ, J. M. "Proceso Historico y Trabajo Social en America Latina". *Acción Critica nº 2*. Lima, CELATS/ALAETS, jul. 1977.

MARTINS, J. S. "A produção capitalista de relações de produção não capitalistas de produção: o regime de colonato nas fazendas de café". In: *O cativeiro da terra*. São Paulo, Livraria Ed. Ciências Humanas, 1979.

______. *A militarização da questão agrária no Brasil. (Terra e poder: o problema da terra na crise política)*. Petrópolis, Vozes, 1986.

______. *A reforma agrária e os limites da democracia na Nova República*. São Paulo, Hucitec, 1986.

______. "Dilemas sobre as classes subalternas na idade da razão". In: *Caminhada no chão da noite. Emancipação política e libertação dos movimentos sociais do campo*. São Paulo, Hucitec, 1989.

______. *A chegada do estranho*. São Paulo, Hucitec, 1993.

______. *O massacre dos inocentes*. São Paulo, Hucitec, 2. ed., 1993.

MARX, K. "Manuscritos Econômico-Filosóficos de 1844. In: MARX, K. e ENGELS, F. *Manuscritos Económicos Vários*. Barcelona, Grijalbo, 1975.

______. "Teses sobre Feuerbach". In: MARX, K. e ENGELS, F. *Textos 1*. São Paulo, Ed. Sociais, 1977.

MARX, K. "Crítica da Filosofia do Direito de Hegel. Introdução." In: *Temas de Ciências Humanas nº 2*. São Paulo, Grijalbo, 1977.

______. "Trabalho assalariado e capital". In: MARX, K. e ENGELS, F. *Textos 3*. São Paulo, Ed. Sociais, 1977.

______. *O Capital. Crítica da Economia Política*. São Paulo, Nova Cultural, 1985, III Tomos.

______. *El Capital. Crítica de la Economía Política. El proceso global de la producción capitalista*. Espanha, Siglo XXI, 7. ed., 1984.

______. *El Capital, Libro I, Capítulo VI. Inédito*. Argentina. Siglo XXI, 1974.

______. *Un chapitre inédit du capital*. Paris, Unión Generale d'Editions, Col. 10/18, 1971 (Trad. Roger Dangeville).

______. *Elementos Fundamentales para la Crítica de la Economía Política. (Grundrisse). 1857-1858*, 2 vols. México, Siglo XXI, 12. ed. 1978.

______. *Teorias sobre la Plus Valia. Tomo IV de 'El capital'*. 3 vols. (Trad. Wenceslao Roces). México, Fondo de Cultura Económica, 1980.

______. *Contribuição à crítica da economia política. Prefácio*. São Paulo, Martins Fontes, 1977.

______. *Miséria da Filosofia*. São Paulo, Livraria Ciências Humanas, 1982.

______. "Crítica da Filosofia do Direito de Hegel. Introdução". *Temas de Ciências Humanas nº 2*. São Paulo, Grijalbo, 1977.

______. "Prefácio da Primeira Edição". In: *O Capital. Crítica da Economia Política. O processo de produção do capital*. Tomo I. São Paulo, Nova Cultural, 1985.

______. "Posfácio à segunda edição. In: *O Capital. Crítica da Economia Política*. Op. cit.

______. "Introdução à crítica da economia política (1857). In: *Marx*. São Paulo, Abril Cultural. (Col. "Os pensadores"), 1974.

______. Prefácio à Contribuição à Crítica da Economia Política. In: MARX, K. e F. Engels. *Textos 3*. São Paulo, Ed. Sociais, 1977.

MARX, K. e ENGELS, F. *A ideologia alemã (Feuerbach)*. São Paulo, Grijalbo, 1977.

______. *A ideologia alemã*. 2 vols. Lisboa, Presença/Martins Fontes, 1980.

MARX, K. e ENGELS, F. "Manifesto do Partido Comunista". In: MARX, K. e ENGELS, F. *Textos 3*. São Paulo, Ed. Sociais, 1977.

MATTOSO, J. *A desordem do trabalho*. São Paulo, Scritta, 1995.

______. "Emprego e concorrência desregulada: incertezas e desafios". In: *Crise e trabalho no Brasil. Modernidade ou volta ao passado?* São Paulo, Scritta, 1996.

MAYRINK, J. M. "Empresas investem na ação social". *Jornal do Brasil*, 23/12/1997, Brasil.

______. "Fundação Bradesco financia 36 escolas em 24 estados". *Jornal do Brasil*, 23/12/1997, p. 6.

______. "Natura ajuda a educar 120 mil alunos". *Jornal do Brasil*, 23/12/97.

______. "Ecologia é bom negócio". Idem. MAYRINK, J. M. "Empresas investem na ação social". *Jornal do Brasil*, 23/12/1997, Brasil.

MEC/UFJF. PRÓ-REITORIA DE ASSUNTOS COMUNITÁRIOS. *A extensão na UFJF*. (mimeo.).

MEC/UFJF. PRÓ-REITORIA DE ENSINO E PESQUISA. *Regulamento Acadêmico da Graduação. UFJF, 1993.*

MEIRELES, C. *Cecília Meireles. Obra Poética*. Volume único. Rio de Janeiro, Nova Aguilar, 1983.

MENEZES, M. T. *Em busca da teoria: Políticas de Assistência Pública.* São Paulo, Cortez, 1993.

MERCADANTE, P. *A consciência conservadora no Brasil*. Rio de Janeiro, Saga, 1965.

MERHING, F. *Carlos Marx*. México, Biografias Grandeza, 1960.

MIGUEL, V. L. *O Serviço Social e a 'Promoção do Homem'*. São Paulo, Cortez, 1980.

MINISTÉRIO DA ADMINISTRAÇÃO E REFORMA DO ESTADO — MARE. *Plano Diretor da Reforma do Estado*. Brasília (DF), dezembro de 1995.

______./Secretaria da Reforma do Estado. *Projeto de Organizações Sociais.* Brasília, abril de 1996.

MINISTÉRIO DA EDUCAÇÃO E DO DESPORTO/SECRETARIA DE ENSINO SUPERIOR/Coordenação das Comissões de Especialistas de Ensino Superior/Comissão de Especialistas em Serviço Social. "Parecer às Diretrizes Gerais do Curso de Graduação em Serviço Social". Brasília, out. 1997.

MINISTÉRIO DA FAZENDA/Secretaria de Assuntos Internacionais. *Proyecto de Protocolo Macro sobre el Comercio de Servicios del MERCOSUR*. Brasília, 7 de outubro de 1997.

MONTAÑO, C. E. "O Serviço Social frente ao Neoliberalismo. Mudanças na sua base de sustentação sócio-ocupacional". In: *Serviço Social e Sociedade nº 53*. São Paulo, Cortez, 1997, pp. 102-125.

MORAES NETO, B. R. *Marx, Taylor, Ford. As forças produtivas em discussão*. São Paulo, Brasiliense, 2. ed., 1991.

MOTA, A. E. *O feitiço da ajuda*. São Paulo, Cortez, 1985.

MOTA, A. E. "Uma Nova Legitimidade para o Serviço Social de Empresa". *Serviço Social e Sociedade nº 25*. São Paulo, Cortez, dez. 1987.

______. *Cultura da crise e seguridade social*. São Paulo, Cortez, 1995.

______. "As transformações no mundo do trabalho e seus desafios para o Serviço Social". *O Social em Questão nº 1. Revista do Programa de Mestrado em Serviço Social da PUC-Rio*. Vol. I, ano I, primeiro semestre de 1997.

MULLER, G. *Complexo agro-industrial e modernização agrária*. São Paulo, Hucitec/Educ. 1989.

NASCIMENTO, E. P. "Projetos Nacionais e Exclusão Social". In: *Planejamento e Políticas Públicas nº 10*. Brasília, IPEA, dezembro de 1993.

NEDER, R. T. *et alii*. *Automação e Movimento Sindical no Brasil*. São Paulo, Hucitec, 1988.

NETO, A. M. F. *Relatório de Assessoria — 2ª etapa, período mar./jun. de 1991*. Juiz de Fora, Escola de Serviço Social — UFJF.

NETTO, J. P. "La Crisis del Proceso de Reconceptualización del Servicio Social." In: ALAYÓN. N. *et alii*. *Desafio al Servicio Social*. Buenos Aires, Humanitas, 1976.

______. "La Critica Conservadora a la reconceptualización". In: *Acción Critica nº 9*. Lima, CELATS/ALAETS, jun. 1981.

______. *O que é o marxismo*. São Paulo, Brasiliense, 1985.

______. "Serviço Social e Tradição Marxista". *Serviço Social e Sociedade nº 30*. São Paulo, Cortez, abr. 1989.

______. *Democracia e transição socialista*. Belo Horizonte, Oficina de Livros, 1990.

______. *Ditadura e Serviço Social*. São Paulo, Cortez, 1991.

______. "Crise do socialismo, teoria marxiana e alternativa comunista". *Serviço Social e Sociedade nº 37*. São Paulo, Cortez, dez. 1991.

______. "Notas sobre o marxismo e Serviço Social, suas relações no Brasil e a questão do seu ensino". In: Vv. Aa. *Ensino em Serviço Social: pluralismo e formação profissional. Cadernos ABESS nº 4*. São Paulo, Cortez, maio de 1991.

______. *Capitalismo Monopolista e Serviço Social*. São Paulo, Cortez, 1992.

______. "Transformações Societárias e Serviço Social: notas para uma análise prospectiva da profissão no Brasil". In: *Serviço Social e Sociedade nº 50*. São Paulo, Cortez, 1996, pp. 87-132.

NETTO, J. P. e FALCÃO, M. C. B. *Cotidiano: conhecimento e crítica*. São Paulo, Cortez, 1987.

NISBET, R. *La formación del pensamiento sociologico*. Buenos Aires, Amorrortu, vol. I, 1969.

______. "Conservadorismo e Sociologia". In: MARTINS, J. S. (Org.) *Introdução crítica à sociologia rural*. São Paulo, Hucitec, 1980.

NUNES, M. A. *Agências autônomas. Projeto de reforma administrativa das autarquias e fundações federais do setor de atividades exclusivas do Estado*. MARE/Fundação Escola Nacional de Administração Pública, jun. 1996.

OFFE, C. "Trabalho como categoria sociológica fundamental?" In: *Trabalho e Sociedade. Problemas estruturais e perspectivas para o futuro da sociedade do trabalho*. Rio de Janeiro, Tempo Brasileiro nº 85, 1989.

______. "Teoria do Estado e Política Social". In: *Problemas Estruturais do Estado Capitalista*. Rio de Janeiro, Biblioteca Tempo Universitário nº 79, 1984.

OLIVEIRA, F. "Anos 70: as hostes errantes". In: *Novos Estudos CEBRAP nº 19*. São Paulo, Cebrap, dez. 1981.

______. "Além da transição, aquém da imaginação". *Novos Estudos CEBRAP nº 12*. São Paulo, Cebrap, jun. 85.

______. *O elo perdido. Classe e identidade de classe*. São Paulo, Brasiliense, 1987.

______. "O surgimento do anti-valor". In: *Novos Estudos CEBRAP nº 22*. São Paulo, CEBRAP, out. 1988.

______. "Os Protagonistas do Drama: Estado e Sociedade no Brasil". In: LARANJEIRA, S. (Org.) *Movimentos e classes sociais na América Latina*. São Paulo, Hucitec, 1990.

______. "A economia política da social democracia". *Revista USP nº 17*. São Paulo, EDUSP, março/abril de 1993.

______. "Da dádiva aos direitos: a dialética da cidadania". In: *Revista Brasileira de Ciências Sociais nº 25*. São Paulo, ANPOCS, julho de 1994.

OLIVEIRA, C. A. e OLIVEIRA, M. A. (Orgs.). *O mundo do trabalho. Crise e mudança no final do século*. São Paulo, Scritta, 1994.

OLIVEIRA, C. A. B. e MATTOSO, J. E. L. (Orgs.). *Crise e trabalho no Brasil. Modernidade ou volta ao passado?* São Paulo, Scritta, 1996.

OLIVEIRA, P. e BERNARD, D. (Orgs.). *Elementos para uma teoria marxista da subjetividade*. São Paulo, Vértice, 1989.

OLIVEIRA, R. C. *et alii*. "El Trabajo Social en el Capitalismo Latinoamericano". *Acción Critica nº 7*. Lima, CELATS/ALAETS, 1980.

OSBORNE, D. e GAEBLER, T. *Reinventando o governo: como o espírito empreendedor está transformando o setor público*. Brasília, MH Comunicação, 9. ed., 1997.

PAIVA, B. Processos políticos e políticas públicas: a Lei Orgânica da Assistência Social. (Dissertação de Mestrado em Serviço Social). Rio de Janeiro, UFRJ, 1993.

PALMA, D. *La reconceptualización: una busqueda en America Latina*. Buenos Aires, Ecro/Série CELATS nº 2, 1977.

PAOLI, M. C. "Os trabalhadores urbanos na fala dos outros: tempo, espaço e classe na história operária brasileira". In: LOPES, J. S. L. (Org.). *Cultura e identidade operária*. Rio de Janeiro, UFRJ/Marco Zero, 1987.

PARODI, J. "El significado del Trabajo Social en el capitalismo y la reconceptualización". *Acción Critica nº 4*. Lima, CELATS/ALAETS, 1981.

PASTORINI, A. "Quem mexe os fios das políticas sociais? Avanços e limites da categoria concessão conquista". *Serviço Social e Sociedade nº 53*. São Paulo, Cortez, mar. 1997, pp. 80-101.

PELIANO, A. M. T. (Coord.) *Mapa da fome: subsídios à formulação de uma política de segurança alimentar*. Brasília, Instituto de Pesquisa Econômica Aplicada — IPEA —, Documento de Política nº 14, mar. 1993.

PEREIRA, P. A. *A Assistência Social na perspectiva dos Direitos. Crítica aos padrões dominantes de proteção aos pobres no Brasil*. Brasília, Thesaurus, 1996.

______. "A política social no contexto da seguridade social e do *Welfare State*: a particularidade da assistência social". In: *Serviço Social e Sociedade nº 56*. São Paulo, Cortez, mar. 1998, pp. 60-69.

PEREIRA, L. C. B. e SPINK, P. (Orgs). *Reforma do Estado e Administração Pública Gerencial*. Rio de Janeiro, Fundação Getúlio Vargas, 1998.

PESSANHA, E. G. P. e MOREL, R. L. M. "Gerações Operárias: rupturas e continuidade na experiência dos metalúrgicos no Rio de Janeiro. *Revista Brasileira de Ciências Sociais nº 17*. Rio de Janeiro, ANPOCS, out. 1991.

PESSIS PASTERNAK, G. (Org.). *Do caos à inteligência artificial: quando os cientistas se interrogam*. São Paulo, UNESP, 1993.

PESSOA, F. *Fernando Pessoa. Obra Poética*. Volume único. Rio de Janeiro, Nova Aguilar, 1983.

POCHMANN, M. *Novos cenários do mercado de trabalho no Brasil (a questão do desemprego)*. Palestra realizada na Jornada: Novos cenários do mercado de trabalho no Brasil, PUC-SP, em agosto de 1997.

PONTES, R. N. "A propósito da categoria da mediação". *Serviço Social e Sociedade nº 31*. São Paulo, Cortez, dez. 1989.

______. *Mediação e Serviço Social*. São Paulo, Cortez; Belém, PA: UNAMA, 1995.

PONTES, L. e BAVA, S. C. "As ONGs e as políticas públicas na construção do Estado democrático". *Serviço Social e Sociedade nº 50*. São Paulo, Cortez, 1996.

PRESIDENTE DA REPÚBLICA. *Medida Provisória nº 1 549-35 de 9 de outubro de 1997*. Dispõe sobre a organização da Presidência da República e dos Ministérios e dá outras providências (art. 58 a 61).

PRESIDENTE DA REPÚBLICA. Lei nº 9 649 de 27 de maio de 1998. Dispõe sobre a organização da Presidência da República e dos Ministérios, e dá outras providências. *DIÁRIO OFICIAL* nº 100, 28 de maio de 1998, seção 1.

PRZEWORSKI, A. "A organização do proletariado como classe: o processo de formação das classes". In: *Capitalismo e Social Democracia*. São Paulo, Cia. das Letras, 1995, 2ª reimpressão.

QUIROGA, C. *Uma invasão às ocultas: reduções positivistas no marxismo e suas manifestações no ensino de Serviço Social*. São Paulo, Cortez, 1989.

QUIROZ, T. "El movimiento de reconceptualización en America Latina". In: Vv. Aa. *Desafío al Servicio Social*. Buenos Aires, Humanitas, 1975.

RAICHELLIS, R. *Legitimação popular e poder*. São Paulo, Cortez, 1988.

______. "Assistência Social e esfera pública: os conselhos no exercício do controle social" *Serviço Social e Sociedade nº 56*. São Paulo, Cortez, ano XIX, mar. 1988.

RAMALHO, J. R. "Controle, conflito e consentimento na teoria do processo de trabalho: um balanço do debate". In: *BIB nº 32. Boletim Informativo e Bibliográfico de Ciências Sociais*. Rio de Janeiro, ANPOCS/Relume-Dumará, 2º semestre de 1991.

REIS, F. W. e O'DONNEL G. (Orgs). *A democracia no Brasil: dilemas e perspectivas*. Rio de Janeiro, Vértice, 1988.

REVISTA DA CONFEDERAÇÃO NACIONAL DA INDÚSTRIA nº 295, ano 29. Brasília, mai./jun. 1996.

REVISTA ATENÇÃO nº 2, ano 1. São Paulo. Página Aberta, dez. 95 — jan. 96.

RICO, E. M. *Teoria de Serviço Social de Empresa: objeto e objetivos*. São Paulo, Cortez, 1982.

RODRIGUES, J. A. (Org.). *Durkheim. Sociologia*. São Paulo, Ática, 1978.

RODRIGUES, M. T. (Org.). *Contemporâneos: mostra do Acervo do Centro de Estudos Murilo Mendes*. Juiz de Fora, CEMM/UFJF, 1997.

ROSA, G. "Primeiras Estórias: A terceira margem do Rio". In: *Guimarães Rosa. Ficção Completa*, vol. II. Rio de Janeiro, Nova Aguilar, 1995.

______. "Grande sertão: veredas". In: *Guimarães Rosa. Ficção Completa*. Op. cit.

ROSANVALLON, P. *La nouvelle question social*. Paris, Seuil, 1995.

ROSDOLSKY, R. *Génesis y estructura de El Capital de Karl Marx*. México, Siglo XXI, 3. ed., 1986.

SADER, E. *Quando novos personagens entram em cena*. Rio de Janeiro, Paz e terra, 1988.

______. (Org.). *Movimentos sociais na transição democrática*. São Paulo, Cortez, 1982.

SALLES, M. A. "O lugar da moral e do indivíduo na tradição marxista". *Em pauta. Cadernos da Faculdade de Serviço Social da UERJ nº 2*. Rio de Janeiro, UERJ, 1993.

SANDRONI, P. (Org.). *Constituinte, economia e política da Nova República*. São Paulo, Cortez/Educ, 1986.

SANTOS, A. L. "Encargos sociais e custo do trabalho no Brasil". In: OLIVEIRA, C. A. B. e MATTOSO, J. E. L. (Orgs.). *Crise e trabalho no Brasil. Modernidade ou volta ao passado?* São Paulo, Scritta, 1996.

SANTOS, W. G. *Cidadania e justiça. A política social na ordem brasileira*. Rio de Janeiro, Campos, 1979.

São Paulo em Perspectiva. MERCOSUL. Blocos Internacionais. São Paulo, Fundação SEADE, vol. 9, nº 1, jan./mar., 1995.

SCHMITZ, H. e CARVALHO, R. Q. (Orgs.). *Automação, competitividade e trabalho: a experiência internacional*. São Paulo, Hucitec, 1988.

SCHWARZ, R. *Ao vencedor as batatas*. São Paulo, Livraria Duas Cidades, 2. ed., 1981.

SERRA, R. "A crise da materialidade do Serviço Social." *Serviço Social e Sociedade nº 41*. São Paulo, Cortez, abr. 1993.

SÈVE, L. *O marxismo e a teoria da personalidade*. Lisboa. Livros Horizonte, 1978. (3 vols.)

SHAFF, A. *Marxismo e indivíduo*. Rio de Janeiro, Civilização Brasileira, 1967.

SILVA, A. A. *A profissão de Serviço Social no limiar do novo século*. São Paulo, PUC-CRESS, 1996. (mimeo.).

SILVA, J. F. G. (Coord.). *Estrutura agrária e produção de subsistência na agricultura brasileira*. São Paulo, Hucitec, 1978.

SILVA, J. F. G. *Progresso técnico e relações de trabalho na agricultura.* São Paulo, Hucitec, 1981.

SILVA, J. S. *Valor e renda da terra. (O movimento do capital no campo).* São Paulo, Pólis, 1981.

SILVA, M. G. *Ideologias e Serviço Social: reconceituação latino-americana.* São Paulo, Cortez, 1982.

SILVA, L. M. M. R. *Aproximação do Serviço Social à tradição marxista: caminhos e descaminhos.* (Tese de doutorado). São Paulo, PUC-SP, 2 vols., 1991.

SILVA e SILVA, M. O. *A formação profissional do assistente social.* São Paulo, Cortez, 1984.

______. "A crise dos projetos de transformação social e a prática profissional do Serviço Social". In: Vv. Aa. *Cadernos de Teses. 7º Congresso Brasileiro de Assistentes Sociais.* São Paulo, maio de 1992.

______. (Org). *O Serviço Social e o popular: resgate teórico-metodológico do projeto profissional de ruptura.* São Paulo, Cortez, 1995.

SIMIONATO, I. *Gramsci: sua teoria, incidência no Brasil e influência no Serviço Social.* São Paulo, Cortez/Ed. da UFSC, 1995.

______. "A concepção de hegemonia em Gramsci". *Serviço Social e Sociedade nº 43.* São Paulo, Cortez, dez. 1993.

SINDICATO NACIONAL DOS DOCENTES DAS INSTITUIÇÕES DE ENSINO SUPERIOR. *Proposta da ANDES — Sindicato Nacional para a Universidade Brasileira. Cadernos ANDES.* Brasília, julho de 1996, 2. ed. revista e atualizada.

SINGER, P. e BRANDT, V. C. B. (Org.). *São Paulo: o povo em movimento.* Petrópoóis, Vozes, 1980.

SOUZA, M. L. *Serviço Social e instituição.* São Paulo, Cortez, 1982.

SOUZA, R. J. "Salário e mão-de-obra excedente". In: Vv. Aa. *Valor, força de trabalho e acumulação. Estudos CEBRAP nº 25.* Petrópolis, Vozes, s./d.

SPOSATI, A. *Vida urbana e gestão da pobreza.* São Paulo, Cortez, 1988.

______. (Coord.). *A assistência social no Brasil 1983-1990.* São Paulo, Cortez, 1991.

SPOSATI, A. *et alii. Assistência na trajetória das políticas sociais brasileiras.* São Paulo, Cortez, 1985.

______. A pobreza assistida em São Paulo. (Tese de doutoramento). São Paulo, PUC/SP, 1987.

______. *Os direitos dos (des)assistidos sociais.* São Paulo, Cortez, 1989.

SPOSATI, A. e FALCÃO, M. C. *Assistência social brasileira: descentralização e municipalização*. São Paulo, Educ, 1990.

______. *Identidade e efetividade das ações de enfrentamento da pobreza brasileira*. São Paulo, Educ, 1989.

TAPIA, J. "Corporativismo societal no Brasil". In: DAGNINO, E. (Org.). *Anos 90. Política e sociedade no Brasil*. São Paulo, Brasiliense, 1994.

TAVARES, M. C. e FIORI. J. L. *Desajuste global e modernização conservadora*. São Paulo, Paz e Terra, 1993.

TELLES, V. "Sociedade civil e construção de espaços públicos". In: DAGNINO, E. (Org.). *Anos 90. Política e sociedade no Brasil*. São Paulo, Brasiliense, 1994.

THOMPSON, E. P. *Tradición, revuelta y conciencia de classe*. Barcelona, Critica, 1979.

______. *Miséria da teoria*. Rio de Janeiro, Zahar, 1981.

______. *A formação da classe operária inglesa*. 3 vols. Rio de Janeiro, Paz e Terra, 1987.

TENÓRIO, F. G. (Org.). *Gestão de ONGs. Principais funções gerenciais*. Rio de Janeiro, Fundação Getúlio Vargas, 1997.

TERRA, S. H. *Parecer Jurídico nº 15/98. Assunto: Alteração introduzida na Medida Provisória nº 1 651-43, quanto à composição dos Conselhos Federais de Fiscalização do Exercício Profissional*. Brasília, CFESS, 19 de maio de 1998.

TOLEDO, E. "O Exemplo da BMS — Belgo Mineira Sistemas Ltda." In: III Seminário "Olhares sobre o Trabalho". *Cadernos do Núcleo de Estudos sobre Trabalho Humano. NESTH nº 3 Trabalho e Qualidade: contribuindo para o debate*. Belo Horizonte, UFMG/FAFICH, jun./1995.

TONET, I. "A Crise das Ciências Sociais". *Serviço Social e Sociedade nº 41*. São Paulo, Cortez, abr. 1993.

______. "Pluralismo metodológico: um falso caminho". *Serviço Social e Sociedade nº 48*. São Paulo, Cortez, ago. 1995.

VASCONCELOS, A. M. "Relação teoria/prática: o processo de assessoria/consultoria e o Serviço Social". *Serviço Social e Sociedade nº 56*. São Paulo, Cortez, mar. 1998.

______. "Serviço Social e prática reflexiva". *Em Pauta nº 10. Revista da Faculdade de Serviço Social da UERJ*. Rio de Janeiro, UERJ, 1997.

VERDÈS-LEROUX, J. *Le Travail Social*. Paris, Les Éditions de Minuit, 1978.

______. *Trabalhador Social: prática, hábitos, ethos e formas de intervenção*. São Paulo, Cortez, 1986.

VIANNA, L. W. *Liberalismo e sindicato no Brasil*. Rio de Janeiro, Paz e Terra, 2. ed., 1978.

Vv. Aa. *Serviço Social crítico: problemas e perspectivas*. São Paulo, Cortez/Celats, 1983.

Vv. Aa. *Trabajo Social en America Latina: balance y perspectivas*. Lima, Celats, 1983.

Vv. Aa. *A metodologia no Serviço Social. Cadernos ABESS nº 3*. São Paulo, Cortez, 1980.

Vv. Aa. *Ensino em Serviço Social: pluralismo e hegemonia. Cadernos ABESS nº 4*. São Paulo, Cortez, 1991.

Vv. Aa. *A produção do conhecimento e o Serviço Social. Cadernos ABESS nº 5*. São Paulo, Cortez, maio 1992.

Vv. Aa. *Compendio sobre la estruturación de la carrera del Trabajo Social*. Buenos Aires, Ecro, 1973.

YAZBEK, M. C. (Org.). "Projeto de revisão curricular da Faculdade de Serviço Social da PUC-SP". In: *Serviço Social e Sociedade nº 14*. São Paulo, Cortez,

______. *Estudo da evolução histórica da Escola de Serviço Social de São Paulo no período 1936-1945*. (Dissertação de Mestrado). São Paulo, PUC-SP, 1977.

______. *Classes subalternas e Assistência Social*. São Paulo, Cortez, 1993.

______. "Globalização, precarização das relações de trabalho e seguridade social". In: *Serviço Social e Sociedade nº 56*. São Paulo, Cortez, 1998, pp. 50-59.

WOOD, S. "O modelo japonês em debate: pós-fordismo ou japonização do fordismo". *Revista Brasileira de Ciências Sociais nº 17*. Rio de Janeiro, ANPOCS, ano 6, out. 1991.

______. (Org.). *The degradation of work*? London, Hutchinson, 1982.

UFRJ. *Currículo pleno da escola de Serviço Social*. Rio de Janeiro, Escola de Serviço Social, dez. de 1993 (mimeo.).

UFJF. *Regulamento Acadêmico da Graduação*. Juiz de Fora, Imprensa Universitária da UFJF, 1993.

______. Pró-Reitoria de Planejamento e Desenvolvimento. *Planejamento Estratégico Participativo Inicial*. Juiz de Fora, 29 a 31 de outubro de 1996.

UFJF. Pró-Reitoria de Planejamento e Desenvolvimento. *Planejamento Estratégico Participativo da Faculdade de Serviço Social*. Juiz de Fora, 05 de dezembro de 1996.

WANDERLEY, M. B. *As metamorfoses do desenvolvimento de Comunidade.* São Paulo, Cortez, 1993.

WANDERLEY, M. B. (Org.). *Pontifícia Universidade Católica de São Paulo. Faculdade de Serviço Social Currículo do Curso de Serviço Social.* São Paulo, PUC-SP, 1996.

WEISSHAUPT, J. R. *As funções sócio-institucionais do Serviço Social.* São Paulo, Cortez, 1985.

Impressão e Acabamento
Bartira
Gráfica
(011) 4393-2911